KURSBUCH Religion ELEMENTAR 1

Ein Arbeitsbuch für den Religionsunterricht
im 5./6. Schuljahr

Diesterweg
westermann

calwer

Kursbuch Religion Elementar wird herausgegeben von Wolfram Eilerts und Heinz-Günter Kübler

Beratung: Ingrid Käss

© 2016 Calwer Verlag GmbH Bücher und Medien, Schloßstraße 73, 70176 Stuttgart und Bildungshaus Schulbuchverlage Westermann Schroedel Diesterweg Schöningh Winklers GmbH, Georg-Westermann-Allee 66, 38104 Braunschweig
www.calwer.com / www.westermann.de

Das Werk und seine Teile sind urheberrechtlich geschützt. Jede Nutzung in anderen als den gesetzlich zugelassenen bzw. vertraglich zugestandenen Fällen bedarf der vorherigen schriftlichen Einwilligung eines der Verlage. Nähere Informationen zur vertraglich gestatteten Anzahl von Kopien finden Sie auf www.schulbuchkopie.de.

Für Verweise (Links) auf Internet-Adressen gilt folgender Haftungshinweis: Trotz sorgfältiger inhaltlicher Kontrolle wird die Haftung für die Inhalte der externen Seiten ausgeschlossen. Für den Inhalt dieser externen Seiten sind ausschließlich deren Betreiber verantwortlich. Sollten Sie daher auf kostenpflichtige, illegale oder anstößige Inhalte treffen, so bedauern wir dies ausdrücklich und bitten Sie, uns umgehend per E-Mail davon in Kenntnis zu setzen, damit beim Nachdruck der Verweis gelöscht wird.

Druck A^9 / Jahr 2022
Alle Drucke der Serie A sind im Unterricht parallel verwendbar.

Redaktion: Hans-Jörg Gabler
Herstellung: Corinna Herrmann, Frankfurt am Main
Umschlaggestaltung: Rainer E. Rühl, Alsheim
Layout-Konzept, Satz, Seitengestaltung und Grafik: thom bahr GRAFIK, Mainz
Illustrationen: thom bahr, Mainz; Uli Gutekunst, Neuffen; Carla Miller, Unna;
　Frithjof Spangenberg, Konstanz; Ekki Stier, Karlsbad
Druck und Bindung: Westermann Druck GmbH, Georg-Westermann-Allee 66, 38104 Braunschweig

ISBN 978-3-7668-**4330**-2 (Calwer)
ISBN 978-3-425-**07894**-6 (Diesterweg)

Inhaltsverzeichnis

Kursbuch-Rallye   6

1. Wer bin ich?
Jetzt komm ich!   8

Wie bin ich wirklich?   10
Ich bin wunderbar und einzigartig   12
Wer ist der Coolste?   14
Starke Gefühle   16
Wissen und Können   18

2. Ich und die anderen
Zusammenleben ist (nicht) einfach   20

Freundinnen und Freunde   22
Cliquen   24
Internet-Freunde   26
Mädchen und Jungen   28
Wissen und Können   30

3. Regeln
Alles gut geregelt?   32

Klassenregeln   34
Regeln in der Bibel   36
Das achte Gebot   38
Die goldene Regel   40
Wissen und Können   42

4. Streit
Streiten und sich versöhnen   44

Cool bleiben   46
Richtig streiten   48
Streit – Ursachen und Folgen   50
Streit schlichten – aber wie?   52
Wissen und Können   54

5. Gerecht – ungerecht
Das ist doch nicht gerecht!   56

Jedem das Seine!   58
Gerechtigkeit weltweit   60
Jesus und die Kinder   62
Rechte für Kinder   64
Wissen und Können   66

6. Die Bibel
Mehr als nur ein Buch?! 68

Die Bibel – eine Bibliothek 70
Die Entstehung des Alten Testaments 72
Die Entstehung des Neuen Testaments 74
Der Weg der Bibel zu uns 76
Wissen und Können 78

7. Gott
Mein Gott! – Wie siehst du denn aus? 80

Wie Menschen sich Gott vorstellen 82
Die Bibel erzählt von Erfahrungen mit Gott 84
Jona macht Erfahrungen mit Gott 86
Spuren Gottes 88
Wissen und Können 90

8. Beten
Mein Herz spricht mit Gott 92

Beten – was bringt's? Wie geht's? 94
Gebetserhörung 96
Gebete – alles ist möglich 98
Das Vaterunser 100
Wissen und Können 102

9. Schöpfung
Und alles war sehr gut 104

Wie Gott die Welt erschuf 106
Schöpfung und Urknall 108
Bedrohte Schöpfung 110
Die Schöpfung bewahren 112
Wissen und Können 114

10. Mose
Gott führt sein Volk in die Freiheit 116

Gott kümmert sich um Unterdrückte 118
Wer hat die Macht? 120
Passafest und Sederabend 122
Rettung am Schilfmeer 124
In der Wüste 126
Wissen und Können 128

11. David
Vom kleinen Hirtenjungen zum größten König Israels 130

Das Volk Israel will einen König 132
Ausgerechnet der Kleinste! 134
Davids schönster Psalm 136
Davids Weg zum Königsthron 138
König David macht einen großen Fehler 140
Der weise König Salomo 142
Wissen und Können 144

12. Jesus
Wer ist Jesus überhaupt? 146

Jesus lebt in Israel 148
Jesus – ein jüdischer Junge aus Nazareth 150
Mit Jesus unterwegs 152
Jesus vollbringt Wunder 154
Jesus erzählt Gleichnisse 156
Jesu Leiden, Sterben und Auferstehung 158
Wissen und Können 160

13. Kirche
Kann auch Spaß machen! 162

Alles begann in Jerusalem 164
Die evangelische Kirche entsteht 166
Meine Kirche 168
Was in der Kirche alles läuft 170
In einer evangelischen Kirche 172
Das Kirchenjahr 174
Wissen und Können 176

14. Weltreligionen
Christentum, Judentum, Islam 178

Meine Religion – das Christentum 180
Der Islam 182
Feiern und Feste im Islam 184
Das Judentum 186
Jüdische Feiern und Feste 188
Wissen und Können 190

Methoden-Kiste 192
Reli-Lexikon 200
Kompetenz-Check 204
Text- und Bildnachweis 208

Kursbuch-Rallye

Vor dir liegt dein neues Religionsbuch mit vielen neuen und interessanten Themen. Die Kursbuch-Rallye hilft dir, dein Buch besser kennenzulernen und dich gut in ihm zurechtzufinden.

START

1. Im Inhaltsverzeichnis (S. 3–5) siehst du, welche Kapitel es in deinem Buch gibt. Wie viele Kapitel hat dein Buch?

2. Welche Nummer hat das Kapitel „Kirche – Kann auch Spaß machen!"?

3. Wie heißen die drei Kapitel mit den meisten Seiten?

4. Auf der Eröffnungsseite eines Kapitels stehen immer wichtige Fragen, die in dem Kapitel beantwortet werden. Wie viele Fragen stehen auf der Eröffnungsseite des 5. Kapitels „Gerecht – ungerecht"?

5. Wie viele Menschen sind auf der Eröffnungsdoppelseite 32/33 zu sehen?

6. Mit diesem M Symbol werden immer bestimmte Methoden vorgeschlagen. Welche Methode wird auf Seite 29 vorgeschlagen?

7. In der Methoden-Kiste S. 192 werden die verschiedenen Methoden erklärt. Wie viele Zeilen umfasst die Methode „Elfchen"?

8. Sieh dir die einzelnen Methoden kurz an. Welche würdest du gerne einmal ausprobieren?

9. In deinem Buch gibt es auch viele Bilder. Wie heißt der Maler, der das Bild auf S. 62 gemalt hat?

10. Findest du dieses Bild in deinem Buch? Wer hat es in welchem Jahr gemalt?

11. Die letzte Doppelseite eines Kapitels heißt immer „Wissen und Können". Da kannst du überprüfen, was du alles gelernt hast. Suche diese Doppelseite zum 7. Kapitel „Mein Gott! – Wie siehst du denn aus?". Wie heißt die Überschrift bei Punkt D?

12. Dieses Symbol steht immer da, wenn ein Text aus der Bibel abgedruckt ist. Welcher Bibeltext steht auf S. 108?

13. Wie viele Verweise auf Bibelstellen gibt es im 10. Kapitel „Mose – Gott führt sein Volk in die Freiheit"?

14. ❖ ❖ ❖ Die Symbole vor den Aufgaben zeigen dir, wie schwierig die Aufgaben sind. Blau = normal, grün = ein bisschen schwieriger, rot = ziemlich schwierig. Wie viele normale, wie viele ein bisschen schwierige und wie viele ziemlich schwierige gibt es auf S. 167?

15. Dieses Symbol steht immer da, wenn ein Begriff im Reli-Lexikon S. 200-203 näher erklärt wird. Welchen Begriff kann man auf S. 13 nachschlagen?

16. Im Reli-Lexikon werden schwierige Begriffe erklärt. Wie viele Begriffe gibt es dort, die mit dem Buchstaben P beginnen?

17. Im Kompetenz-Check S. 204-207 wird beschrieben, was du auf den einzelnen Doppelseiten lernen kannst. Was kannst du, wenn du die Doppelseite 44/45 aufmerksam durchgearbeitet hast?

18. Im Kapitel „Ich und die anderen" lernst du auch, welche Gefahren es bei Internet-Freundschaften gibt. Auf welcher Doppelseite ist dies?

19. Dieses Symbol steht immer da, wo es eine Verbindung zu einer anderen Seite gibt. Auf welche Seite wird auf S. 97 verwiesen?

20. Blättere dein Religionsbuch in Ruhe durch. Schreibe die fünf Kapitel auf, die dich am meisten interessieren.

ZIEL

Wer bin ich?

Jetzt komm ich!

- Wie bin ich eigentlich wirklich?
- Wie finden mich die anderen?
- Bin ich etwas Besonderes?
- Bin ich cool? Wen findet Jesus cool?
- Was mache ich mit meinen Gefühlen?

Mein Reli-Freunde-Buch

◆ Name
◆ Geburtstag
◆ Mein liebstes Fach in der Schule
◆ Was ich besonders gut kann
◆ Was ich nicht so gut kann
◆ Wo ich mich am wohlsten fühle
◆ Wo ich mich unwohl fühle oder wovor ich Angst habe
◆ Mein Tipp gegen Angst und schlechte Laune
◆ In Religion bin ich am meisten gespannt auf
◆ An Religion hat mir bisher am besten gefallen
◆ Was mir zu Religion sonst noch einfällt

1. ❖ Jede Sekunde werden drei Menschen auf der Welt geboren. Jeder ist von Geburt an einzigartig und etwas Besonderes.
Was ist an dir einzigartig? Was unterscheidet dich von allen anderen Menschen?

2. ❖ Beantworte für dich die Fragen aus dem „Reli-Freunde-Buch".
Wer will, kann seine Antworten der Klasse vorstellen.

3. ❖ Wenn du über dich nachdenkst, welche Fragen fallen dir dann ein?

Wie bin ich wirklich?

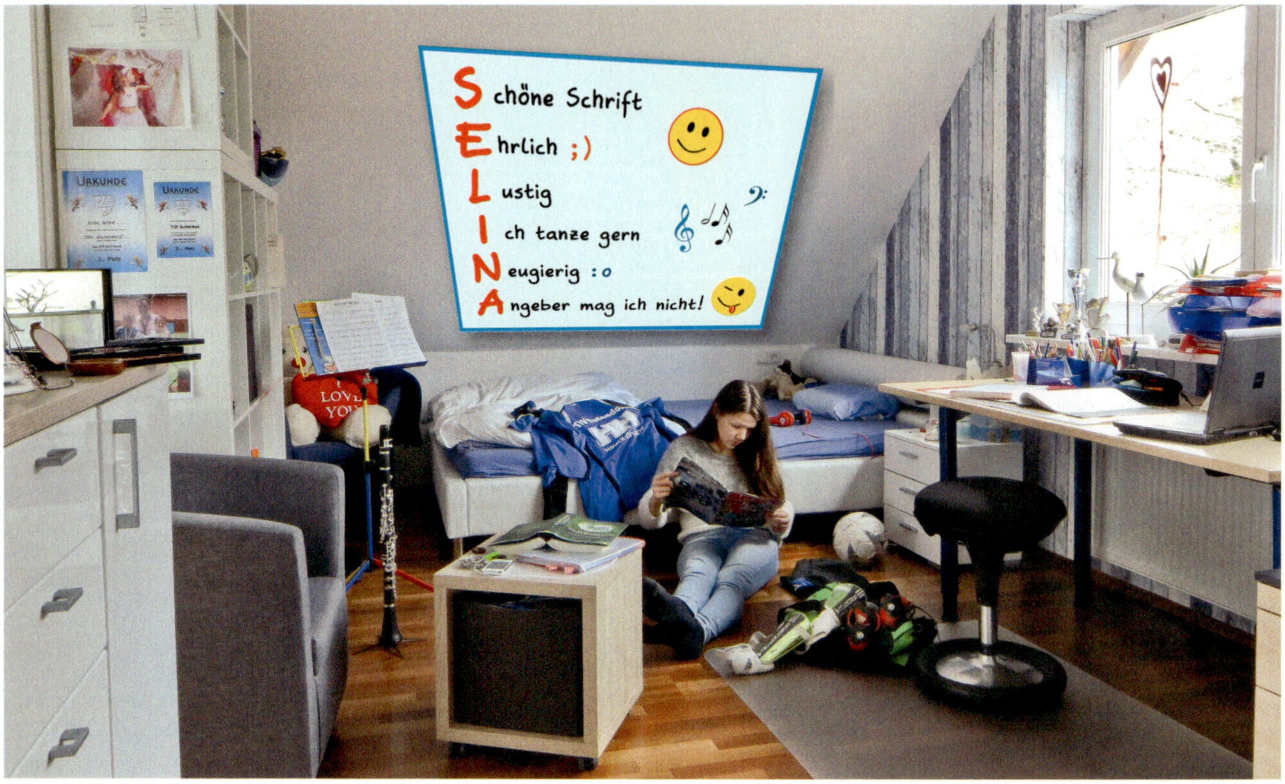
S chöne Schrift
E hrlich ;)
L ustig
I ch tanze gern
N eugierig :o
A ngeber mag ich nicht!
URKUNDE
URKUNDE
I LOVE YOU

1. ❖ a) Das ist das Zimmer von Selina. Beschreibt, was ihr alles in ihrem Zimmer entdecken könnt.
   b) Was könnten die einzelnen Gegenstände über Selina aussagen?

2. ❖ Was könnten andere über dich erfahren, wenn sie dein Zimmer betreten würden? Welche Gegenstände sind dir besonders wichtig? Male dein Zimmer.

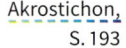

Akrostichon, S. 193 M

3. ❖ a) Verfasse zu deinem Vornamen ein Akrostichon. Formuliere zu jedem Buchstaben eine Eigenschaft oder einen Satz, der gut zu dir passt.
   b) Gestalte deinen Namen auf kreative Weise in deinem Heft.

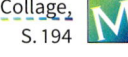

Collage, S. 194 M

4. ❖ a) Entwirf mit Hilfe von Zeitschriftenbildern, -titeln und -wortfetzen eine Collage mit der Überschrift: „Das bin ich!“ Erwähne deinen Namen nicht.
   b) Versucht die verschiedenen Collagen euren Mitschülern zuzuordnen.
   c) Wer will, kann seine Collage anschließend erklären.

5. ❖ Genau wie ich? Suche jemanden,
   - der im gleichen Monat wie du geboren ist,
   - der das gleiche Hobby hat wie du,
   - der das gleiche Lieblingstier hat wie du,
   - der das gleiche Lieblingsessen hat wie du,
   - der ebenso viele Geschwister hat wie du,
   - der in deiner Nähe wohnt.

So oder so?

Das ist Simon. Simon ist 12 Jahre alt. Er wiegt 48 kg, ist 1,58 m groß und hat Schuhgröße 39. So viel ist sicher. Aber was sagen die anderen?

Mutter: Eigentlich ist Simon ein ruhiger und gewissenhafter Typ. Seine Geschwister sind viel lebhafter.

Sein Freund Max: Er kann super skaten. Manchmal gibt er ein bisschen an.

Schwester: Simon nervt. Oft sagt er überhaupt nichts. Er macht sich zu viele Gedanken.

Lehrerin: Auf Simon kann man sich verlassen und er weiß viel. Aber oft quatscht er zu viel.

Nachbar: Simon ist ganz schön frech.

Fußballtrainer: Simon ist eigentlich kein schlechter Fußballer. Aber er fehlt oft im Training und hält sich nicht an die Anweisungen. Er ist nicht so zuverlässig.

1. ❖ Benenne, was die verschiedenen Leute über Simon denken.

2. ❖ Was denkt Simon wohl über sich selbst?

3. ❖ Untersuche, weshalb die verschiedenen Personen so unterschiedliche Meinungen von Simon haben könnten.

4. ❖ Gestalte in deinem Heft eine Seite über dich: In die Mitte „So viel ist sicher: Alter, Größe …". Darum herum verschiedene Sprechblasen. Was könnten verschiedene Menschen über dich denken? Für die Sprechblasen „Lehrer/in" und „Freund/in" kannst du nachfragen.

Heftführung, S. 196

Ich bin wunderbar und einzigartig

Wunderbar und einzigartig

Von allen Seiten umgibst du mich
und hältst deine Hand über mir.
Denn du hast meine Nieren bereitet
und hast mich gebildet im Mutterleibe.
Ich danke dir dafür, dass ich wunderbar gemacht bin;
wunderbar sind deine Werke; das erkennt meine Seele.
Es war dir mein Gebein nicht verborgen,
als ich im Verborgenen gemacht wurde,
als ich gebildet wurde unten in der Erde.
Deine Augen sahen mich, als ich noch nicht bereitet war,
und alle Tage waren in dein Buch geschrieben,
die noch werden sollten und von denen keiner da war.

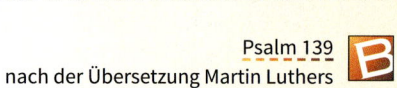
Psalm 139
nach der Übersetzung Martin Luthers

Psalm
S. 202

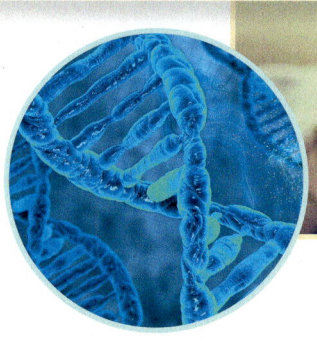

Die Schöpfung
S. 107

1. ❖ „Gott hat jeden Menschen wunderbar und einzigartig geschaffen." Erläutere diese Aussage.

2. ❖ Schreibe drei Eigenschaften von dir auf einen Zettel. Ratet in der Klasse, von wem die einzelnen Zettel sind.

3. ❖ Gott hält seine schützende Hand über dir. Gibt es Situationen in deinem Leben, in denen du dies schon erlebt haben könntest?

Heftführung
S. 196

4. ❖ Schreibe den Psalmtext in Schönschrift in dein Heft. Wenn du willst, kannst du die Seite mit passenden Zeichnungen gestalten.

„VON ALLEN SEITEN UMGIBST DU MICH UND HÄLTST DEINE HAND ÜBER MIR."

Barbara-Anett Bahr: Nicht allein, 2015.

1. ❖ Beschreibe, was du auf dem Bild siehst.
2. ❖ Was wollte die Künstlerin mit dem Bild aussagen?
3. ❖ Gib dem Bild eine passende Überschrift.
4. ❖ Zeichne die Umrisse des Engels in dein Heft und zeichne dich in das Bild hinein.

Bildbetrachtung, S. 193

Engel S. 201

Wer ist der Coolste?

Giuseppe ist der Star in der Klasse. Er ist ein guter Sportler und spielt super Basketball. Manchmal ärgern sich seine Mitspieler, wenn er laut mit ihnen schimpft.

Elif ist eine gute Schülerin. Sie hat zu Hause Kaninchen, die sie regelmäßig füttert und versorgt. Weil sie nicht sehr gesprächig ist, hat sie nur wenige Freundinnen.

Marlina hat viele Freundinnen und steht fast immer im Mittelpunkt. Alle kommen mit ihr gut aus. Sie ist immer sehr modisch gekleidet. In der Schule ist sie nicht so gut. Sie ist oft frech zu ihrer Lehrerin.

Nele ist in der Klasse nicht sehr beliebt. Viele mögen sie nicht, weil sie manchmal lügt und angibt. Ihre Eltern haben wenig Geld. Neles Kleidung ist oft schmuddelig oder zerrissen. Manchmal muffelt sie ein bisschen.

Tobias ist oft allein. Aber ihn stört das nicht. Er bastelt gern. Vor kurzem hat er Elifs Bike repariert.

Marco mögen eigentlich alle. Er ist Klassensprecher und sehr hilfsbereit. Er drängt sich nicht in den Vordergrund und hört den anderen gern zu.

Die Eltern von **Felix** besitzen ein eigenes Schwimmbad. Felix lädt oft Klassenkameraden zum Baden ein. Bei solchen Besuchen gibt es immer viel zu toben und zu lachen. Felix hat viele Freunde.

Damian ist etwas schwerfällig. Vieles im Unterricht versteht er nicht. Freunde hat er auch nicht. Nur manchmal spielt Tobias mit ihm.

Dilara ist die beste Schülerin. Sie hat fast nur Einsen im Zeugnis. Ihre Eltern erlauben ihr nur selten mit anderen zu spielen. Dilara weiß genau, dass sie später in das Geschäft ihrer Eltern einsteigen will.

Eigene Meinung, S. 195

1. ❖ Welche von den beschriebenen Schülerinnen und Schülern findest du am coolsten? Begründe deine Meinung.

2. ❖ Erstelle in Einzel- oder Partnerarbeit eine Rangfolge und begründe deine Entscheidung.

Wer ist bei Jesus der Wichtigste?

Jesus hat andere Maßstäbe

Wer damit angefangen hatte, war nachher nicht mehr festzustellen. Aber alle Jünger beteiligten sich an dem Streit, wer der Wichtigste unter ihnen sei.
Als sie schließlich Kapernaum erreichten, wo Jesus schon auf sie wartete, waren sie so zerstritten, dass sie kein Wort mehr untereinander sprachen. Die Jünger versuchten zwar ihren Streit vor Jesus zu verbergen, aber er wusste längst, was sie besprochen hatten. Jesus sagte: „Setzt euch zu mir." Alle ließen sich nieder. „Wenn jemand der Wichtigste sein will", begann Jesus, „wenn jemand immer der Erste sein will, dann ist er in Wirklichkeit der Letzte von allen. Weil er sich nämlich so sehr um sich selbst kümmert und ihm die eigene Leistung so wichtig ist, dass er gar nicht mehr an andere denkt oder jemandem helfen will. Im Reich Gottes ist der am wichtigsten, der sich um andere kümmert und denen hilft, die Hilfe brauchen."

nach Markus 9,33-37

1. ❖ Untersuche den Bibeltext mit Hilfe des Pozek-Schlüssels.

2. ❖ Beschreibe die besonderen Fähigkeiten der einzelnen Jünger. Die Bibel beschreibt nicht alle genau, aber in der Zeichnung oben findest du einige Möglichkeiten.

3. ❖ a) Die Jünger haben Streit. Worum geht es dabei? Wie löst Jesus den Streit?
   b) Wer ist für Jesus der Wichtigste?

4. ❖ a) Überprüft eure Rangliste von S. 14. Wer wäre nach den Maßstäben von Jesus am ehesten der Wichtigste?
   b) Sammelt in Partnerarbeit Beispiele dafür, wie sich jemand verhält, der nach Jesu Maßstäben wichtig ist.

Starke Gefühle

verärgert, gelangweilt, unzufrieden, enttäuscht, ängstlich, verliebt, beunruhigt, ärgerlich, nervös, beleidigt, traurig, aufgeregt, bedrückt, verzweifelt, lustig, unsicher, zufrieden, glücklich, wütend, gespannt, verunsichert, fröhlich, strahlend, gut gelaunt, unzufrieden, schlecht drauf, aufgebracht, niedergeschlagen, aufgedreht, mürrisch, munter, belästigt, erfreut, ausgelassen, genervt, müde, …

1. ❖ Beschreibe den jeweiligen Gesichtsausdruck auf den Fotos.
2. ❖ Ordne den Gesichtern ein Gefühl oder mehrere zu und begründe deine Auswahl.
3. ❖ Versucht euch gegenseitig verschiedene Gefühlszustände vorzuspielen und diese dann zu erraten.
4. ❖ Sortiere die Gefühle in gute und weniger gute. Überlege dir für jedes Gefühl eine entsprechende Situation. Welche Gefühle bilden Gegensatzpaare?
5. ❖ Sammelt Möglichkeiten, wie man ein schlechtes Gefühl besser aushalten oder sogar beseitigen könnte.

Gefühle mit anderen teilen

Gerne wäre ich dein Freund, S. 22

Sowohl wenn man glücklich ist, als auch wenn man Sorgen hat, ist es schön, wenn man jemanden hat, mit dem man sein Glück oder seine Sorgen teilen kann. Wenn niemand zum Reden da ist, kann man sich immer auch an Gott wenden.

6. ❖ Nenne eine Glückssituation und eine Sorgensituation, in der es schön ist, jemanden zum Reden zu haben.

Wer bin ich?

Selinas „Gefühlsspinne"

1. ❖ Erkläre die „Gefühlsspinne" von Selina.

2. ❖ Erstelle in deinem Heft eine „Gefühlsspinne" für dich.

Heftführung,
S. 196

so fühle ich mich oft = **4**
so fühle ich mich manchmal = **3**
so fühle ich mich selten = **2**
so fühle ich mich nie = **1**

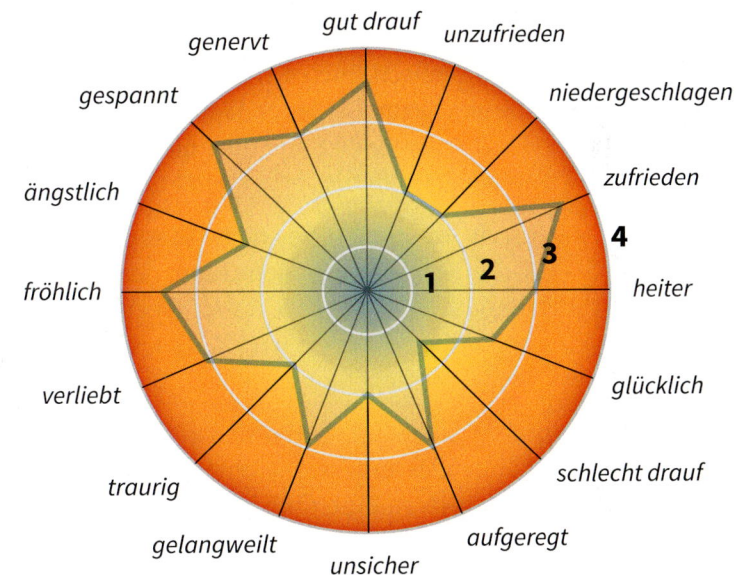

Jeder fühlt anders

a) Morgen fährst du mit deiner Klasse für fünf Tage ins Landschulheim.
b) Dein Mathelehrer fordert dich auf, eine schwierige Aufgabe an der Tafel vorzurechnen.
c) Deine Klasse wählt dich zum Klassensprecher bzw. zur Klassensprecherin.
d) Du bekommst eine Strafarbeit, weil du zu viel geschwätzt hast, andere bekommen keine.
e) Du hast in einem Aufsatz eine Zwei bekommen.
f) Du wirst während einer Klassenarbeit beim Abschreiben erwischt.
g) Du bist im Sportunterricht an der Reihe, um eine schwierige Übung zu turnen.
h) Du bemerkst, dass einige in der Klasse über dich reden.
i) Der Lehrer lobt dich vor der ganzen Klasse wegen deiner guten Antwort.
j) Du wirst nicht zum Fest eines Klassenkameraden eingeladen, dein bester Freund oder deine beste Freundin ist eingeladen.

3. ❖ Wähle drei Situationen aus:
    a) Beschreibe möglichst genau, was du in der Situation fühlst.
    b) Erkläre, wie du vermutlich reagieren wirst.

4. ❖ Vergleicht eure Antworten in der Klasse.

5. ❖ Wähle aus den obigen Punkten noch einmal drei Situationen aus und formuliere ein kurzes Gebet, in dem du Gott deine Sorgen, deine Freude oder deinen Dank mitteilst.

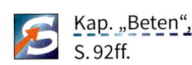
Kap. „Beten",
S. 92ff.

Wissen und Können

Das weiß ich

▶ Jeder Mensch, auch du, ist von Gott einzigartig und wunderbar geschaffen. Aus diesem Grund ist jeder Mensch wertvoll. Aber Gott geht noch weiter. Er hält seine schützende Hand über dich. Auch in deinem Leben findest du Situationen, in denen man dies erkennen kann.

▶ Doch wie bist du wirklich? Manches steht fest, z.B. dein Vorname. Anderes verändert sich, z.B. dein Alter, dein Gewicht oder deine Größe. Anderes wieder lässt sich nicht so genau sagen: Bist du eher ein nachdenklicher Typ oder ein aktiver? Bist du wirklich so, wie du meinst, oder sehen dich die anderen vielleicht ganz anders?

▶ Menschen vergleichen sich gern. Oft wollen sie besser sein oder etwas besser können als andere. Die Jünger von Jesus waren genauso. Sie haben sich gestritten, wer von ihnen für Jesus der Wichtigste ist. Doch Jesus wollte diesen Streit nicht. Er hat gesagt, dass der für ihn am wichtigsten ist, der sich um andere kümmert und denen hilft, die Hilfe brauchen.

▶ Jeder Mensch hat Gefühle. Auch du! Von deinen Gefühlen hängt es ab, wie es dir geht. Egal wie es dir geht, es ist immer besser, wenn du jemanden zum Reden hast. Wenn du dich freust, ist es schön, wenn du die Freude mit jemandem teilen kannst. Und wenn du traurig bist, hilft es, wenn du mit jemandem darüber sprechen kannst. Das können Eltern und Freunde sein, aber du kannst dich in allen Gefühlslagen auch an Gott wenden.

Das kann ich

A) Psalm 139

Er hält	jeden Menschen
wunderbar und einzigartig	Gott hat
über dich.	seine schützende Hand	geschaffen.

1. Setze die folgenden Satzbausteine zu zwei Sätzen zusammen, die die wichtigsten Aussagen von Psalm 139 wiedergeben.

2. Lies dir noch einmal den Text aus Psalm 139 durch und versuche dann, diese Figur zu erklären.

3. Warum sind diese Aussagen besonders wichtig (für dich)?

B) Wichtig bei Jesus

Arzu (12 Jahre) fehlt häufig in der Schule, weil sie sich zu Hause um ihren kleinen Bruder (3 Jahre) kümmern muss, wenn ihre Mutter krank ist. Ihre Klassenkameraden meinen, dass sie die Schule schwänzt. Arzu hat wenige Freundinnen.

Tobias (11 Jahre) ist der beste Schüler in der Klasse. Er muss zu Hause jeden Tag zwei Stunden für die Schule lernen. Für jede Eins bekommt er 5 Euro. Manchmal lässt er seinen Banknachbarn bei sich abschreiben.

Vanessa (12 Jahre) isst kein Fleisch, weil ihr die Tiere so leid tun. Nach der Trennung ihrer Eltern lebt sie bei ihrem Vater und muss viel im Haushalt helfen. Wenn sie Zeit hat, geht sie gern ins Kino.

1. Wer oder was wäre für Jesus wichtig? Begründe deine Meinung.

C) Gefühle

1. Beschreibe, welche Gefühle das Kind haben könnte.
2. Was könnte passiert sein?
3. Was könnte dem Kind helfen?

Schluss-Check

Überlegt gemeinsam:
▶ Das war (mir) wichtig in diesem Kapitel: …
▶ Das sollte man sich merken: …
▶ Gibt es etwas, das noch geklärt werden muss?

SPEICHERN

Ich und die anderen

Zusammenleben ist (nicht) einfach

- Was kennzeichnet einen guten Freund oder eine gute Freundin?
- Ist es gut, in einer Clique zu sein?
- Kann man im Internet Freunde finden?
- Worin unterscheiden sich Jungs und Mädchen?

Mathelehrerin Frau Täuber

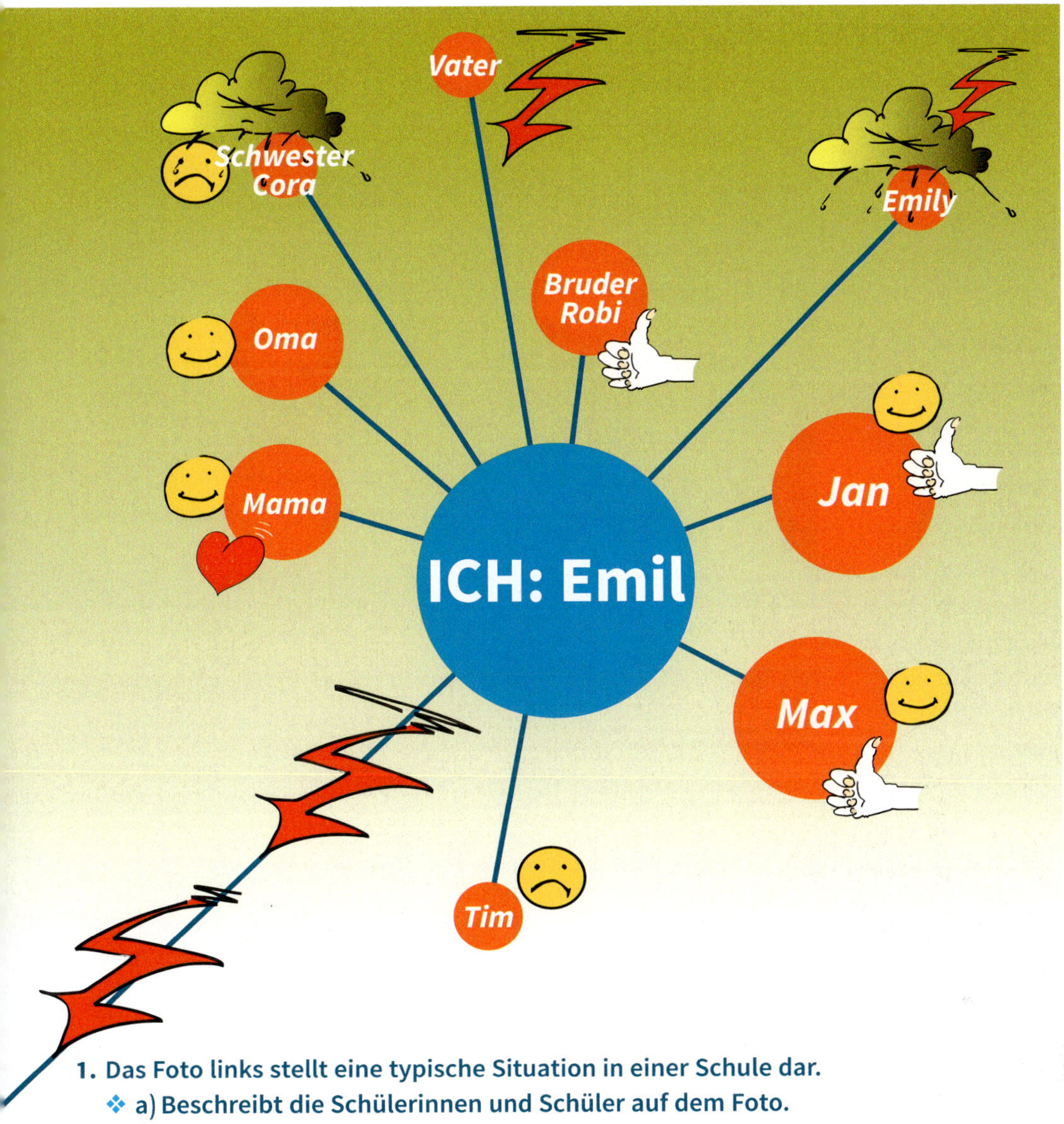

1. Das Foto links stellt eine typische Situation in einer Schule dar.
   - a) Beschreibt die Schülerinnen und Schüler auf dem Foto.
   - b) Was könnte dieses Foto über die Beziehungen zwischen den einzelnen Schülerinnen und Schülern aussagen?

2. Emil hat versucht, zehn Menschen aus seinem Umfeld und seine Beziehung zu diesen in einem Bild darzustellen. Dabei verwendet er für jede Person einen Kreis. Diese Kreise unterscheiden sich in der Größe und in der Nähe oder Distanz zu Emil. Um die unterschiedlichen Beziehungen auszudrücken, verwendet Emil auch verschiedene Symbole.
   - a) Beschreibe die einzelnen Beziehungen Emils mit Hilfe der Symbole.
   - b) Stelle jeweils mögliche Gründe für die unterschiedlichen Beziehungen dar.
   - c) Diskutiert, ob sich die Größe, der Abstand und die Symbole, d.h. inwieweit sich diese Beziehungen auch ändern können.
     Was müsste jeweils passieren?
   - d) Gestalte für dich ein ähnliches Bild, indem du ca. sechs Personen und deine Beziehungen zu diesen durch verschieden große Kreise, unterschiedliche Abstände und verschiedene Symbole ausdrückst.

Heftführung, S. 196

Freundinnen und Freunde

1. ❖ Suche mit Hilfe der ABC-Methode möglichst viele Begriffe zum Thema „Freundschaft".

    ABC-Methode, S. 192

2. ❖ Wärst du mit der Anzeigenschreiberin gerne befreundet? Begründe deine Meinung.

3. ❖ Erstelle für dich eine ähnliche Anzeige. Auf der einen Seite beschreibst du, welche Eigenschaften für dich ein Freund oder eine Freundin haben sollte. Auf der anderen beschreibst du, was du selbst in eine Freundschaft einbringen könntest.

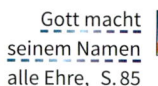 Gott macht seinem Namen alle Ehre, S. 85

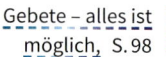 Gebete – alles ist möglich, S. 98

GESUCHT

Freundin gesucht

Du solltest ...
- keine Zicke sein
- Blödsinn mitmachen
- gern Musik hören
- viel lachen
- verlässlich und verschwiegen sein

Ich ...
- bin ehrlich
- bin meist zuverlässig
- tanze gern
- kann Geheimnisse für mich behalten
- mag coole Klamotten

ANGEBOT

Gerne wäre ich dein Freund

Ich biete dir meine Freundschaft an, ohne Bedingungen.
Zu mir kannst du immer kommen. Ich habe immer Zeit für dich, auch mitten in der Nacht.
Wenn es dir gut geht, freue ich mich mit dir. Wenn es dir schlecht geht, kann ich dir vielleicht helfen.
Mir kannst du alles sagen. Geheimnisse sind bei mir gut aufgehoben.
Auch wenn du mal Mist machst, wenn alle dich hassen oder auslachen, wenn du ganz allein bist: Ich bleibe dein Freund.
Mir brauchst du nichts vorzumachen. Du kannst bei mir so sein, wie du bist.
Als dein Freund mache ich dich vielleicht auf ein paar Schwächen und Fehler aufmerksam – aber nur, weil ich dich mag.
Mit mir kannst du auch gut streiten. Ich weiß offene Worte zu schätzen und bin nicht beleidigt. Zur Versöhnung bin ich immer bereit.
Wenn du mal zornig auf mich bist und von mir fortgehst, warte ich auf dich. Und wenn du wieder zurückkommst, bin ich da und freue mich.
Also, wenn du mich zum Freund haben willst, auch mal nur so zum Ausprobieren, melde dich einfach.   Liebe Grüße, dein Gott

4. ❖ Fasse dieses Freundschaftsangebot in deinen eigenen Worten zusammen.

5. ❖ Was meinst du zu diesem Angebot?

6. ❖ Mache einen Vorschlag, wie man ein solches Angebot annehmen könnte.

Ein guter Freund / eine gute Freundin

- hat immer Zeit für mich, wenn ich ihn/sie brauche.
- sieht einigermaßen gut aus.
- hört zu, wenn ich etwas erzähle.
- erklärt mir, wenn ich etwas nicht verstehe.
- ist witzig.
- ist nicht sofort beleidigt, wenn ich anderer Meinung bin.
- trägt coole Klamotten.
- sollte in der Schule nicht so schlecht sein.
- verträgt sich schnell wieder mit mir, wenn wir gestritten haben.
- ist stark.
- erzählt ein Geheimnis nicht weiter.
- hält zu mir, wenn andere gegen mich sind.
- sagt mir, wenn ich etwas falsch gemacht habe.
- gibt nicht vor mir an, wenn er/sie etwas besser kann.
- ist clever.
- hat keine anderen Freunde so gern wie mich.
- interessiert sich für die gleichen Dinge wie ich.
- kann verzeihen.

1. a) Wie soll ein guter Freund oder eine gute Freundin sein? Bewerte jede Eigenschaft mit bis zu fünf Punkten.
   b) Gibt es noch andere Eigenschaften, die dir wichtig sind?

2. a) Einigt euch zu zweit oder in einer Kleingruppe auf die fünf wichtigsten Eigenschaften, die ein guter Freund oder eine gute Freundin haben sollte.
   b) Diskutiert eure Ergebnisse in der Klasse.

Mein Freund / meine Freundin darf aber auch …

- dicker sein.
- von anderen ausgelacht werden.
- gerne streiten.
- uncoole Klamotten haben.
- wenig Zeit für mich haben.
- ungeschickt sein.
- angeberisch sein.
- ganz andere Interessen haben als ich.
- lügen.
- schüchtern sein.
- mich traurig machen.
- Geheimnisse erzählen.
- nicht gut riechen.
- schmutzig sein.
- schnell beleidigt sein.
- schwach sein.
- ängstlich sein.
- arm sein.
- …

3. Ein Freund kann auch Eigenschaften haben, die nicht so gut sind. Welche der genannten Eigenschaften könntest du bei einem Freund oder bei einer Freundin gerade noch hinnehmen? Diskutiert eure Ergebnisse in der Klasse.

 Diskussion, S. 194

Cliquen

1. ❖ a) Beschreibt die Freundesclique auf dem Foto.
   ❖ b) Würdest du gerne zu dieser Clique gehören? Begründe deine Meinung!

2. Lies die folgenden Äußerungen durch.

   ♦ Fast wie eine Familie.
   ♦ Man bleibt eine isolierte Gruppe, weil meist keine Fremden akzeptiert werden.
   ♦ Wenn man Mist baut, macht man es meist zusammen und hat auch noch Spaß dabei.
   ♦ Wenn man in einer Clique ist, muss man mitmachen, auch wenn man das einmal vielleicht nicht möchte.
   ♦ Beste Freunde, denen man alles anvertrauen kann.
   ♦ Andere verstehen oft nicht, über was sich die Cliquenmitglieder unterhalten. Das ist witzig.
   ♦ Streit, wenn jeder der Bestimmer sein will.
   ♦ Man kann sich nicht so leicht von der Clique trennen. Dann hat man nämlich überhaupt niemanden mehr.
   ♦ …

   ❖ a) Unterscheide zwischen Vorteilen und Nachteilen einer Clique.
   ❖ b) Tauscht euch darüber aus, welchen Äußerungen ihr zustimmen könnt und welchen nicht.
   ❖ c) Stellt Kriterien für eine gute Freundschaftsclique auf.

Abschied von Freunden

Leon (12 Jahre) kann nicht einschlafen. Seit Tagen geht es ihm sehr schlecht. Er will das nicht. Er will das auf keinen Fall. Doch morgen ist es nun endgültig soweit. Er zieht mit seiner Mutter von Mannheim nach Stuttgart. Heute hat er sich von seiner Klasse verabschiedet und ab morgen besucht er eine neue 6. Klasse in einer neuen Schule. Leon hatte in Mannheim drei gute Freunde, mit denen er jeden Tag zusammen war. Sie werden ihm am meisten fehlen. Wenn Leon daran denkt, bekommt er Tränen in die Augen.

1. ❖ Beschreibe die Situation von Leon.
2. ❖ Warum geht es Leon so schlecht? Formuliere Sätze, die Leon durch den Kopf gehen könnten.
3. ❖ Leon kommt in eine neue Klasse. Gebt ihm Tipps,
   a) wie er sich verhalten sollte, um möglichst schnell neue Freunde zu finden,
   b) wie er sich auf keinen Fall verhalten sollte.
4. ❖ Leons Mitschülerinnen und Mitschüler sind gespannt auf den Neuen. Gemeinsam mit ihrer Klassenlehrerin überlegen sie, wie sie ihm das Einleben erleichtern könnten. Sammelt dafür verschiedene Möglichkeiten.

Neue Freunde

Leon war glücklich. Anfangs hatte er sich große Sorgen gemacht. Doch dann hatte er in seiner neuen Klasse schnell Freunde gefunden. Die waren gut drauf und mit denen war immer was los. Leon war froh, dazuzugehören.
Gerade hatte ihm Kevin, einer aus Leons neuer Clique, gesagt, dass alle um 17 Uhr zum Treffpunkt kommen würden. Der Treffpunkt, das war ein verfallenes Gartenhaus, in dem sie sich immer trafen, wenn sie ihre Ruhe haben und von niemandem gestört werden wollten.
Als Leon kurz vor 17 Uhr eintraf, waren Robin, Lukas und Anton schon da. „Hey Leon, schön, dass du da bist, Kevin kommt auch gleich", begrüßte ihn Robin gut gelaunt.
Die Jungs setzten sich auf die verrosteten Gartenstühle und nach einigen Augenblicken betrat auch Kevin das Häuschen. „Und, alles klar? Ich habe was dabei", sagte er vielsagend und kramte eine Schachtel Zigaretten und ein Feuerzeug aus seiner Jackentasche. Er gab Robin, Lukas und Anton jeweils eine Zigarette und fragte dann Leon: „Willst du auch eine?" Leon zögerte. Er hatte noch nie geraucht, wollte sich aber auch vor seinen neuen Kumpels nicht blamieren. Deswegen nickte er. Kevin gab ihm eine Zigarette und das Feuerzeug und sagte: „Du kriegst zuerst Feuer, weil du jetzt auch zu uns gehörst!" Bei diesen Worten wusste Leon, dass es das wert war. Er fühlte sich mit seinen vier Kumpels cool und stark.

5. ❖ Leon ist glücklich, weil er neue Freunde gefunden hat. Was meint ihr dazu?
6. ❖ Leon postet bei Facebook seine Erlebnisse mit seinen neuen Freunden. Du bist einer seiner alten Freunde. Schreibe Leon einen Kommentar.

 Richtig streiten, S. 48f.

Internet-Freunde

Zusammen mit Freunden?

Butterfly
Registriert seit: 13.02.2011
Beiträge: 569

01. 04. 2017, 13:59
Habt ihr Freunde, die ihr im Internet kennengelernt habt? Sogar beste oder allerbeste Freunde? Was haltet ihr davon?

Rocky
Registriert seit: 07.02.2010
Beiträge: 869

01. 04. 2017, 14:02
Ich habe viele Freunde hier in sf kennengelernt, die ich doll mag, aber meine besten Freunde sind die, die ich persönlich kenne. Ich find's okay, im Internet Freunde zu suchen, wenn man auch welche im echten Leben hat.

Badgirl
Registriert seit: 13.02.2013
Beiträge: 250

01. 04. 2017, 14:05
Freunde kann man im Internet schon finden, aber so richtige Freunde sind sie auch wieder nicht. Freunde sieht man ständig und macht was mit ihnen.

Wicky
Registriert seit: 13.09.2010
Beiträge: 508

01. 04. 2017, 14:08
Das stimmt schon, aber wenn man im echten Leben keine Freunde hat und die Mutter dauernd mit ihren Freunden weggeht (wie bei mir), dann ist es schon toll, dass man wenigstens im Internet jemanden hat, dem man vertraut.

Einstein
Registriert seit: 18.04.2013
Beiträge: 59

01. 04. 2017, 14:12
Ja schon, aber wenn man sich so arg um die Internetfreunde kümmert, besteht dann nicht die Gefahr, dass man im wirklichen Leben ganz einsam wird?

Wicky
Registriert seit: 13.09.2010
Beiträge: 508

01. 04. 2017, 14:15
Man kann sich bei Internetfreunden nie sicher sein, ob sie nicht schwindeln, ob sie wirklich so alt sind oder wirklich so aussehen, wie sie schreiben. Auch Fotos können ja geschwindelt sein.

Bluebird
Registriert seit: 13.05.2012
Beiträge: 300

01. 04. 2017, 14:25
Ich muss abends immer um 19 Uhr zu Hause sein. Da ist mir oft langweilig und ich bin froh, dass ich mich im Internet mit Freunden treffen kann.

Einstein
Registriert seit: 18.04.2013
Beiträge: 59

01. 04. 2017, 14:35
Im Internet kann man z.B. auch mit jemandem befreundet sein, der 100 oder 1000 Kilometer weit weg wohnt. Mit dem könnte man normal nie befreundet sein.

Rocky
Registriert seit: 07.02.2010
Beiträge: 869

01. 04. 2017, 14:40
Meine Schwester hatte einen Internetfreund, der war ganz komisch. Der wollte immer Fotos von ihr im Bikini und so. Und irgendwann hat sich dann unser Vater eingeschaltet. Da hat sich herausgestellt, dass der schon 28 war und eigentlich eine Drecksau.

1. ❖ Fasse die Meinung der einzelnen Chatter in deinen eigenen Worten zusammen.
2. ❖ Stellt an der Tafel die Pro- und Kontra-Argumente zu Internet-Freundschaften gegenüber.
3. ❖ Vertrete deine eigene Meinung zu dem Thema Internet-Freundschaften in einer Klassendiskussion.

Diskussion, S. 194

26 Ich und die anderen

Internet-Gefahren

Nina (6. Klasse) bewundert die Mädchenclique um Chantal, hat es aber bisher nicht geschafft, dazuzugehören. Die fünf sind ein eingeschworenes Team. Als es auf Klassenfahrt geht, versucht Nina bei den abendlichen Zimmerpartys Anschluss zu finden und feiert ordentlich mit. Dabei werden natürlich auch viele Fotos gemacht. Wieder zu Hause, stellt Nina erschrocken fest, dass zwei ihrer Mitschülerinnen Bilder auf Facebook gestellt haben, die sie halbnackt und ziemlich betrunken zeigen. Natürlich haben sie Nina auch noch verlinkt. Noch schlimmer ist jedoch, dass die Fotos offensichtlich bereits von all ihren Klassenkameraden und auch von Schülern, die Nina nicht kennt, angeschaut wurden, denn viele haben gemeine Kommentare darunter geschrieben.

1. ❖ Beschreibt die Situation, in der Nina steckt.
2. ❖ Welche Gefühle könnte Nina haben?
3. ❖ Sammelt Möglichkeiten, wie Nina sich verhalten könnte.

Nina ist verzweifelt. Sie weiß nicht, wie sie sich verhalten soll. Als sie im Internet googelt, was Jugendliche in ähnlichen Fällen gemacht haben, findet sie immer wieder zwei Tipps:

1. **Sichere Beweise**   2. **Hole dir Hilfe**

Ebenfalls in der Suchmaschine findet sie Hinweise, wie man einen Screenshot **unter Windows** macht:

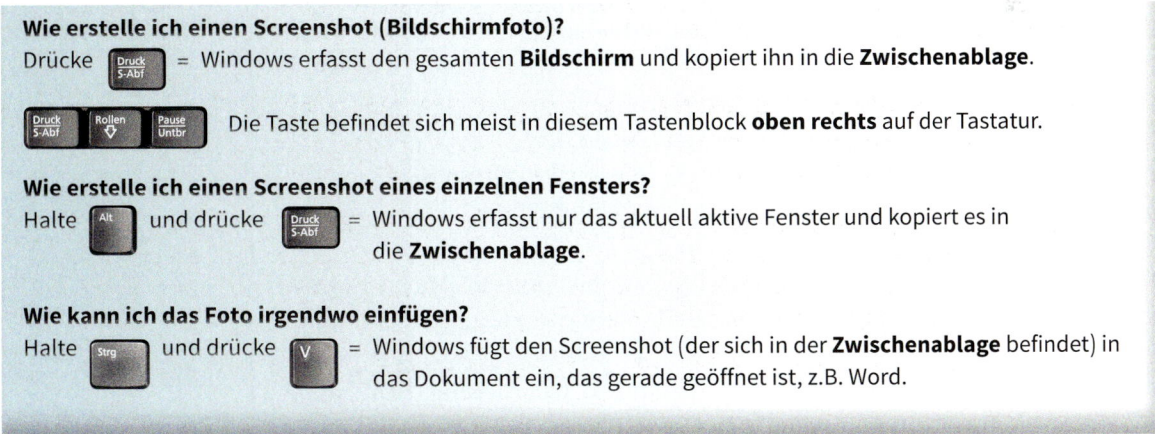

4. ❖ Rufe an einem Computer die Homepage eurer Schule auf. Versuche die Seite mit einem Screenshot zu drucken.
5. ❖ An wen könnte sich Nina wenden, nachdem sie die Beweise gesichert hat?

Mädchen und Jungen

Das stand ganz groß da, als Frau Vierling, die Klassenlehrerin der 5a, heute Morgen in der ersten Stunde die Tafel aufklappte. Großes Gelächter und Gejohle in der Klasse. David schreit laut, dass das nicht stimmt, und stürzt sich wütend auf den Mitschüler, den er als Schreiber in Verdacht hat. Aylin ist es nur peinlich. Sie wird ganz rot und würde am liebsten in einem Mauseloch verschwinden.

1. ❖ Beschreibe die dargestellte Situation.
2. ❖ Nenne mögliche Gefühle von
   - David • Aylin • den Jungs in der Klasse • den Mädchen in der Klasse.
3. ❖ Erörtere mögliche Hintergründe zu diesem Vorfall.
4. ❖ Vergleicht das unterschiedliche Verhalten von David und Aylin. Warum reagieren Mädchen und Jungs in solchen Situationen oft verschieden?
5. ❖ Setzt euch mit dem Umgang zwischen Jungs und Mädchen in eurer Klasse auseinander: Was ist gut, was nicht so gut?

Vorurteile? – Was Mädchen an Jungs, Jungs an Mädchen stört

Jungs

- wollen immer angeben *(Laura, 12 J.)*
- sind kindisch wie im Kindergarten *(Sarah, 14 J.)*
- tatschen einen immer an *(Sophie, 12 J.)*
- prügeln sich oft *(Anna, 11 J.)*
- müssen später keine Kinder bekommen *(Marie, 11 J.)*
- machen immer nur Ballerspiele am Computer *(Emma, 12 J.)*
- furzen *(Lina, 13 J.)*
- spucken immer auf die Straße, das ist eklig *(Vanessa, 11 J.)*
- kommen einem oft zu nahe *(Emilia, 12 J.)*
- sind zu wild *(Alina, 11 J.)*
- stehen beim Pinkeln und machen dabei eine Sauerei *(Mia, 12 J.)*
- können nicht über ihre Gefühle sprechen *(Leonie, 13 J.)*
- sind stärker *(Julia, 11 J.)*
- …

Mädchen

- quatschen zuviel *(Elias, 12 J.)*
- sind zickig und eingebildet *(Alexander, 13 J.)*
- weinen zu schnell *(Daniel, 12 J.)*
- denken zu viel an Klamotten und ans Schminken und so *(Adrian, 13 J.)*
- telefonieren oft stundenlang herum *(Julian, 12 J.)*
- sind zu empfindlich *(Luca, 11 J.)*
- ziehen oft über andere her *(Simon, 12 J.)*
- geben an *(Paul, 12 J.)*
- verstehen keinen Spaß *(Sebastian, 13 J.)*
- hängen immer mit ihren Freundinnen rum *(Peter, 11 J.)*
- sind zu schnell beleidigt *(Martin, 12 J.)*
- sagen oft nicht, was sie denken *(Anton, 11 J.)*
- …

Ja-Nein-Linie, S. 197

1. Bewertet die einzelnen Aussagen der Jungs und Mädchen mit Hilfe der Ja-Nein-Linie.
2. Bildet reine Jungs- und reine Mädchengruppen.
   - a) Nennt die wichtigsten Vorwürfe euch gegenüber.
   - b) Diskutiert, welche vielleicht berechtigt sind und welche überhaupt nicht.
   - c) Einigt euch jeweils auf fünf Eigenschaften, die euch am anderen Geschlecht am meisten stören.
   - d) Stellt eure Ergebnisse in der Klasse vor und diskutiert diese.

Mädchen und Jungs gehen oft unterschiedlich miteinander um

3. a) Beschreibt die dargestellten Situationen.
   b) Welche Unterschiede im Umgang zwischen der Mädchen- und der Jungsgruppe stellst du fest?
   c) Was findet ihr besser? Begründet eure Meinung.

Wissen und Können

Das weiß ich

▶ Jeder Mensch lebt in verschiedenen Beziehungen, die sehr unterschiedlich sein können. Diese Beziehungen können sich immer wieder ändern.

▶ Bei guten Freunden und guten Freundinnen ist es wichtig, dass sie gemeinsame Interessen haben und sich gegenseitig vertrauen können.

▶ In Cliquen halten Freunde besonders eng zusammen. Der Einzelne sollte aber darauf achten, dass er nichts gegen seine Überzeugung tut, nur um dazuzugehören.

▶ Bei Freundschaften im Internet besteht die Gefahr, dass persönliche Dinge plötzlich öffentlich werden oder dass manches nicht stimmt, was der andere schreibt. Wenn man sich im Internet beleidigt oder bloßgestellt fühlt, muss man sich wehren. Dazu gibt es zwei Regeln:

- Beweise sichern (Screenshot)
- Hilfe holen

▶ Im Umgang zwischen Jungs und Mädchen sollten die Jungs bedenken, dass Mädchen die körperliche Nähe, wie sie unter Jungs oft üblich ist, nicht mögen. Mädchen wollen nicht, dass Jungs sie gegen ihren Willen anfassen. Die Mädchen sollten bei Konflikten offen und ehrlich, vor allem aber sachlich ihre Meinung vertreten.

Das kann ich

A) Unterschiedliche Beziehungen

Nele (12 Jahre) hat zwei allerbeste Freundinnen, Sina und Claudia, mit denen sie sich jeden Tag trifft. Die drei verstehen sich super gut und unternehmen fast alles gemeinsam.
Seit ihre Eltern sich getrennt haben, lebt Nele mit ihrem Bruder bei ihrem Vater. Mit ihrem Vater versteht sich Nele gut, mit ihrer Mutter leider überhaupt nicht mehr. Ihr Bruder Tim, 9 Jahre, nervt sie manchmal.

1. Erstelle für Nele ein Bild wie auf Seite 21, aus dem deutlich wird, welche unterschiedlichen Beziehungen sie zu den genannten Personen hat.

Du kannst dabei die Menschen mit unterschiedlich großen Kreisen und mit verschiedenem Abstand zum Nele-Kreis zeichnen.

Um die unterschiedlichen Gefühle von Nele darzustellen, kannst du auch verschiedene Symbole wie Sonne, Smiley, Wolken, Blitze, Daumen nach oben oder nach unten usw. verwenden.

B) Einen Freund, eine Freundin zaubern

1. Stell dir vor, du könntest dir einen Freund oder eine Freundin zaubern.

   Überlege dir fünf Eigenschaften, die dein Freund oder deine Freundin unbedingt haben sollte, und fünf, wie er oder sie auf keinen Fall sein sollte.

C) Gruppenzwang

1. Das Bild trägt den Titel „Gruppenzwang".

   Beschreibe die Situation auf dem Bild und erkläre den Begriff Gruppenzwang.

D) Freunde im Internet

1. Hatice ist seit zwei Wochen neu in deiner Klasse. Hatice ist eine ziemliche Angeberin und in der Klasse nicht sehr beliebt. Auf Facebook erhältst du eine Freundschaftsanfrage von ihr. Wie reagierst du? Begründe deine Entscheidung.

E) Jungen und Mädchen

A. Mädchen tröstet Jungen.
B. Junge tritt Mädchen in den Po.
C. Mädchen beleidigt Jungen.
D. Junge nimmt Mädchen in Schutz.
E. Jungen und Mädchen spielen gemeinsam.
F. Junge hält Mädchen gegen ihren Willen fest.
G. Mädchen umarmt Jungen, obwohl er das nicht will.
H. Junge macht Mädchen ein Kompliment.

1. Im Kasten links findest du verschiedene Verhaltensweisen zwischen Jungen und Mädchen.

   Ordne diese jeweils zu in „so ist es leider oft" und „so wäre es schön".

2. Finde für jede Gruppe zwei weitere Beispiele.

Schluss-Check

Überlegt gemeinsam:
▶ Das war (mir) wichtig in diesem Kapitel: ...
▶ Das sollte man sich merken: ...
▶ Gibt es etwas, das noch geklärt werden muss?

SPEICHERN

Regeln

Alles gut geregelt?

- Warum gibt es Regeln?
- Wem nützen Regeln?
- Was sind sinnvolle Klassenregeln?
- Welche Regeln gibt es in der Bibel?
- Warum lügen Menschen manchmal?

Was man darf und was nicht

1. ❖ Beschreibe die einzelnen Situationen auf dem Bild auf der linken Seite.
2. ❖ a) Formuliere zu jeder Situation eine Regel, die den Konflikt verhindern könnte.
   b) Beschreibe, wer oder was durch diese Regel geschützt wird.
3. ❖ Erkläre die Verbotsschilder auf dieser Seite. Begründe, warum du sie für sinnvoll hältst, bzw. warum nicht.
4. ❖ Erfinde selbst Schilder, zeichne sie und lass sie von den anderen deuten.

Die folgenden Bestimmungen stehen so wörtlich in den Gesetzestexten einzelner Länder:

- **A.** In den Bundesländern Baden-Württemberg und Bayern dürfen am Karfreitag keine Tanzveranstaltungen durchgeführt werden.

- **B.** In China dürfen ertrinkende Menschen nicht gerettet werden, da nicht in ihr Schicksal eingegriffen werden darf.

- **C.** Das Züchten von Schweinen ist in Israel unter Strafe gestellt. Wer erwischt wird, muss das Tier laut Gesetz töten.

- **D.** In Florida dürfen Kinder und Jugendliche ohne schriftliche Erlaubnis ihrer Eltern keine Harry-Potter-Bücher aus Schulbibliotheken entleihen.

- **E.** Bevor nicht alle Fenster geschlossen und sicher verriegelt sind, ist in Massachusetts das Schnarchen strengstens verboten.

- **F.** In Victoria (Australien) ist es nur staatlich geprüften Elektrikern erlaubt, eine Glühbirne zu wechseln.

- **G.** In Baltimore, Maryland (USA) ist es verboten, Waschbecken zu säubern, egal wie dreckig sie sind.

5. ❖ Lies die Regeln und Verbote aus verschiedenen Ländern: Welche findest du sinnvoll, welche nicht? Begründe deine Meinung.
6. ❖ Erzähle Beispiele für Regeln, die du gut findest, und Beispiele für Regeln, die du nicht gut findest.

Klassenregeln

1. ❖ Beschreibt die dargestellte Situation.
2. ❖ Macht Vorschläge, wie solche Situationen gelöst oder von vornherein verhindert werden könnten.

„Ich finde Regeln doof. Warum muss man alles kontrollieren? Jeder soll machen können, was er will!"

„Ich finde Regeln gut. Wenn sich alle daran halten, geht es einem besser."

3. ❖ Vergleiche die beiden Aussagen.
4. ❖ Ordne die Aussagen den beiden Jungen zu und erkläre sie aus deren jeweiliger Sicht.

Ohne Regeln geht nichts

Das Zusammenleben ist ohne Regeln nicht möglich. Regeln und Gesetze verhindern, dass die Brutalen und Mächtigen machen, was sie wollen, und schützen dadurch auch die anderen.

1. ❖ Erkläre, warum es Regeln gibt.
2. ❖ Belegt an aktuellen Beispielen, wie Regeln und Gesetze verhindern, dass Starke und Mächtige tun können, was sie wollen.
3. ❖ In vielen Klassenzimmern hängen Klassenregeln. Nenne Regeln, die du kennst.
4. ❖ Bewertet mit Hilfe der Ampelkarten-Methode die einzelnen Klassenregeln in dem folgenden Beispiel:

Ampelkarten-Methode, S. 192

Regeln der Klasse 5a

1. Wenn ein Lehrer die Klasse betritt, stehen alle Schüler auf und begrüßen ihn.
2. Der Lehrer beginnt und beendet den Unterricht.
3. Ich melde mich, bevor ich etwas sage.
4. Wenn in einer Stunde fünf Schüler wegen Störens an der Tafel stehen, bekommt die ganze Klasse eine Zusatzarbeit.
5. Ich esse und trinke nur in den Pausen.
   Der Lehrer darf im Unterricht Kaffee trinken.
6. Ich gehe achtsam mit dem Schuleigentum um.
7. Der jüngste Schüler ist dafür verantwortlich, dass der Papierkorb geleert wird.
8. Ich lasse das Eigentum anderer in Ruhe.
9. Über die Hausaufgaben stimmen die Schüler gemeinsam ab.
10. Wer dreimal zu spät kommt, muss einen Kuchen für die ganze Klasse mitbringen.

5. ❖ Einigt euch in der Klasse auf sieben Regeln, die in eurem Religionsunterricht gelten sollen, und gestaltet damit ein Plakat.
6. ❖ Regeln gibt es in vielen Bereichen. Entwerft in Kleingruppen jeweils fünf sinnvolle Regeln für
   a) die Familie,
   b) Freunde,
   c) Geschwister,
   d) den Sportunterricht.

Regeln in der Bibel

Die Zehn Gebote (in falscher Reihenfolge)

 Du sollst den Feiertag heiligen.

 Du sollst nicht stehlen.

 Ich bin der Herr, dein Gott, du sollst keine anderen Götter neben mir haben.

 Du sollst kein falsch Zeugnis reden wider deinen Nächsten.

 Du sollst nicht ehebrechen.

 Du sollst nicht töten.

 Du sollst nicht begehren deines Nächsten Frau, Knecht, Magd, Vieh noch alles, was sein ist.

 Du sollst deinen Vater und deine Mutter ehren.

 Du sollst den Namen des Herrn, deines Gottes, nicht missbrauchen.

 Du sollst nicht begehren deines Nächsten Haus.

1. ❖ Das Labyrinth verrät dir die richtige Reihenfolge der Gebote. Suche mit dem Finger den richtigen Weg vom Start bis zum Ziel.

2. ❖ Zeichne danach die Symbole in der richtigen Reihenfolge in dein Heft und nummeriere sie. Schreibe zu jedem Symbol das dazugehörige Gebot.

3. a) ❖ Gib die Gebote in deinen eigenen Worten wieder.
   b) ❖ Welche Gebote hältst du für wichtig, welche nicht so sehr? Begründe deine Meinung.

4. ❖ Die Zehn Gebote kann man einteilen in Gebote, die das Verhältnis der Menschen zu Gott regeln, und solche, die das Zusammenleben der Menschen regeln. Ordne die Gebote diesen beiden Gruppen zu.

Die Zehn Gebote sind auch heute noch aktuell

Gericht
Das Gericht verhängt gegen einen mehrfachen Mörder die Todesstrafe.

Supermarkt
Beim Einkaufen mit ihrer Mutter steckt sich Michelle (12 J.) heimlich ein Lipgloss in die Tasche.

Humboldtschule
Marie (13 J.) ärgert sich, weil ihre beste Freundin Nicole (13 J.) in der Religionsarbeit eine viel bessere Note als sie bekommen hat. Marie geht nach der Stunde zu ihrem Religionslehrer und sagt, obwohl das nicht stimmt: „Haben Sie denn nicht gemerkt, dass Nicole alles von einem Spickzettel abgeschrieben hat?"

Firma Reich
Um mehr Geld zu verdienen, arbeiten viele Angestellte auch samstags und sonntags.

Fitnessstudio
Marc (19 J.) trainiert hier jeden Tag drei Stunden seine Muskeln. Das Training ist das Wichtigste in seinem Leben. Marc will einmal Weltmeister werden.

Goetheschule
Anton (13 J.) war in eine Schlägerei verwickelt. Als seine Klassenlehrerin ankündigt, seinen Vater zu benachrichtigen, sagt Anton: „Das können Sie ruhig machen. Mein Alter hat mir schon lange nichts mehr zu sagen."

Hannah
Hannah (12 J.) betet: „Lieber Gott, hilf mir bitte zu einer Eins. Ich habe nämlich nichts gelernt.

Uhlandschule
Moritz (11 J.) hatte seine Hausaufgaben nicht gemacht, weil er lieber den ganzen Tag am Computer spielte. Als ihn sein Lehrer darauf anspricht, sagt Moritz: „Meine Mutter ist im Krankenhaus. Da habe ich mich den ganzen Tag um meine kleinen Geschwister kümmern müssen."

Familie Alt
Herr Alt (70 J.) ist gestorben. Frau Alt (65 J.) ist darüber sehr traurig. Sie wohnt jetzt allein in dem kleinen Häuschen, das ihr aufgrund des Testaments nun allein gehört. Ihr gemeinsamer Sohn, der sich seit 20 Jahren nicht mehr gemeldet hat und der auch nicht bei der Beerdigung war, will das Haus für sich haben. Er geht wegen des Testaments vor Gericht.

Tim und Luisa
Tim (20 J.) und Luisa (19 J.) sind seit einem Jahr verheiratet. In der letzten Zeit haben sie häufig Streit. „Ich komme heute später, weil ich Überstunden machen muss", erklärt Tim. In Wirklichkeit geht er mit seiner neuen Kollegin in die Disco.

1. ❖ Gib den jeweiligen Sachverhalt in eigenen Worten wieder.
2. ❖ Prüft, welche der Zehn Gebote jeweils verletzt werden.
3. ❖ Findet zu jedem Gebot ein weiteres Beispiel.

Das achte Gebot

Der Hirtenjunge und der Wolf

Es war einmal ein Hirtenjunge, der jeden Tag die Schafe des Dorfes hütete. Jeden Morgen holte er die Tiere von ihren Besitzern ab und trieb sie in die Berge, wo die Schafe grasen sollten. Am Abend brachte er sie ins Dorf zurück.

Doch manchmal langweilte sich der Hirtenjunge, wenn er den ganzen Tag allein bei den Schafen war. So wollte er sich einmal einen Spaß erlauben und rief laut: „Der Wolf! Der Wolf! Der Wolf will sich ein Schaf holen!"

Da kamen alle Leute mit ihren Mistgabeln und Dreschflegeln aus dem Dorf gelaufen, um den Wolf zu verjagen. Doch da war kein Wolf!

Der Hirtenjunge lachte Tränen über die verdutzten Gesichter der Bauern. Dem Jungen gefiel der Spaß so gut, dass er ihn nach einigen Tagen wiederholte. Und wieder rief er: „Der Wolf! Der Wolf will sich ein Schaf holen!" Und wieder kamen alle Bewohner des Dorfes angerannt, um den Wolf zu verscheuchen, doch es war kein Wolf zu sehen.

Eines Herbstabends, als sich der Hirtenjunge mit den Schafen auf den Heimweg machen wollte, kam wirklich ein Wolf. Der Bursche schrie voller Angst: „Der Wolf! Der Wolf will eines der Schafe holen!" Doch diesmal kam nicht ein einziger Bauer. Und so trieb der Wolf die Schafe in die Berge und fraß sie alle auf.

Nach Äsop

1. ❖ Erzähle die Fabel in deinen eigenen Worten nach.
2. ❖ Analysiere, welche Folgen der Streich des Jungen hat.
3. a) ❖ Fasse in einem Satz zusammen, was die Geschichte aussagen will.
   b) ❖ Gibt es ein Sprichwort, an das dich die Geschichte erinnert?

Warum sagen Menschen manchmal nicht die Wahrheit?

1 Milena sagt zu ihrer neuen Mitschülerin: „Letzten Sommer waren wir drei Wochen am Mittelmeer."
(Sie war noch nie im Ausland in den Ferien.)

2 Nach seiner Verhaftung wurde Jesus im Palast des Hohepriesters verhört. Jesus und seinen Anhängern drohte die Todesstrafe. Als Petrus von einem Soldaten angesprochen wird, sagt er: „Ich kenne diesen Jesus überhaupt nicht."
(Jesus war sein bester Freund.)

3 Die 6a hat Schwimmen. Ein Freund fragt Fabian: „Woher hast du denn die blauen Flecken?" Fabian antwortet: „Ich bin gefallen."
(Sein Vater hatte ihn verprügelt.)

4 „Weiß jemand, wer den Geldbeutel aus der Umkleide gestohlen hat?", fragt die Lehrerin nach der Sportstunde.
(Moritz meldet sich nicht, obwohl er es weiß.)

5 Julian sagt zu seinem Vater: „Ich war bei Christoph, wir haben den ganzen Nachmittag für die Schule gelernt."
(Sie waren im Kino.)

6 Meike sagt zu ihren Freundinnen: „Ich habe für die Prüfung nichts gelernt."
(Sie hat sich sehr gut vorbereitet.)

7 Die Tochter sagt zu ihrer Mutter im Krankenhaus: „Wenn du weiter solche Fortschritte machst, kommst du bald wieder nach Hause."
(Die Tochter weiß, dass die Mutter unheilbar krank ist.)

8 Lea will mit ihren Freundinnen ins Kino. Der Film ist ab 16 Jahren freigegeben. Als die Kassiererin fragt, wie alt Lea ist, sagt Lea: „16 Jahre, letzte Woche geworden."
(Lea ist die Einzige ihrer Freundinnen, die noch 15 ist.)

9 Carl sagt zu Luca: „Gestern habe ich deinen Vater gesehen. Der war ja wieder ganz schön betrunken. Luca antwortet: „Das kann nicht sein, mein Vater trinkt nicht."
(Lucas Vater ist Alkoholiker.)

10 Lehrer: „Wer hat dies verstanden?" Hannes meldet sich wie alle anderen.
(Er hat nichts verstanden.)

1. ❖ **Diskutiert die Fallbeispiele in der Klasse.**

2. ❖ **Bewerte die einzelnen Lügen: Bestimme für dich die drei schlimmsten und die drei harmlosesten Lügen.**

3. ❖ **Untersuche jeden Fall unter folgenden Fragestellungen:**
    a) Welche Gründe könnten die Einzelnen gehabt haben, um zu lügen?
    b) Überlege, welche Folgen diese Lügen haben könnten.
    c) Gott sagt im achten Gebot: „Du sollst nicht falsch Zeugnis reden wider deinen Nächsten." Für wie wichtig hältst du dieses?

Warum lügen Menschen manchmal?

4. ❖ **Fallen euch noch weitere Gründe ein, warum Menschen manchmal lügen?**

5. ❖ **Ordnet die zehn Fallbeispiele jeweils einem dieser Gründe zu.**

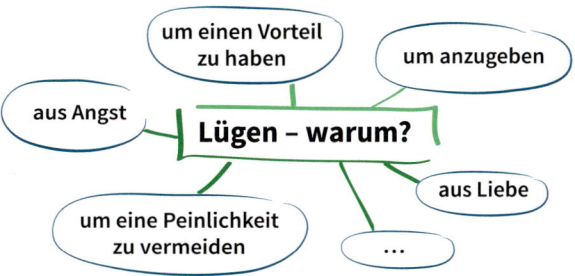

Die goldene Regel

Du sollst anderen nicht in die Cola spucken

Eine Anfrage an **www.ichbrauchhilfe.de**: „Ich heiße Annika, bin 12 Jahre alt und seit einem halben Jahr auf einer neuen Schule. In meiner neuen Klasse verstehe ich mich gut mit Marlene. Laura ist Marlenes beste Freundin, und Isabell und Sandra gehören auch noch zu der Clique. Als ich kürzlich bei Marlene übernachtet habe, hat sie mir etwas ganz Schlimmes erzählt. Bei unserem letzten Klassenausflug hatten wir Freizeit und wir fünf Mädchen sind zu McDonalds. Und als ich dann auf der Toilette war, haben Laura, Isabell und Sandra in meine Cola gespuckt. Die war noch halb voll. Und als ich dann vom Klo gekommen bin, hab ich die Cola leer getrunken. Marlene meint, das haben die gemacht, weil sie mich irgendwie blöd finden. Ich finde das soooo eklig und weiß jetzt gar nicht, was ich machen soll."

1. ❖ Beschreibe die Situation, in der Annika steckt.

Diskussion, S. 194

2. ❖ Diskutiert die Situation von Annika. Sammelt Möglichkeiten, wie sich Annika verhalten könnte.

Die goldene Regel

Matthäus-evangelium, 7,12

Die Zehn Gebote können nicht alle Situationen regeln. Es gibt zum Beispiel kein Gebot, das heißt: „Du sollst anderen nicht in die Cola spucken." Aus diesem Grund hat Jesus uns die sogenannte „goldene Regel" gegeben. Das ist eine Regel, an der sich alle Menschen in allen Situationen immer orientieren können.

3. ❖ Gib die goldene Regel in deinen eigenen Worten wieder.
4. ❖ Überprüft, inwieweit diese Regel im Zusammenleben mit anderen Menschen helfen kann.
5. ❖ Wie hätte sich die Situation von Annika geändert, wenn sich alle an diese Regel gehalten hätten?

1. ❖ Beschreibe die einzelnen Situationen.
2. ❖ Erkläre, wie sich jemand verhalten kann, der jeweils dazukommt und sich an der goldenen Regel orientiert.

Wissen und Können

Das weiß ich

▶ Für viele Situationen des Alltags gibt es Regeln. Regeln verhindern, dass Starke und Mächtige machen, was sie wollen. Dadurch fördern sie die Sicherheit und schützen das Leben, die Gesundheit und das Eigentum der Menschen.

▶ Regeln sind Vereinbarungen, die innerhalb einer Gemeinschaft gelten, z.B. im Sport, im Straßenverkehr, in einer Klasse oder beim Spielen. Einige Regeln kann man verändern – aber nur, wenn alle Beteiligten damit einverstanden sind.

▶ Die bekanntesten Regeln in der Bibel sind die Zehn Gebote, die Mose von Gott erhalten hat. Die Zehn Gebote regeln das Verhältnis zwischen Gott und den Menschen und das Zusammenleben der Menschen untereinander.

▶ Die wichtigste Regel, wie wir uns anderen gegenüber verhalten sollen, ist eigentlich sehr einfach. Es ist die sogenannte goldene Regel von Jesus. Sie ist wahrscheinlich die älteste Regel für das menschliche Zusammenleben und in unterschiedlichen Worten in fast allen Kulturen und Religionen bekannt.

Das kann ich

A) Regeln

1. Formuliere eine Regel, die diese Situation verbessern könnte. Beschreibe, wem diese Regel dann vor allem nützen würde.

B) Klassenregeln

A. Die Schüler haben pünktlich zur bestimmten Zeit, an Körper und Kleidung reinlich und anständig, in dem Schulzimmer zu erscheinen.
B. Wir bringen kein elektronisches Spielzeug mit in die Schule.
C. Beim Schreiben und Zeichnen sollen die Schüler aufrecht sitzen, die Brust nicht an den Tisch andrücken, noch den Körper stark vorwärts biegen.
D. Wir tragen im Klassenzimmer keine Mützen oder Kappen.
E. Beim Aufsagen, Lesen und Singen sollen die Schüler stehen, ihre Antworten sollen sie in gerader Haltung des Kopfes laut, wohlbetont und in ganzen Sätzen geben.
F. Wir beleidigen niemanden mit Worten oder Handzeichen.

1. Welche der folgenden Klassenregeln stammen aus einer Schule vor hundert Jahren, welche aus einer Schule von heute?
2. Woran erkennst du dies?
3. Formuliere eine Klassenregel und begründe, warum diese für dich wichtig ist.

C) Die Zehn Gebote

Kevin (14 Jahre) war zufrieden. Endlich hatte er auch so geile Monster-Beats-Kopfhörer wie sein Kumpel Pascal. Wie er den beneidet hatte! Im Money-Markt war heute, am verkaufsoffenen Sonntag, die Hölle los gewesen. Da hatte niemand bemerkt, wie er die Kopfhörer heimlich in seinem Rucksack verschwinden ließ. Und an der Kasse war auch alles gut gegangen. Doch jetzt nervte seine Mutter. Die ganze Zeit fragte sie, wo er denn die Kopfhörer her hätte. „Herrgott nochmal!", schrie er sie an. „Wann kapierst du es endlich: Das sind die alten Kopfhörer von Pascal, die hat er mir geschenkt!"

1. Gegen welche der Zehn Gebote wird in diesem Fallbeispiel verstoßen? Ordne jeder Situation das betreffende Gebot zu.

D) Du sollst nicht falsch Zeugnis reden

1. Warum lügt der Junge?
2. Nenne noch andere Gründe, warum Menschen manchmal lügen.

E) Die goldene Regel

wollt   werden

ihr   Behandelt

wie   ihnen

von   so

andere   behandelt

Menschen

1. Setze die Wortbausteine so zusammen, dass sie die goldene Regel ergeben.
2. Erklärt an diesem Cartoon die goldene Regel.

Schluss-Check

Überlegt gemeinsam:
▶ Das war (mir) wichtig in diesem Kapitel: …
▶ Das sollte man sich merken: …
▶ Gibt es etwas, das noch geklärt werden muss?

Streiten und sich versöhnen

Streit

- Cool werden – wie geht das?
- Kann man Streiten lernen?
- Was hat ein Eisberg mit Streiten zu tun?
- Können Schüler besser Streit schlichten als Lehrer?

Kein Streit, Streit oder schlimmer Streit?

A Louis stößt aus Versehen Jasmins Mäppchen vom Tisch. Jasmin fährt Louis an: „Pass doch auf, du Arschloch!"

B Als Jakob sich setzen will, zieht Sandra ihm den Stuhl weg – Jakob stürzt zu Boden.

C Eine Clique bedroht Henry und verlangt Geld von ihm, damit sie ihn nicht verprügeln.

D Mutter zu Vater: „Ich brauche in diesem Monat mehr Haushaltsgeld, ich will den Jungs neue Kleider kaufen." Vater schreit: „Du bekommst gar nichts. Du kannst einfach nicht mit Geld umgehen!"

E Till und Serhat prügeln sich, weil sie gegenseitig ihre Mütter beleidigt haben.

F Die zweijährige Elisa nimmt dem dreijährigen Paul sein Spielzeugauto weg. Paul weint.

G Rechenwettbewerb in der fünften Klasse. Selina und Levin sind im Entscheidungskampf. Selina will Levin unbedingt besiegen.

H Die Klasse 6a soll in Gruppen arbeiten. Niemand will Fabian mitarbeiten lassen. Fabian zwängt sich mit Gewalt in eine Gruppe.

I Greta wird von ihrer besten Freundin Amelie nicht zur Geburtstagsparty eingeladen. Wütend stellt sie Amelie zur Rede.

J Weltmeisterschaftskampf im Boxen. Der eine Gegner blutet, trotzdem haut ihm der andere noch eine rein.

K Fußballspiel zwischen Dynamo Dresden und Dortmund. Dresden hat hoch verloren. Die Dresdener Fans passen die Dortmunder an der Straßenbahnhaltestelle ab. Es kommt zu einer Massenschlägerei.

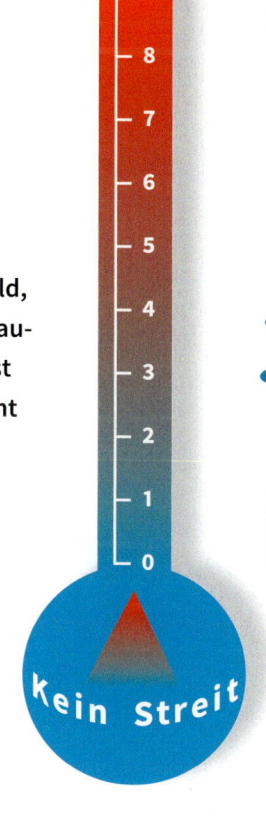

1. ❖ Ordnet die einzelnen Fallbeispiele jeweils auf dem Streitbarometer ein und begründet eure Einschätzung.

2. ❖ Erörtert, wann man eurer Meinung nach von einem Streit sprechen kann.

3. ❖ Was ist der schlimmste Streit, den du bisher in deinem Leben gehabt oder mitbekommen hast? Erzähle, wie er ausgegangen ist.

4. ❖ Bildet drei Kleingruppen. Sammelt arbeitsteilig in jeder Gruppe typische Streitsituationen:
   a) in der Schule,
   b) in der Familie,
   c) unter Freunden.

5. ❖ Diskutiert in der Klasse folgende Fragestellungen:
   a) Ist Streit immer schlecht?
   b) Gibt es Situationen, in denen ein Streit auch einmal notwendig sein kann?

Cool bleiben

Elo wird cool

Elo war ein Elefant und lebte in Afrika. Elo hatte einen langen Rüssel und zwei kurze Zähne, denn Elo war erst acht Jahre alt. Eigentlich sah er genauso grau und groß aus wie alle anderen Elefanten in seiner Familie. Doch etwas war anders. Wenn Elo sich ärgerte, wurde er am ganzen Körper rot wie eine Tomate, und weil er sich dann noch mehr ärgerte, fing er sogar noch an zu leuchten.

Das passierte ihm zum ersten Mal, als sich eine kleine Maus über ihn lustig machte. Die rief: „Hallo Elo, Helo, Belo, Celo, hahaha!" Da wurde Elo so wütend, dass er plötzlich ganz rot wurde, so wie eine Tomate. Am Abend, als Elo über die freche Maus nachdachte, fing er sogar an, wie eine rote Ampel zu leuchten, und alle Elefanten staunten. Am nächsten Tag wusste es der ganze Urwald: Wenn man Elo ärgert, wird er rot wie eine Tomate und fängt sogar an zu leuchten.

Als Elo bei den Affen vorbeilief, riefen alle: „Elo, Belo, Celo!", und Elo wurde wieder rot. Wütend rannte er weiter zu den Löwen. Die riefen: „Seht nur, da kommt – der rote Elefant!" Und Elo wurde noch roter. „Oh", riefen die Vögel, „er sieht aus wie ein leckerer, leuchtender Apfel, hmmmmm!!!" Schnell rannte Elo in eine dunkle Höhle, damit ihn niemand sehen konnte. Als Elo eintrat, leuchtete sogar die Höhle in einem flammenden Rot. Dennoch schlief er schnell ein, weil Sich-Ärgern sehr müde machte.

Am nächsten Morgen war er wieder grau. Als er aus der Höhle kam, traf er seine kleine Schwester Lilo. Lilo rief: „Elo, da bist du ja. Ich habe die ganz Nacht nach dir gesucht." Da erzählte ihr Elo, was ihm passiert war: von der Maus, von den Affen, den Löwen und den Vögeln und dass er so rot leuchtet, wenn er sich ärgert. Dabei wurde Elo ganz traurig. Da sagte seine Schwester Lilo: „Ach, Elo, das ist doch alles gar nicht schlimm. Du bist doch ein großer Elefant, und da ärgerst du dich über eine kleine Maus? Oder über die frechen Affen, die sich immer über andere lustig machen? Über die Vögel und die Löwen? Armer Elo, wenn wir großen Elefanten uns ständig über jedes Tier ärgern würden, dann würden wir alle so leuchten wie du. Aber rate mal, warum wir Elefanten so eine dicke Haut haben?" Elo überlegte und meinte: „Ich weiß es nicht." Lilo flüsterte: „Weil Elefanten eigentlich die coolsten Tiere überhaupt sind. Wir haben so eine dicke Haut, damit wir uns über nichts, über gar nichts zu ärgern brauchen. Und wenn dich beim nächsten Mal jemand ärgert, bleib cool und stell dir einfach vor, dass durch deine dicke Haut kein Ärger hindurchgeht." „Das klappt?", fragte Elo unsicher. „Das klappt ganz bestimmt", erwiderte Lilo mit fester Stimme.

Während die beiden Elefanten sich so unterhielten, kamen sie bei den Vögeln vorbei. Die schrien: „Hallo Elo, Belo, Celo, leuchte doch mal!" Und schon wollte sich Elo wieder richtig ärgern. Sein Rüssel und seine Ohren begannen schon rosa anzulaufen. Da erinnerte er sich an den Tipp seiner Schwester Lilo und sagte zu sich selbst: Pah, ich bin cool, ich habe die dickste Haut auf der ganzen Welt. Ihr Vögel könnt mich gar nicht ärgern. Und was geschah …?

Elo wurde ganz schnell wieder so grau wie vorher. Alle Vögel schnatterten: „Habt ihr das gesehen? Elo leuchtet nicht mehr. Er lässt sich nicht mehr ärgern. Schade." Dann kamen sie bei den Löwen vorbei. Auch die wollten sich einen Spaß machen und riefen: „He, Elo, leuchte doch mal für uns, es ist so dunkel, hahahaha." Oh, ein wenig musste sich Elo schon über die Löwen ärgern, doch diesmal wurde nur noch die Spitze seines Rüssels rosa. Wieder sprach Elo zu sich selbst: Ha, ihr kleinen Löwen, ich bin der coole Elo, ich habe die dickste Haut auf der Welt, ihr könnt mich gar nicht ärgern. Da wurde der Rüssel sogleich wieder grau. Als sie bei den Affen vorbeikamen, schaute Lilo ihren Bruder prüfend an. Würde er es schaffen, sich von den Affen nicht ärgern zu lassen?

Schon schrien die Affen im Chor: „Elo ist rot, Elo ist rot, leuchtet wie ein Butterbrot!" Da lachte Elo und antwortete: „He, ihr Affen, ich glaube, ihr könnt nicht richtig sehen. Wo bitte schön bin ich denn rot? Und seit wann können denn Butterbrote leuchten?" Da waren selbst die Affen für eine kurze Weile sprachlos. Schließlich kamen sie am Haus der kleinen Maus vorbei. Die rief: „Hallo Elo, Belo, Celo, Delo!" Da lachte Elo und antwortete: „Hallo Maus, Saus, Braus, Laus", und marschierte fröhlich weiter.

Am Abend sprach Lilo zu ihrem großen Bruder: „Weißt du was, Elo?" „Nein", antwortete Elo. „Ich bin ganz schön stolz auf dich, Bruder. Du bist heute nämlich ein richtig cooler, großer Elefant geworden."

Und, was geschah? Diesmal begannen Elos Ohren ganz bunt zu leuchten, aber nicht vor Ärger, sondern weil er sich sehr freute.

1. ❖ Untersucht das Verhalten von Elo und das der anderen Tiere. Bei allen ändert sich das Verhalten. Was sind jeweils die Gründe dafür?

2. ❖ Untersucht, wie die Geschichte wohl weitergegangen wäre, wenn Elo seine Schwester nicht getroffen hätte.

3. ❖ a) Nenne Situationen, in denen du ähnlich fühlst wie Elo, wo du dich ärgerst.
   b) Wie verhältst du dich in vergleichbaren Situationen?

4. ❖ a) Auch für Menschen kann es manchmal gut sein, wenn sie eine „dicke Haut" haben, d.h., wenn sie cooler sind. Erkläre diesen Satz.
   ❖ b) Gab es in deinem Leben Situationen, in denen es besser gewesen wäre, wenn du cool geblieben wärst?

Richtig streiten

Richtig streiten und falsch streiten

a) Du bist dumm!
b) Du Arschloch!
c) Ich mag es nicht, wenn man mich anfasst.
d) Du hast mein Geodreieck geklaut.
e) Ich bin sauer, weil ich eine halbe Stunde auf dich warten musste.

1. ❖ Stell dir vor, jemand sagt diese Sätze zu dir. Formuliere zu jedem Satz spontan einen Antwortsatz.

2. ❖ Welche Sätze ärgern dich, welche ärgern dich nicht so sehr?

3. ❖ Nenne die Unterschiede zwischen den Sätzen, die dich ärgern, und solchen, die dich nicht ärgern.

Ich-Botschaften

Nicht nur beim Streiten sind Ich-Botschaften besser als Du-Botschaften. Ich-Botschaften klagen den anderen nicht so stark an, sondern beschreiben mehr die eigenen Gefühle. Wenn jemand eine Ich-Botschaft hört, reagiert er deshalb nicht so aggressiv wie bei einer Du-Botschaft. Mit Ich-Botschaften kann man einen Streit entschärfen.

Du-Botschaften

Du dumme Sau!
Du hast mein Heft versaut.
Pass doch auf, wo du hintrittst, du Idiot.
Du laberst Müll.
Selber Arschloch!
Du vergibst beim Fußball einfach jede Torchance.
Du Blödmann, kapierst du das immer noch nicht?

4. ❖ Du-Botschaften können zu Ich-Botschaften werden. Formuliere diese Du-Botschaften in Ich-Botschaften um, zum Beispiel:
Du dumme Sau. → Ich habe eine saumäßige Wut auf dich.

Streit unter Freunden

Finn hat zum Geburtstag ein neues Mountainbike geschenkt bekommen. Vorsichtig dreht er auf der Straße eine erste Runde. Es sieht supertoll aus, wie es so in der Sonne glänzt und funkelt. Finn ist stolz und freut sich sehr. Da kommt **Leo**, sein bester Freund. „Lass mich auch mal fahren", sagt Leo. „Ich mach gleich mal einen Härtetest in der lehmigen Baugrube." Finn antwortet: „Du bekommst das Rad nicht. Dann ist das Bike gleich verdreckt, und du gibst auf meine Sachen sowieso nie acht." Leo wird wütend. „Weißt du was? Du kannst mir mit deinem Scheiß-Bike den Buckel runter rutschen. Ich gehe, und deinen Geburtstag kannst du alleine feiern."

Aylin hat strenge Eltern. Alleine darf sie nicht zur Schülerdisco – nur zusammen mit ihrer Freundin **Maja**. Aylin hat mit Maja ausgemacht, dass sie sie um 16 Uhr abholt. Aylin hat sich schick gemacht und wartet. Aber Maja kommt nicht. Aylin ruft bei Maja an und erfährt, dass diese schon lange fort ist. Am nächsten Tag schwärmen die Klassenkameraden von der tollen Disco. Aylin spricht Maja an: „Du bist ja das Letzte. Du hast mich extra nicht abgeholt, weil du weißt, dass ich allein nicht weg darf! Du bist für mich gestorben!" Maja antwortet: „Ach, stell dich doch nicht so an. Du bist doch kein Baby mehr. Du wirst doch auch einmal allein zur Disco gehen können."

Cliquen, S. 24

„Ich habe eine Sauwut auf dich!"

„Ich habe das Gefühl, dass du mir nicht die Wahrheit sagst. Dann fällt es mir schwer, dir zu vertrauen."

1. ❖ Beschreibt die drei Streitsituationen. Warum kommt es jeweils zum Streit?
2. ❖ Untersucht die Streitsituationen im Blick auf die verwendeten Du-Botschaften.
3. ❖ Spielt in Kleingruppen zu jedem Fallbeispiel ein Gespräch, in dem die Streitenden vor allem Ich-Botschaften verwenden. Zu welchen Ergebnissen führen diese Gespräche?

Rollenspiel, S. 198

Streit – Ursachen und Folgen

Streit in der Familie

„Marco! Hast du die Küche aufgeräumt?" Marco gab nur ein unverständliches Grunzen als Antwort. Warum machte seine Mutter das nicht selbst? Sie hatte schließlich genug Zeit dafür. „Hast du deine Hausaufgaben gemacht?", kam die nächste unangenehme Frage aus dem Schlafzimmer.
„Ja, ja!", rief Marco genervt.
Natürlich hatte er sie nicht gemacht. Dabei sagte seine Klassenlehrerin immer öfter, dass seine Versetzung gefährdet sei. Die nächste vergessene Hausaufgabe würde ihm mal wieder einen Klassenbucheintrag einbringen – auch das war ihm bereits angedroht worden.
Schlecht gelaunt setzte sich Marco wieder an den Küchentisch, an dem es zum Fürchten aussah.
Marco hasste Hausarbeit. Zwar bestand seine einzige Aufgabe in dieser Woche darin, die Küche nach dem Mittagessen aufzuräumen, doch das musste jetzt erst einmal warten – schließlich lösten sich die kniffligen Matheaufgaben nicht von alleine.
Zunächst schaltete Marco aber den Fernseher ein. Drei Actionserien und zwei Talkshows später stellte Marco plötzlich fest, dass er ein Problem hatte, als er den Schlüssel im Türschloss hörte – sein Vater kam nach Hause.
Seit man ihm den neuen, jüngeren Chef vor die Nase gesetzt hatte, war er nur noch gereizt.
Schnell schaltete Marco den Fernseher aus. „Was ist denn das für ein Saustall?", schimpfte Marcos Vater sofort. „Du hast mir gestern versprochen, die Küche aufzuräumen! Wenn ich von einem harten Arbeitstag nach Hause komme, will ich mich nicht auf einen Müllberg setzen!" „Ich musste Hausaufgaben machen", stammelte Marco leise. „Was? Etwa das da?", brüllte sein Vater und zeigte auf Marcos Hefte und Bücher, die kreuz und quer auf dem Küchentisch verstreut lagen.
„Mach jetzt sofort sauber!", lautete der Befehl, der keinen Widerspruch duldete. Während sich sein Vater mit einem Bier an den Tisch setzte, machte sich Marco missmutig an den Abwasch. „Wo ist eigentlich deine Schwester schon wieder?", kam der nächste überflüssige Kommentar. „Seit Silvana mit diesem komischen Typen zusammen ist, kommt sie doch gar nicht mehr nach Hause!", antwortete Marco genervt. Da wischte sein Vater mit einer wütenden Armbewegung Marcos Hefte und Bücher vom Tisch. „Wie redest du eigentlich mit mir? Geh sofort auf dein Zimmer. Ich will dich heute nicht mehr sehen!", brüllte er. Schnell sammelte Marco seine Schulsachen ein und ergriff die Flucht. In dieser Stimmung war mit seinem Vater nicht zu spaßen.
In seinem Zimmer versuchte er sich noch mal an seinen Hausaufgaben, doch er schlief über Mathe ein.
Der nächste Tag begann nicht viel besser, als der Vortag geendet hatte. Als sich herausstellte, dass Silvana die ganze Nacht nicht zu Hause gewesen war, bekam sein Vater den nächsten Tobsuchtsanfall. Seine Mutter jammerte mal wieder, wie schlimm

es in der Wohnung aussehen würde, und dass sich alle nur noch streiten würden. Marco schlang sein Müsli so schnell er konnte hinunter, packte seine Schultasche – natürlich ohne Hausaufgaben – und stürmte hinaus. „Komm mir nicht noch mal mit einem Beschwerdebrief von deiner Lehrerin nach Hause!", rief sein Vater ihm noch hinterher.

Mit einer gehörigen Portion Wut im Bauch stapfte er den Schulweg entlang. Die konnten ihn doch alle mal! Seine Familie, die blöde Lehrerin, und seine bescheuerten Mitschüler sowieso! Dass es Paul war, mit dem er die Prügelei begann, war nur Zufall. Mit seinen blöden Freunden hatte er sich hinten angeschlichen. Als Paul dann an Marco vorbeilief, rempelte er ihn leicht an der Schulter an. Das reichte. Marco rastete aus und versetzte Paul einen Kinnhaken, der jedem Profiboxer zur Ehre gereicht hätte.

1. ❖ Untersucht das Fallbeispiel unter folgenden Fragestellungen:
   a) Warum war Marcos Vater so wütend, als er nach Hause kam?
   b) Warum hat Marco so brutal zugeschlagen, obwohl Paul ihn nur leicht angerempelt hat?
   c) Was könnte Marco anderes tun, wenn er eine solche Wut im Bauch hat?

Das Eisbergmodell

Es gibt viele verschiedene Ursachen, aus denen heraus ein Streit entstehen kann. Man kann diese Ursachen aber oft nicht sofort erkennen. Sie wirken unter der Oberfläche, sind verdeckt und werden oft auch von den Beteiligten selbst nicht bewusst wahrgenommen. Das ist wie bei einem Eisberg, von dem man nur den kleinen oberen Teil über Wasser sieht, den größeren Teil unter Wasser aber nicht. Bei unserem Beispiel sind nur die Ursachen bei Marco aufgeführt. In Wirklichkeit sind Streitsituationen oft noch komplizierter, weil bei allen am Streit Beteiligten solche unsichtbaren Ursachen vorhanden sein können.

2. ❖ Erkläre das Eisbergmodell am Beispiel des Streits von Marco.

3. ❖ Übertrage das Eisbergmodell auf die Fallbeispiele S. 49. Wähle eine Streitsituation aus und zeichne einen Eisberg mit möglichen unsichtbaren Ursachen für diesen Streit.

4. ❖ Erinnere dich an einen deiner letzten Streits. Führe dir mit Hilfe des Eisbergmodells die Situation noch einmal vor Augen. Was könnte bei diesem Streit auf dem Eisberg unter der Oberfläche gestanden haben?

Streit schlichten – aber wie?

Streit

1. ❖ Beschreibt die dargestellte Situation.

2. ❖ Was könnte die Vorgeschichte gewesen sein? Untersucht mögliche Ursachen für diesen Konflikt. Denkt dabei auch an das Eisbergmodell.

Erste Möglichkeit: Lehrerin beendet den Streit

„Du bist in der letzten Zeit sehr aggressiv, Lina. Dauernd bist du in irgendwelche Streitereien verwickelt. Wenn das noch ein Mal vorkommt, muss ich deine Eltern einbestellen. Geh jetzt sofort in dein Klassenzimmer! Ich will nichts mehr hören!"

Zweite Möglichkeit: Schüler bearbeiten den Streit

„In der Pause wollte ich mit Lina sprechen. Sie redete gerade mit Adrian. Da habe ich sie am Arm gezogen, damit sie mich bemerkt. Da hat sie mich ohne was zu sagen weggeschubst und mir ohne Grund ins Gesicht geschlagen."

„Eigentlich kann ich Lina von allen Mädchen in der Klasse am besten leiden. Leider ist es aber oft so, dass sie keine Zeit für mich hat, weil sie mit jemand anderem spielt oder redet. Dann ärgere ich mich oft."

„Als ich in der Pause auf dem Schulhof mit Adrian redete, kam Elias von hinten und drehte mir den Arm um. Bevor er mir noch mehr wehtun konnte, wehrte ich mich und stieß ihn weg."

„Elias ist zwar öfters ganz nett, aber wenn etwas nicht direkt so geht, wie er es sich vorstellt, kann er auch sehr grob sein. Er hat mir schon ein paar Mal richtig weh getan."

3. ❖ Vergleicht die beiden Möglichkeiten der Streitlösung und nennt jeweils die Vor- und Nachteile.

4. ❖ Ordnet die folgenden Sätze den beiden Streitlösungsmöglichkeiten zu:
   a) Es werden auch die nicht sichtbaren Ursachen des Streits bearbeitet.
   b) Der Streit wird schnell beendet.
   c) Der Streit ist zwar kurzfristig beseitigt, kann aber immer wieder ausbrechen.
   d) Alle Beteiligten müssen mit bestimmten Regeln einverstanden sein.
   e) Es werden vor allem die sichtbaren Ursachen des Streits (Eisbergmodell) beseitigt.
   f) Diese Lösung ist zeitaufwändig.
   g) Manchmal ist der Anlass für einen Streit so geringfügig, dass er schnell geklärt werden kann.
   h) Es wird daran gearbeitet, dass der Streit langfristig bewältigt ist.
   i) Die Streitenden müssen wollen, dass der Streit beendet wird.

Fünf Phasen der Streitschlichtung

1. Regeln klären
Es wird Vertrauen hergestellt, indem die Regeln und die fünf Phasen der Streitschlichtung erklärt werden.

2. Was ist passiert?
Jeder der Streitenden erzählt – während der andere ruhig bleibt – dem Streitschlichter seine Sicht des Streits. Der Streitschlichter hört zu und fragt nach, wo etwas unklar ist.

3. Gefühle klären
Es wird geklärt, warum etwas „schlimm" für den anderen war, warum ihn etwas verletzt hat. Jeder der Streitenden soll den anderen so gut wie möglich verstehen.

4. Lösungen suchen
Gemeinsam wird eine Lösung gesucht, die von beiden Streitenden angenommen werden kann.

5. Eine Vereinbarung treffen
Wenn man eine Lösungsidee hat, wird sie aufgeschrieben – wie bei einem Vertrag. Schließlich sollen sich alle an die gefundene Lösung halten. Nach einer vereinbarten Zeit trifft man sich wieder, um zu sehen, ob die Lösung geklappt hat.

Ein Fall für den Streitschlichter

Johanna sieht schlecht und muss deshalb eine dicke Brille tragen. Theo, der Klassenkasper, macht deswegen immer Witze. Eines Tages wehrt sich Johanna und gibt Theo eine schallende Ohrfeige. Theo schlägt zurück. Die Lehrerin geht dazwischen und sagt: „Wenn ihr bis morgen euren Streit nicht geklärt habt, rufe ich bei euren Eltern an."
Johanna und Theo gehen zum Streitschlichter ihrer Schule.

1. ❖ Orientiert euch an den fünf Phasen eines Streitschlichtungsgesprächs und spielt jeweils zu dritt das Gespräch zwischen dem Streitschlichter und Johanna und Theo. Welche Lösungen werden gefunden?

2. ❖ Wenn es in eurer Schule auch Streitschlichter gibt, bereitet ein Interview vor und ladet einige ein.

Wissen und Können

Das weiß ich

▶ Ob zu Hause, in der Schule oder unter Freunden: Immer wieder kommt es zu Streit und dieser kann wehtun. Es gibt aber auch Streit, der zu Klärungen führt.

▶ Bei dummen Kommentaren, Beleidigungen oder Provokationen gelassen zu reagieren ist nicht einfach, aber cool, wenn es einem gelingt.

▶ Beim Streiten sind Ich-Botschaften besser als Du-Botschaften. Ich-Botschaften klagen den anderen nicht so stark an, sondern beschreiben mehr die eigenen Gefühle.

▶ Die Ursachen, die zu einem Streit führen, können sehr verschieden sein. Streit ist oft wie ein Eisberg – das Wesentliche ist unter der Oberfläche zu finden.

▶ Oftmals kann es hilfreich oder sogar notwendig sein, einen Vermittler oder Streitschlichter einzuschalten. Dieser kann einen Streit als Außenstehender besser analysieren und für beide Seiten annehmbare Lösungsmöglichkeiten vorschlagen.

Das kann ich

A) Streitsituationen

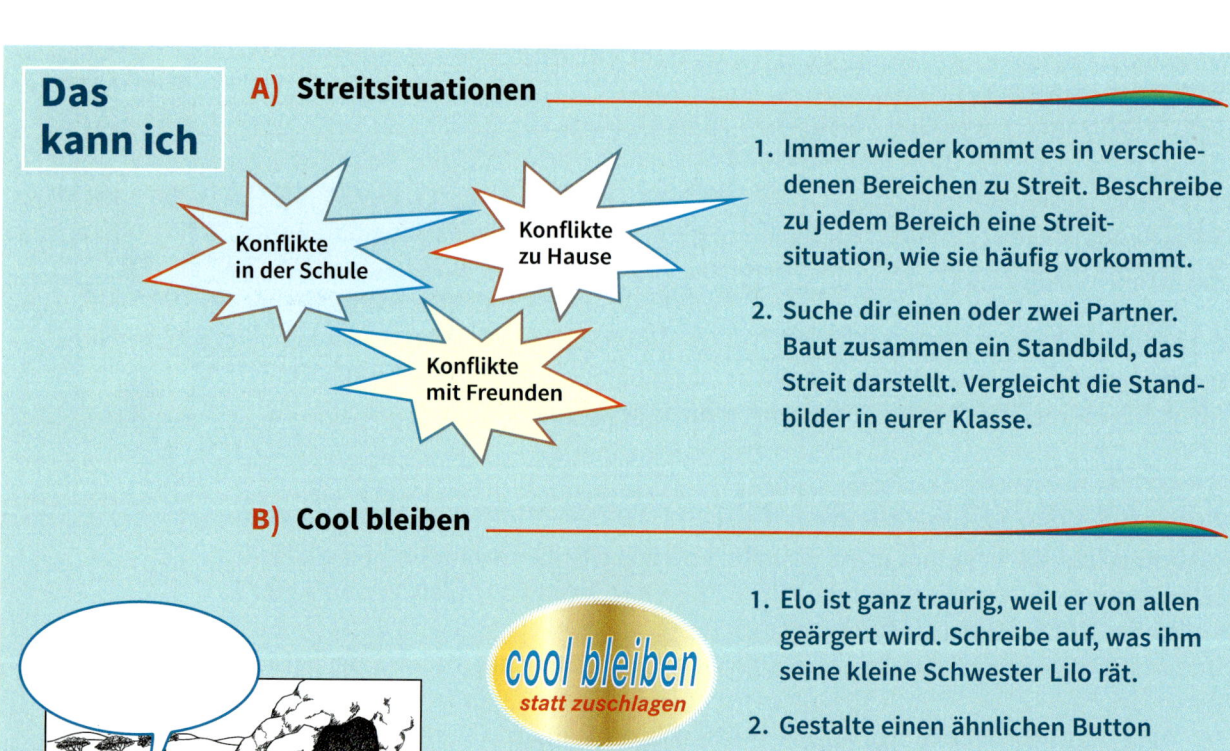

1. Immer wieder kommt es in verschiedenen Bereichen zu Streit. Beschreibe zu jedem Bereich eine Streitsituation, wie sie häufig vorkommt.

2. Suche dir einen oder zwei Partner. Baut zusammen ein Standbild, das Streit darstellt. Vergleicht die Standbilder in eurer Klasse.

B) Cool bleiben

1. Elo ist ganz traurig, weil er von allen geärgert wird. Schreibe auf, was ihm seine kleine Schwester Lilo rät.

2. Gestalte einen ähnlichen Button zu dem Thema „Cool bleiben statt zuschlagen".

C) Ich-Botschaften

I. Du wartest am Bäckerstand, bis du an der Reihe bist. Da drängt sich jemand vor.

II. Du lässt deinen Freund bzw. deine Freundin mit deinem Handy spielen. Als du es zurückbekommst, ist ein Kratzer auf dem Display.

III. Du gehst nach der Pause an einem deiner Mitschüler vorbei. Da zischt er dir eine schlimme Beleidigung zu.

1. Suche dir eine Mitschülerin oder einen Mitschüler. Überlegt euch zu einer der folgenden Situationen ein Rollenspiel, in dem ihr vor allem Ich-Botschaften verwendet.

D) Streit und Streitschlichtung

Simon spielt mit seinen Freunden auf dem Schulhof Fußball. Als Hannes dazukommt und fragt, ob er mitspielen kann, ruft Simon: „Nein, du bist zu schlecht." „Und du bist ein Arschloch!", schreit Hannes zurück und stürzt sich wütend auf Simon. Bevor die Prügelei richtig los geht, greift ein Lehrer ein. Er trennt die streitenden Schüler, nimmt ihnen den Ball weg und verbietet ihnen, weiter auf dem Schulhof Fußball zu spielen.

1. Analysiere dieses Fallbeispiel unter folgenden Fragestellungen:
   a) Warum gibt es Streit? Denke dabei auch an das Eisbergmodell.
   b) Wie verhalten sich die beiden Streitenden? Was hätten sie besser machen können?
   c) Wie beurteilst du die Streitschlichtung durch den Lehrer? Welche anderen Möglichkeiten der Streitschlichtung hätte es auch noch gegeben?

2. Diese Bilder verdeutlichen Phasen der Streitschlichtung. Erkläre sie.

Schluss-Check

Überlegt gemeinsam:
▸ Das war (mir) wichtig in diesem Kapitel: …
▸ Das sollte man sich merken: …
▸ Gibt es etwas, das noch geklärt werden muss?

Gerecht – ungerecht

Das ist doch nicht gerecht!

- Was ist gerecht?
- Wann ist etwas ungerecht?
- Geht es in der Schule gerecht zu?
- Wie gerecht kann es in der Welt zugehen?
- Haben Kinder besondere Rechte?

1. ❖ Beurteilt die Situation auf der linken Seite. Alle haben das Gleiche auf ihrem Teller.
   a) Ist das gerecht?
   b) Wie könnte für dich eine gerechte Verteilung aussehen?

2. Stellt euch vor, eine Pizza würde so verteilt, dass der Dickste das größte Stück bekommt und der Dünnste das kleinste:
   ❖ a) Wäre das gerecht?
   ❖ b) Der Dünne sagt: „Das finde ich ungerecht. Andere haben ein viel größeres Stück als ich bekommen. Und ich habe doch so großen Hunger!" Hat er Recht?

3. ❖ Bewertet die folgenden Fallbeispiele jeweils mit der Ampelkarten-Methode. Ist es gerecht oder ungerecht, dass …

Ampelkarten-Methode, S. 192

a) jüngere Kinder weniger Taschengeld bekommen als ältere?

b) man in der 5a im Diktat ab 15 Fehlern eine Sechs bekommt, in der 5b erst mit 20 Fehlern?

c) manche Kinder besser aussehen als andere?

d) an Jugendliche unter 16 Jahren kein Alkohol verkauft werden darf?

e) Eltern entscheiden, wann Jugendliche abends zu Hause sein müssen?

f) Pfarrer Gotthilf im Religionsunterricht allen Schülern eine Zwei gibt?

g) Männer keine Kinder bekommen können?

h) manche Schüler ins Gymnasium gehen und andere auf die Werkrealschule?

i) Herr Reich Lebensmittel, die er nicht mehr mag, wegwirft und Tido aus Südafrika hungern muss?

j) in der 6a der Deutschunterricht wegen Krankheit des Lehrers häufig ausfällt und die Schüler deshalb früher nach Hause dürfen, und in der 6b der Deutschunterricht nie ausfällt?

k) ein 20-jähriger Fußballspieler bei Bayern München in einem Jahr 5 Millionen Euro verdient und die Bundeskanzlerin 190 000 Euro?

l) Johanna für Klassenarbeiten immer lange üben muss, während Finn alles so kann?

m) die ganze Klasse nachsitzen muss, obwohl von den 20 Schülern nur 15 an der Verschmutzung des Klassenzimmers beteiligt waren?

Jedem das Seine!

„Zum Ziele einer gerechten Auslese lautet die Prüfungsaufgabe für Sie alle gleich: Klettern Sie auf den Baum!"

Das soll gerecht sein?

A „Das ist doch nicht gerecht! Ich muss nachsitzen, weil ich den Unterricht gestört habe, und Fabian kann sich aufführen wie ein Affe und es passiert nichts, nur weil er ADHS hat, das ist anscheinend sowas wie eine Krankheit."

B „So was von ungerecht! Ich bin im Weitsprung 3,10 m gesprungen – und das noch ohne Turnschuhe, weil ich die vergessen hatte – und habe dafür eine Eins bekommen. Das ist ja noch gerecht. Aber der dicke Dominik mit seinen 2,10 m bekommt noch eine Zwei, nur weil er sich angeblich so sehr angestrengt und um 50 cm verbessert hat."

C „Okay, Manuel sitzt zwar im Rollstuhl, trotzdem finde ich es ungerecht, dass immer alle Kinder das Klassenzimmer aufräumen müssen, nur Manuel nicht!"

D „Bei uns in Deutsch ist es voll ungerecht! Ich bekomme wegen vieler Rechtschreibfehler eine Note schlechter und bei Arzu, die kaum ein Wort richtig schreiben kann, zählen die Rechtschreibfehler nicht – weil sie eine Lese- und Rechtschreibschwäche (LRS) hat. Hab ich die vielleicht nicht?"

E „So eine Ungerechtigkeit! Ich bekomme im Technikunterricht für mein Holzhäuschen eine Vier – okay, es war ein bisschen schief. Aber Paul hat nur ein Brett zurechtgesägt und bekommt dafür eine Zwei, nur weil er ein bisschen behindert ist."

1. ❖ Diskutiert die einzelnen Fallbeispiele. Was haltet ihr für gerecht, was für ungerecht? Begründet eure Meinung.

Jedem das Gleiche oder jedem, was er braucht?

Die Arbeiter im Weinberg

Der Besitzer eines Weinbergs braucht Arbeiter. Früh am Morgen geht er zum Marktplatz. Dort stehen Tagelöhner, das sind Männer, die für einen Tag Arbeit suchen. „Ich zahle einen Denar als Lohn", sagt der Weinbergbesitzer und nimmt einige Männer mit. Ein Denar reichte damals, damit eine Familie einen Tag lang gut zu essen hatte. Während des Tages merkt der Weinbergbesitzer, dass er noch mehr Arbeiter braucht, und er geht noch dreimal auf den Marktplatz, am Mittag, am Nachmittag und am Abend, und holt jedes Mal noch weitere Arbeiter.

Als es dunkel wird, wird der Lohn ausgezahlt und jeder bekommt einen Denar. Da beschweren sich die Arbeiter, die früh angefangen haben: „Das ist doch ungerecht! Warum bekommen wir nicht mehr? Wir haben doch viel mehr gearbeitet als die anderen!" Da antwortet der Weinbergbesitzer: „Seid doch nicht auf die anderen neidisch. Bei mir gelten halt andere Maßstäbe. Ihr seid mir alle mehr wert als eure Leistung. Deshalb wird nicht jeder nach seiner Leistung bezahlt, sondern ich finde es gerecht, dass jeder bekommt, was er zum Leben braucht. Und es bekommt ja auch niemand weniger, als es vereinbart war."

Diese Geschichte erzählte Jesus seinen Jüngern, damit sie verstehen, wer und was bei Gott als gerecht gilt.

nach Matthäus 20,1-16

1. ❖ **Untersucht die folgenden Fragen:**
   - Warum empfindet die eine Gruppe der Arbeiter den vereinbarten Lohn plötzlich als ungerecht?
   - Wie begründet der Weinbergbesitzer den gleichen Lohn für unterschiedliche Leistung?

2. ❖ **Welche der folgenden Eigenschaften passt am besten zu dem Weinbergbesitzer? Suche zwei aus und begründe deine Auswahl.**
   freundlich, dumm, gütig, gerecht, ungerecht, lieb, unberechenbar, großzügig, komisch, gnädig

3. ❖ **Spielt in Kleingruppen eine der folgenden Situationen:**
   - Andreas, ein Arbeiter, der seit Sonnenaufgang gearbeitet hat, erzählt abends seiner Familie von seinem Tag.
   - Simon, der nur eine Stunde gearbeitet hat, erzählt abends seiner Familie von seinem Tag.
   - Der Weinbergbesitzer erzählt abends seiner Frau von seinem Tag.

4. ❖ **Was würde der Weinbergbesitzer wohl zu den Schülern in den Fallbeispielen auf S. 58 jeweils sagen?**

Gerechtigkeit weltweit

Sara, 13 Jahre, lebt mit ihrer Schwester Lea, 11 Jahre, und ihrer Mutter in einer Vierzimmerwohnung in Düsseldorf. Ihr Vater ist vor zwei Jahren ausgezogen. Sara geht in die 6. Klasse. Während der Woche steht sie um 6.45 Uhr auf, frühstückt und geht dann in eine Ganztagsschule. Der Unterricht geht bis 15.30 Uhr und normalerweise muss sie dann keine Hausaufgaben mehr machen. Das Mittagessen in der Schule schmeckt ihr gut, täglich kann sie zwischen drei Menüs auswählen. Nach der Schule muss sie zu Hause zusammen mit ihrer Schwester aufräumen und manchmal auch etwas einkaufen, weil ihre Mutter erst um 18.30 Uhr von der Arbeit im Friseursalon kommt. Sara macht das nicht so gern, sie trifft sich lieber mit Freundinnen. Gegen 19.30 Uhr wird zu Abend gegessen. Anschließend können Sara und Lea noch bis 21 Uhr fernsehen oder in ihrem Zimmer spielen. Danach müssen sie ins Bett.

Mwai (Mitte) ist 9 Jahre alt und wohnt mit seinen Eltern und seinen sechs jüngeren Geschwistern in einer kleinen Hütte mitten in Kenia in Afrika.
Mwai muss morgens um 5 Uhr aufstehen und drei Kilometer zu einem Brunnen laufen, um für seine Familie Wasser zu holen. Danach beginnt die Arbeit: Er hilft zu Hause beim Putzen und bringt die Kühe der Familie auf die Weide. Wenn die Ernte gut war, gibt es dann ein kleines Frühstück aus Getreidebrei und Früchten. Danach muss Mwai in die eine Stunde entfernte Schule laufen. Mwai ist nicht oft krank und recht durchtrainiert. Der Schulbesuch ist teuer und deswegen kann auch nur Mwai als ältester Sohn die Schule besuchen. Wenn Mwai nach dem einstündigen Rückweg gegen 17 Uhr wieder zu Hause ist, muss er seiner Familie wieder bei der schweren Arbeit helfen. Danach die Hausaufgaben. Nach einem kleinen Abendessen, in der Regel etwas Reis und Gemüse, geht Mwai müde ins Bett.

Nilam wurde vor zwei Jahren von seiner Familie an den Besitzer einer Textilfirma verkauft, weil sie kein Geld für Essen mehr hatten. Heute ist Nilam 13 Jahre alt. Er ist unterernährt, sieht aus wie ein Zehnjähriger und hockt in einem dunklen Kellerloch in Neu-Delhi in Indien. Er webt und webt und webt – 14 Stunden am Tag arbeitet er in gebückter Haltung am Webstuhl. Nachts schläft er auch in diesem Keller. Genauso wie die anderen Kinder hier, die zwischen den halbfertigen Kleidungsstücken schuften. Wenn der Aufseher mit seiner Arbeit zufrieden ist, bekommt Nilam etwas Hirsebrei oder trockenes Fladenbrot zu essen. Wenn es Wasser gibt, riecht das oft faulig. Doch oft arbeitet Nilam für den Aufseher nicht schnell genug, dann gibt es Schläge und nichts zu essen.

Die kleine **Ara** hatte keine Chance. Als sie als achtes Kind in ihrer Familie in Pakistan geboren wurde, waren drei ihrer Geschwister schon gestorben. Jetzt ist Ara sieben Jahre alt und völlig unterernährt. Sie verbringt den ganzen Tag damit, sich auf den Müllkippen etwas zu essen zu suchen. Was sie findet, ist oft schlecht, aber sie isst es vor lauter Hunger trotzdem. Wegen der schlechten Ernährung besitzt Ara keine Widerstandskräfte und ist oft krank. Einen Arzt gibt es im Umkreis von 100 Kilometern von ihrer Hütte nicht. Als Ara wieder einmal dreckiges Wasser trinken musste, um nicht zu verdursten, infizierte sie sich mit einem schlimmen Virus. Als sie stirbt, bekommt es keiner mit.

1. ❖ Gebt die Lebensgeschichten der Kinder mit eigenen Worten wieder.
2. ❖ Was findet ihr an diesen Fallbeispielen gerecht, was ungerecht?
3. ❖ Vergleicht die Situation der vier Kinder unter folgenden Gesichtspunkten: Alter, Land, Wohnverhältnisse, Tagesablauf, Essen, Gesundheitszustand …

Jesus und die Kinder

Emil Nolde: Christus und die Kinder, 1910.

Betrachte das Bild in Ruhe:

1. ❖ Was gefällt dir, was nicht?
2. ❖ Wie sind Hell und Dunkel verteilt? Welche Farben kommen vor, welche fehlen?
3. ❖ Wer oder was steht im Mittelpunkt des Bildes?
4. ❖ Beschreibe die Gesichter der Kinder und der Männer. Was könnten sie jeweils denken?
5. ❖ Beschreibe die Beziehung zwischen Jesus und den Kindern, zwischen Jesus und den Männern, zwischen den Männern und den Kindern.
6. ❖ Suche dir eine Person aus. Was könnte die Person sagen, was könnte sie erlebt haben?
7. ❖ a) Fertige eine Umrisszeichnung an und male dich in das Bild.
   b) Vervollständige den Satz: „Bei Jesus fühle ich mich …"

Bildbetrachtung S. 193

Jesus setzt sich für Kinder ein

Einige Eltern wollten ihre Kinder zu Jesus bringen. Er sollte ihnen die Hand auflegen und sie segnen. Aber die Jünger wollten die Kinder nicht zu Jesus lassen. Sie sagten: „Als ob der Meister nichts Besseres zu tun hätte, als sich mit Kindern zu beschäftigen! Seht ihr nicht die vielen Kranken, die alle noch geheilt werden wollen? Ihr hört doch, dass er gerade kluge und wichtige Dinge über das Reich Gottes sagt. Und da kommt ihr mit Kindern an, die noch überhaupt nichts verstehen, und sogar mit quengelnden Babys!" Als Jesus das mitbekam, wurde er sehr wütend und rief zu den Jüngern: „Lasst die Kinder zu mir kommen. An denen könnt ihr euch noch ein Beispiel nehmen. Wer nicht so, wie ein kleines Kind, voller Vertrauen zu Gott kommt, der kommt überhaupt nicht zu Gott." „Ach Meister", entgegneten die Jünger, „Entschuldigung, wir wollten dir doch nur etwas Gutes tun." Da antwortete Jesus: „Wenn ihr mir wirklich etwas Gutes tun wollt, dann tut den Kindern Gutes. Alles, was ihr den Kindern tut, ist genauso, als wenn ihr es mir tut. Wenn Kinder leiden, ist es so, als wenn ich leide. Und wenn ihr ihnen helft, ist es so, als wenn ihr mir helft."
Dann nahm Jesus die Kinder in seine Arme, legte ihnen die Hände auf und segnete sie.

nach Markus 10,13-16

1. ❖ Fasse die Geschichte von Jesus und den Kindern in eigenen Worten zusammen.
2. ❖ Erkläre die Antwort von Jesus.
3. ❖ *Wenn jemand Kindern hilft, hilft er auch Jesus.* Ergänzt die folgenden Satzteile nach dem gleichen Muster und findet weitere Beispiele.
   – Wenn jemand sich Zeit für Kinder nimmt, nimmt er sich auch Zeit …
   – Wenn jemand Kinder schlägt, schlägt er …

Kap. „Jesus", S. 146ff.

Wenn jemand Kindern hilft, hilft er auch Jesus

Im Hamburger Stadtteil Jenfeld gibt es viele Familien mit Problemen, z.B. Arbeitslosigkeit, Armut, Alkoholsucht. Oft können sich die Eltern deshalb nicht um ihre Kinder kümmern.
Manche Kinder bekommen nicht regelmäßig Essen oder können nach der Schule nicht nach Hause kommen. Im Winter fehlen warme Kleider. Mit ihren Problemen sind sie sich selbst überlassen.
Die Kirchengemeinde gründete vor einigen Jahren die „Arche". Dorthin kann jedes Kind zwischen 6 und 12 Jahren jederzeit kommen. Dort stehen den Kindern Erwachsene zur Seite, die sie über Jahre begleiten. Die meisten sind ehrenamtlich tätig.
Die Kinder können an Werktagen eine warme, kostenlose Mahlzeit erhalten.
Die Arche bietet neben der Grundversorgung, zu der auch eine Kleiderkammer gehört, auch Hausaufgabenhilfe und Nachhilfe an.
Einmal wöchentlich gibt es eine Kinderparty, eine Art modernen Kindergottesdienst mit viel Musik, Spielen und einer Geschichte aus der Bibel, die die Kinder ermutigt.

4. ❖ Beschreibe, was das Projekt Arche macht.
5. ❖ Was hat das Projekt mit der Geschichte von Jesus zu tun?
6. ❖ Recherchiert weitere Beispiele, wo sich jemand im Namen von Jesus um Kinder kümmert.

Rechte für Kinder

Kinder haben besondere Rechte

Die Vereinten Nationen (UN) sind ein Zusammenschluss von fast allen Staaten der Welt. Sie haben im Jahr 1946 ein eigenes weltweites Kinderhilfswerk gegründet, die UNICEF. Die UNICEF hat Grundrechte für Kinder festgelegt, die überall auf der Welt für alle Kinder gelten sollen. Hier sind einige wichtige:

1. **Recht auf** Gleichheit
2. **Recht auf** einen Namen und einen Pass
3. **Recht auf** Gesundheit und ärztliche Betreuung
4. **Recht auf** Essen und Trinken
5. **Recht auf** besondere Betreuung, wenn ein Kind eine Behinderung hat
6. **Recht auf** Eltern und ein sicheres Zuhause
7. **Recht auf** Schule, Spielen und Freizeit
8. **Recht auf** Schutz vor Gewalt, Ausnutzung und Kriegsdienst
9. **Recht darauf**, keine Erwachsenenarbeit machen zu müssen
10. **Recht darauf**, seine Meinung sagen zu dürfen
11. **Recht auf** Privatsphäre
12. **Recht auf** Schutz vor Drogen

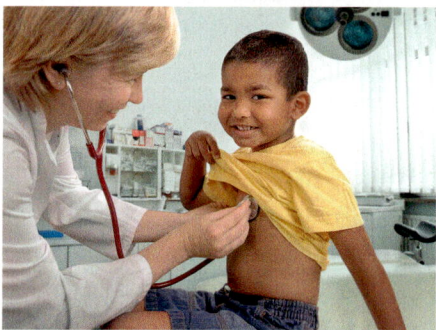

1. ❖ Skizziert, was die einzelnen Rechte in eurem Alltag bedeuten könnten.
2. ❖ Jeder kann bis zu fünf Punkte vergeben für Rechte, die er am wichtigsten hält. Erstellt in eurer Klasse eine Rangliste der wichtigsten Rechte.
3. ❖ Betrachtet die Fotos und Bilder. Beurteilt, welches Recht jeweils angesprochen wird.

4. ❖ Ordnet die folgenden Aussagen den einzelnen Rechten zu:

a) Kein Kind darf Hunger leiden.
b) Kinderarbeit ist verboten.
c) Eltern dürfen nicht heimlich im Tagebuch ihrer Kinder lesen.
d) Beide Eltern müssen sich um ihr Kind kümmern.
e) Kein Kind darf wegen seiner Hautfarbe oder seiner Religion benachteiligt werden.
f) Schulen müssen so gebaut werden, dass auch Kinder mit körperlichen Behinderungen diese problemlos besuchen können.
g) Kinder sollen angehört werden.
h) Jedes Kind muss eine Staatsangehörigkeit haben.
i) Kinder müssen Zeit zum Spielen haben.
j) Auch Kinder, deren Eltern kein Geld fürs Essen bezahlen können, müssen in einer Ganztagsschule etwas zu essen bekommen.
k) Kinder dürfen keinen Alkohol trinken.
l) Wenn ein Kind krank ist oder sich verletzt hat, muss es ärztlich versorgt werden.
m) Jedes Kind soll eine Schule besuchen können.
n) Erwachsene dürfen nicht die Briefe von Kindern öffnen.
o) Auch behinderte Kinder sollen aktiv am Leben teilnehmen können.
p) Kinder dürfen keine Soldaten sein.
q) Kinder dürfen nicht rauchen.
r) Kein Kind darf auf der Straße leben.

RECHT AUF …

5. ❖ Sammelt Beispiele, wo gegen die Kinderrechte verstoßen wird, und solche, wo diese umgesetzt sind.
6. ❖ Gestaltet in Kleingruppen jeweils zu einem Kinderrecht ein Plakat.
7. ❖ Kinder mit Behinderung haben es in der Schule nicht einfach. Sammelt Beispiele dafür und nennt Möglichkeiten, wie ihnen geholfen werden könnte.

Wissen und Können

Das weiß ich

▶ Im menschlichen Zusammenleben ist Gerechtigkeit ein wichtiges Thema. Es soll gerecht zwischen den Menschen zugehen. Doch was ist gerecht? Dazu gibt es verschiedene Auffassungen.
Wenn etwas gerecht verteilt werden soll, kann das bedeuten:
- Jedem das Gleiche.
- Jedem nach seiner Leistung.
- Jedem nach seinen Bedürfnissen.

▶ Jesus erzählt in dem Gleichnis von den Arbeitern im Weinberg den Menschen, welche Gerechtigkeit bei Gott gilt. Bei Gott steht nicht die Leistung an erster Stelle. Jeder soll das bekommen, was er zum Leben braucht.

▶ In einer Schule lernen oft Kinder mit sehr unterschiedlichen Voraussetzungen zusammen. Da können nicht alle die gleiche Leistung erbringen. Wichtig ist, dass jedes Kind das bekommt, was es zum Lernen braucht.

▶ Auf der Welt gibt es viele Ungerechtigkeiten. Besonders Kinder leiden darunter. Jesus sind die Kinder besonders wichtig. Um Kinder zu schützen, gibt es Kinderrechte, die überall auf der Welt für alle Kinder gelten sollen.

Das kann ich

A) Gerechte Verteilung

„Die beste Präsentation war die von der Gruppe mit Orhan, Emma, Jonas und Alina", verkündet die Lehrerin, „ihr bekommt den Preis", und sie übergibt der Gruppe den Karton mit zwölf Schokoriegeln. „Aber alles gerecht verteilen!" „Das geht doch leicht", sagt Orhan, „jeder bekommt drei Riegel." „So siehst du aus!", ruft Jonas, „du hast ja überhaupt nicht mitgemacht, nur gestört, du bekommst nichts." „Aber du!", antwortet Orhan empört, „du hast von den vier Gruppenterminen dreimal gefehlt. Du bekommst nichts!" „Eigentlich müsste das meiste Emma bekommen. Sie hat ja die ganze Power-Point-Präsentation fast allein gemacht", meint Jonas. „Aber die Idee, weswegen wir gewonnen haben, kam ja von Alina. Ich finde, dass Alina auf jeden Fall mehr bekommen müsste als Orhan und Jonas", entgegnet Emma.

1. Wie könnte eine gerechte Verteilung aussehen? Verteile die zwölf Schokoriegel auf die vier Schüler, so wie du es für gerecht hältst. Begründe deine Verteilung.

B) In der Schule

„Das ist doch nicht gerecht. Ich bekomme im Diktat mit zehn Fehlern eine Vier und Mario, der nur den halben Text abschreiben musste, mit zehn Fehlern eine Drei."

1. Was könnten Gründe für diese unterschiedliche Bewertung sein?
2. Findest du diese Bewertung gerecht? Begründe deine Meinung.

3. Jesus hat die Geschichte von den Arbeitern im Weinberg erzählt, um zu zeigen, was bei Gott gerecht ist.
Schreibe auf, was die Arbeiter 1 und 4 denken könnten und was der Weinbergbesitzer sagt.

C) In der Welt

1. Nicht nur in der Schule oder in der Familie, auch auf der ganzen Welt gibt es Ungerechtigkeiten. Nenne hierfür Beispiele.

D) Kinderrechte

1. Zum Schutz von Kindern gibt es Kinderrechte, die auf der ganzen Welt für alle Kinder gelten sollen. Welche dieser Rechte kennst du?

Schluss-Check

Überlegt gemeinsam:
▶ Das war (mir) wichtig in diesem Kapitel: …
▶ Das sollte man sich merken: …
▶ Gibt es etwas, das noch geklärt werden muss?

Die Bibel

Mehr als nur ein Buch?!

- Wer schrieb die Bibel?
- Wie alt ist die Bibel?
- Was steht in der Bibel?
- Wie finde ich mich in der Bibel zurecht?

Deutschland sucht den Bibel-Star

1 Wie viele biblische Bücher gibt es?
- a 65
- b 66
- c 67
- d 68

2 Welche der folgenden biblischen Geschichten ist NICHT auf dem Bild links dargestellt?
- a Jesus wird gekreuzigt
- b Mose erhält die Zehn Gebote
- c David wird zum König gesalbt
- d Jesus geht zu Zachäus

3 Wie heißen die beiden großen Teile der Bibel?
- a Gott und Jesus
- b Großes und Kleines Testament
- c Erfundenes und Wahres
- d Altes und Neues Testament

4 Wie lang hat es ungefähr gedauert, bis die Bibel geschrieben war?
- a 10 Jahre
- b 100 Jahre
- c 1 000 Jahre
- d 10 000 Jahre

5 Wer hat die Bibel ins Deutsche übersetzt?
- a Martin Luther
- b der Papst
- c ein unbekannter Mönch
- d Johannes Gutenberg

6 In wie viele Sprachen wurde die Bibel bisher übersetzt?
- a 500
- b 1 000
- c 2000
- d 2500

7 Wie hießen die beiden ersten Menschen, die Gott erschaffen hat?
- a Kain und Abel
- b Maria und Josef
- c Adam und Eva
- d David und Goliat

8 Methusalem ist der älteste Mensch in der Bibel. Wie alt wurde er?
- a 112 Jahre
- b 376 Jahre
- c 584 Jahre
- d 969 Jahre

9 Wie hieß die Frau von Abraham?
- a Sara
- b Miriam
- c Maria
- d Jessica

10 Mose wurde als Baby von seiner Mutter im Schilf versteckt. Worin lag er?
- a Schlauchboot
- b Holzkiste
- c Binsenkörbchen
- d Futterkrippe

11 Auf dem Berg Sinai erhielt Mose von Gott die 10 Gebote. Worauf waren sie geschrieben?
- a Steintafeln
- b Tierhäute
- c Pergamentrollen
- d Fotokarton

12 Wie hieß der Hirtenjunge, der den Riesen Goliath mit einer Steinschleuder besiegte?
- a Daniel
- b David
- c Darius
- d Damir

13 Wo wurde Jesus geboren?
- a Jerusalem
- b Nazareth
- c Bethlehem
- d Rom

14 Wie viele Jünger hatte Jesus?
- a 3
- b 7
- c 10
- d 12

15 Auf welchem Tier ritt Jesus, als er in Jerusalem einzog?
- a auf einem Esel
- b auf einem Pferd
- c auf einem Kamel
- d auf einer Wildsau

1. ❖ Beantwortet zu zweit oder in Kleingruppen die Fragen. Ihr habt dafür 20 Minuten Zeit. Die Gruppe mit den meisten richtigen Ergebnissen wird zu Bibel-Stars.

Die Bibel – eine Bibliothek

Wissenswertes über die Bibel

Bibel heißt übersetzt „Buch". Genau genommen ist die Bibel nicht nur ein Buch, sondern eine ganze Bibliothek mit insgesamt 66 Büchern.
Die Bibel besteht aus zwei großen Teilen, dem Alten Testament (AT) und dem Neuen Testament (NT). Das Alte Testament erzählt die Geschichten von Gott und dem Volk Israel. Im Neuen Testament stehen die Geschichten von Jesus und den ersten christlichen Gemeinden.
Das Alte Testament und das Neue Testament kann man jeweils in drei Abteilungen unterteilen:

- Geschichtsbücher
- Lehrbücher
- Prophetenbücher

- Evangelien + Apostelgeschichte
- Briefe
- Offenbarung

1. ❖ Besprecht in Partnerarbeit die folgenden Fragen und notiert jeweils eine Antwort.

   a) Was bedeutet das Wort Bibel?
   b) Welche beiden großen Teile umfasst die Bibel?
   c) Welche drei Abteilungen gibt es im Alten Testament?
   d) Welche drei Abteilungen gibt es im Neuen Testament?
   e) Wie viele Bücher umfasst das Alte Testament?
   f) Wie viele Bücher umfasst das Neue Testament?
   g) Wie heißt das erste Buch der Bibel?
   h) Wie heißt das letzte Buch der Bibel?
   i) Welches Buch steht vor dem Lukasevangelium?
   j) Welches Buch steht nach dem Buch Ester?
   k) Ordne die folgenden Bücher jeweils dem AT oder dem NT und der jeweiligen Abteilung zu, z.B. *Amos, AT, Prophetenbücher*.

📖 4. Buch Mose	📖 Matthäusevangelium	📖 Hiob
📖 Apostelgeschichte	📖 Brief an die Römer	📖 1.Buch Samuel
📖 Lukasevangelium	📖 Hoheslied	📖 Jesaja
📖 Hebräerbrief	📖 Psalmen	

2. ❖ „Die Bibel ist wie ein Navi." Erkläre diese Aussage mit einem Beispiel.

Die Entstehung des Alten Testaments

1. ❖ a) Ordnet die folgenden Ereignisse mit Hilfe der Zeitleiste in der zeitlich richtigen Reihenfolge.
   b) In welche der drei Phasen der Entstehung des Alten Testaments (Erzählen, Aufschreiben, Zusammenstellen) fallen diese Ereignisse jeweils?

   a) David ist König in Israel (1000 v. Chr.)
   b) Abraham, der Stammvater des Volkes Israel, zieht mit seiner Familie in das Land Kanaan (vor 2000 v. Chr.)
   c) Alexander der Große nimmt Palästina ein (332 v. Chr.)
   d) Das Volk Israel darf aus der Gefangenschaft wieder zurück nach Palästina (539 v. Chr.)

Erzählen
Menschen erzählen ihre Erfahrungen mit Gott weiter, z.B. die Geschichten von der Erschaffung der Welt, von Abraham, Isaak und Jakob, von Josef und von Mose und der Befreiung aus Ägypten.

Aufschreiben
Damit diese Erfahrungen nicht vergessen werden, schreiben Schreiber an den Königshöfen, Propheten und Priester einzelne dieser Geschichten auf.

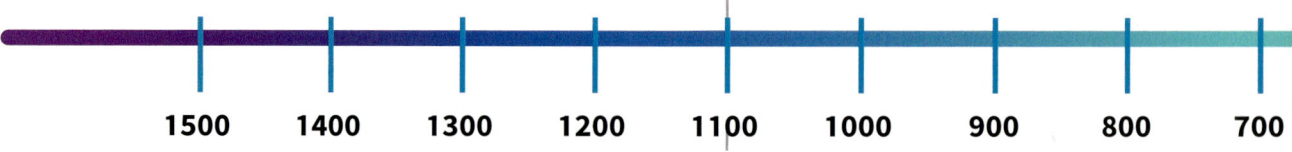

1500 1400 1300 1200 1100 1000 900 800 700

vor Christus

Entstehungszeit des

72 Die Bibel

e) 3761 vor Christus setzt die jüdische Zeitrechnung mit der Erschaffung der Welt ein
f) Israel zerfällt in zwei Teile: in das Nordreich mit König Jerobeam und das Südreich mit König Rehabeam (926 v. Chr.)
g) Nach der Eroberung Israels und der Zerstörung des Tempels kommt fast das gesamte Volk Israel in babylonische Gefangenschaft (587–538 v. Chr.).
h) Auszug des Volkes Israel aus Ägypten (um 1250 v. Chr.)
i) Die Juden befreien sich unter der Vorherrschaft der Makkabäer und gründen einen neuen Staat Israel (167 v. Chr.)
j) Das Volk Israel erobert unter der Führung Josuas das Land Kanaan (um 1200 v. Chr.)
k) Salomo, der Sohn Davids, ist König und lässt in Jerusalem den Tempel bauen (955 v. Chr.)
l) Die Römer besetzen und regieren Israel (63 v. Chr.)

Zusammenstellen
Gelehrte Priester sammeln die Geschichten, überarbeiten sie und stellen sie zusammen. So entsteht die jüdische Bibel. Wir Christen übernehmen diese später als unser Altes Testament.

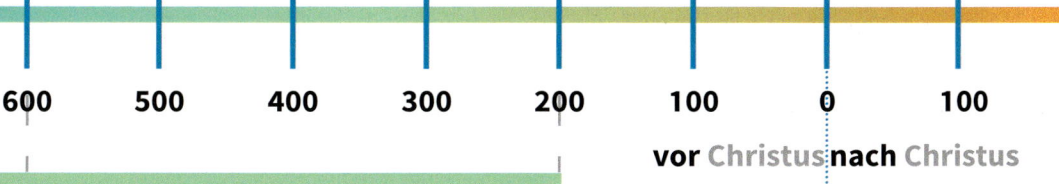

Alten Testaments

Die Entstehung des Neuen Testaments

1. ❖ Beschreibe die Bilder und unterscheide dabei die verschiedenen Phasen.
2. ❖ Vergleiche die Entstehung des Neuen Testaments mit der Entstehung des Alten Testaments. Wo gibt es Gemeinsamkeiten, wo Unterschiede?

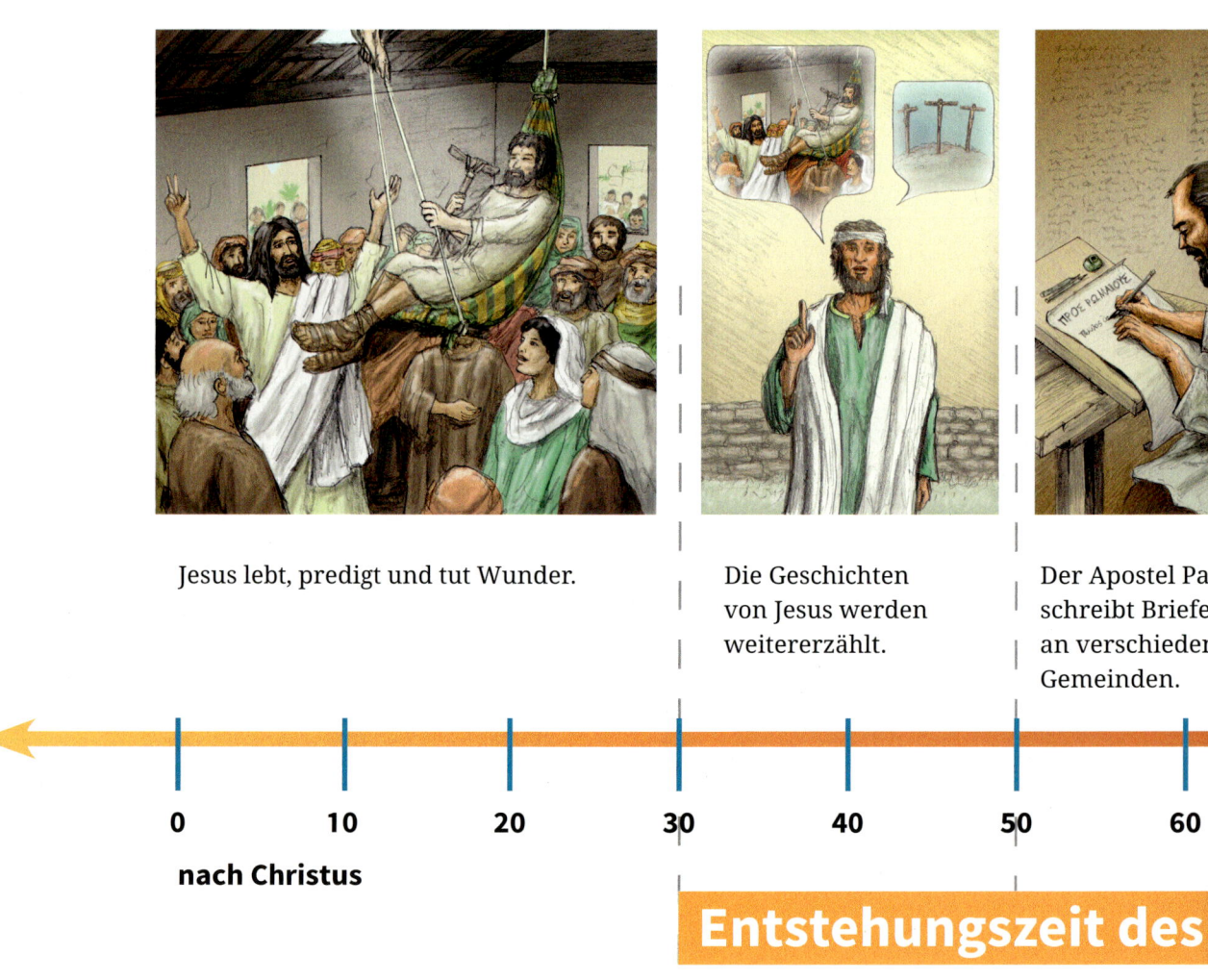

Jesus lebt, predigt und tut Wunder.

Die Geschichten von Jesus werden weitererzählt.

Der Apostel Pau[lus] schreibt Briefe an verschieden[e] Gemeinden.

0   10   20   30   40   50   60
nach Christus

Entstehungszeit des

74 Die Bibel

3. ❖ a) Bringe die folgenden Ereignisse mit Hilfe des Zeitstrahls in die richtige Reihenfolge.
b) Ordne den einzelnen Phasen jeweils die entsprechende Zeitangabe zu.

27 – 30   50 – 65   NACH 100
  30 – 50   70 – 100

a) Die vier Evangelien nach Markus, Matthäus, Lukas und Johannes werden aufgeschrieben.
b) Menschen erzählen von ihren Erlebnissen mit Jesus.
c) Die Evangelien und Briefe werden gesammelt und zum Neuen Testament zusammengestellt.
d) Jesus predigt und tut Wunder.
e) Der Apostel Paulus schreibt Briefe an verschiedene Gemeinden.

Die Bibel ist für mich ... ... wie eine Schatzinsel

Die vier Evangelien
(= große Lebensberichte über Jesus) werden aufgeschrieben.

Die Evangelien und Briefe werden zum Neuen Testament zusammengestellt.

70   80   90   100

Neuen Testaments

Der Weg der Bibel zu uns

Das AT war zuerst in hebräischer Sprache geschrieben, das NT in Griechisch. Vor der Erfindung des Buchdrucks schrieben Mönche in Klöstern die Bibeltexte immer wieder ab und übersetzten sie auch ins Lateinische. Dabei wurden ganz besonders schön verzierte Bibeln hergestellt. Diese sind heute sehr wertvoll.

Die ev. Kirche entsteht, S. 166

Bis zum Jahr 1500 gab es fast nur Bibeln in hebräischer, griechischer und lateinischer Sprache. So konnten nur Gelehrte in der Bibel lesen. Die einfachen Leute wussten nur das, was ihnen die Pfarrer von der Bibel erzählten. Niemand konnte prüfen, ob das auch stimmte. Damit alle Menschen die Bibel selbst lesen können, übersetzte Martin Luther sie ins Deutsche.

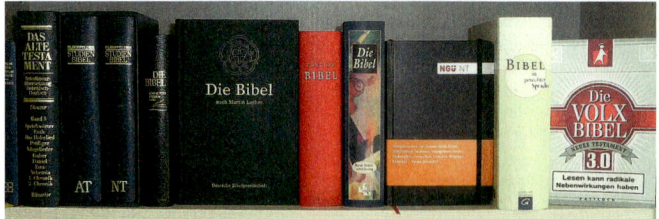

Mit der Erfindung des Buchdrucks wurde die Bibel das Buch, das auf der ganzen Welt am meisten übersetzt, gedruckt und verkauft wurde. Heute kann man die Bibel in 2500 Sprachen auf der ganzen Welt lesen. Am bekanntesten ist immer noch die Übersetzung von Martin Luther.

Unterschiedliche Übersetzungen

Heute gibt es viele Übersetzungen ins Deutsche. Sie sind zum Teil sehr unterschiedlich. Hier siehst du drei Übersetzungen der Bibelstelle Matthäus 12, Vers 1:

Die Bibel ist für mich ... ... wie eine bunte Blumenwiese

Und die Jünger traten zu ihm und sprachen: Warum redest du zu ihnen in Gleichnissen?
(Lutherbibel)

Die Jünger und Jüngerinnen traten zu ihm heran und fragten: Warum sprichst du zu ihnen in Gleichnissen?
(Bibel in gerechter Sprache)

Einige Zeit später löcherten ihn seine Freunde und wollten wissen, warum er immer so in Bildern redet und nicht direkt sagt, was er denkt.
(Volxbibel)

1. ❖ Vergleiche die drei Übersetzungen. Wo gibt es Gemeinsamkeiten, wo Unterschiede?
2. ❖ Benenne mögliche Gründe für diese Unterschiede.
3. ❖ Lest den ganzen Text in den verschiedenen Ausgaben.

Die Bibel

Einteilung in Kapitel und Verse

Die Bibel bestand früher aus einzelnen Büchern mit fortlaufenden Texten. Damit sich die Menschen in den langen und oft unübersichtlichen Texten besser zurechtfinden können, wurde die Bibel in einzelne Kapitel und die Kapitel wiederum in einzelne nummerierte Verse unterteilt.

Vier Schritte zum Finden einer Bibelstelle

Beispiel: Lukas 2,10 — „Lukasevangelium Kapitel 2, Vers 10"

1. Zuerst schlage ich das Inhaltsverzeichnis der Bibel auf und suche im Inhaltsverzeichnis des Alten Testaments oder im Inhaltsverzeichnis des Neuen Testaments das Buch „Lukasevangelium". Es steht dort unter „Das Evangelium nach Lukas".

2. Dann schlage ich die Seite auf, auf der das Lukasevangelium beginnt.

3. Nun suche ich das angegebene Kapitel, also das zweite. Oben auf jeder Seite stehen die Kapitelzahlen.

4. Wenn ich das Kapitel gefunden habe, suche ich darin den angegebenen Vers, also den zehnten. Die Verse erkennt man an den kleinen Zahlen vor den Sätzen.

1. ❖ a) Wie werden die folgenden Bibelstellen richtig ausgesprochen?
    Jesaja 43,1 | Richter 8,22 | Markus 4,5 | Römer 5,14 | 2. Mose 7,4 |
    1. Könige 19,19 | 2. Timotheus 4,9 | Psalm 139,1-6 | Esra 10,5-6 |
    2. Samuel 31-39 | 2. Petrus 3,1-9 | 1. Chronik 11,10-25

   ❖ b) Ordne die obigen Bibelstellen in eine Tabelle ein:

	Buch	Kapitel	Vers
Hiob 2,11	Hiob	2	11
...			

2. ❖ Sucht und lest folgende Bibelstellen. Von welchen Berufen ist die Rede?
    1. Mose 4,22 | 1. Samuel 16,11 | Johannes 21,3 | Apostelgeschichte 18,3

3. ❖ a) Auf den Seiten dieses Kapitels findest du immer wieder kleine Zeichnungen zu „Die Bibel ist für mich wie ...". Welche hat dir am besten gefallen? Begründe deine Meinung.
   ❖ b) Gestalte selbst eine kleine Zeichnung: „Die Bibel ist für mich wie ...".

Wissen und Können

Das weiß ich

▶ Das Wort Bibel kommt aus dem Griechischen und bedeutet „Buch". Eigentlich ist die Bibel nicht *ein* Buch, sondern eine große Büchersammlung. Sie vereinigt Schriften aus vielen Jahrhunderten und von vielen Schriftstellern.

▶ Die Bibel besteht aus zwei großen Teilen, aus dem Alten Testament (AT) und dem Neuen Testament (NT).

▶ Im AT stehen die Geschichten von Gott und dem Volk Israel. Das AT ist ursprünglich in Hebräisch geschrieben. Es entstand in einem Zeitraum von ungefähr 1000 Jahren.

▶ Im NT stehen die Geschichten von Jesus und den ersten christlichen Gemeinden. Das NT ist ursprünglich in Griechisch geschrieben. Es entstand in den Jahren 50 bis 130 n. Chr.

▶ Bei der Entstehung sowohl des Alten als auch des Neuen Testaments lassen sich vier Phasen unterscheiden:

Menschen machen Erfahrungen mit Gott / Jesus.	Die Geschichten von Gott / Jesus werden weitererzählt.	Einzelne Geschichten werden aufgeschrieben.	Die einzelnen Texte werden überarbeitet und zu einem Buch zusammengestellt.

▶ Damit alle die Bibel lesen und verstehen können, übersetzte Martin Luther die Bibel ins Deutsche. Heute ist die Bibel auf der ganzen Welt das am häufigsten übersetzte, das am meisten gedruckte und das am meisten verkaufte Buch.

Das kann ich

A) **Bibel-Memory**

1. Was gehört zusammen? Ordne die Sätze a - t den Antwortkarten zu.

   a. So lange dauerte ungefähr die Entstehung des NT.
   b. Das ist die ursprüngliche Sprache des AT.
   c. So viele Bücher hat das NT.
   d. In dieser Zeit lebte Jesus.
   e. In diesem Teil der Bibel stehen die Geschichten von Gott und dem Volk Israel.
   f. Das ist das letzte Buch der Bibel.
   g. In dieser Zeit wurden die vier Evangelien geschrieben.
   h. In diesem Teil der Bibel stehen die Geschichten von Jesus.
   i. In so viele Sprachen ist die Bibel heute übersetzt.
   j. In dieser Zeit schreibt Paulus Briefe an verschiedene Gemeinden.

k. So viele Bücher hat das AT.
l. Nach diesem Mann ist ein Evangelium benannt.
m. Diese Einteilung erleichtert das Zurechtfinden in der Bibel.
n. Das ist das erste Buch der Bibel.
o. So heißt eine Abteilung im AT.
p. Das ist die ursprüngliche Sprache des NT.
q. Das bedeutet das Wort Bibel.
r. Damit alle die Bibel lesen können, übersetzte er die Bibel ins Deutsche.
s. So lange dauerte ungefähr die Entstehung des AT.
t. Diese Männer schrieben die Bibel immer wieder ab.

1	2	3	4	5	6
Buch	Altes Testament	Neues Testament	39	27	Markus

7	8		9	10
1. Buch Mose	Propheten-bücher		Offenbarung	1000 Jahre

Die Bibel ist für mich ... wie ein Himmel mit vielen Sternen

11	12		13	14
Griechisch	4 v. Chr - 30 n. Chr.		30 - 50	50 Jahre

15	16	17	18	19	20
Hebräisch	Martin Luther	2500	70 - 100	Mönche in Klöstern	Kapitel und Verse

Schluss-Check

Überlegt gemeinsam:
▶ Das war (mir) wichtig in diesem Kapitel: …
▶ Das sollte man sich merken: …
▶ Gibt es etwas, das noch geklärt werden muss?

Gott

Mein Gott! – Wie siehst du denn aus?

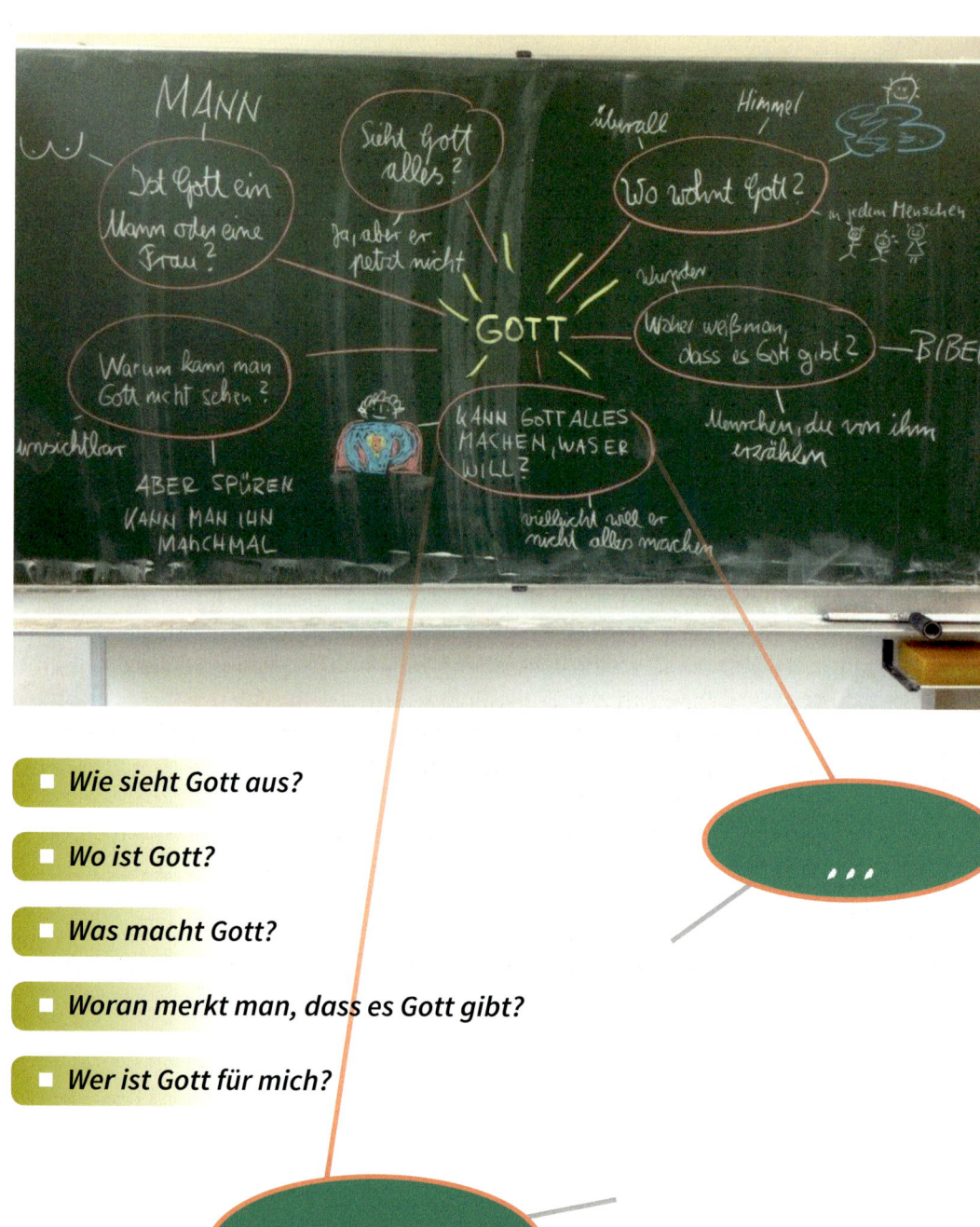

- Wie sieht Gott aus?
- Wo ist Gott?
- Was macht Gott?
- Woran merkt man, dass es Gott gibt?
- Wer ist Gott für mich?

1. ❖ Die Religionsklasse 5/6 hat Fragen zum Thema Gott an der Tafel gesammelt. Bewertet die einzelnen Gedanken auf der Mind-Map.
2. ❖ Welche Fragen hättest du geschrieben? Sammelt weitere Fragen an der Tafel.
3. ❖ Sprecht über die einzelnen Fragen und versucht jeweils gemeinsam Antworten zu finden.
4. ❖ Stell dir vor, du würdest Gott begegnen. Was würdest du Gott sagen wollen? Was würdest du Gott fragen? Erstellt einen Fragen-Katalog.

Was will Gott?

Joel (12 Jahre) war völlig verzweifelt. Gerade eben war sein Hund Spider in das Operationszimmer gefahren worden. Die Tierärztin hatte gesagt, man müsste mit dem Schlimmsten rechnen. Und Joel wusste, was das war, das Schlimmste. Joel konnte seine Tränen nicht mehr zurückhalten. Spider war da, seit Joel denken konnte. Spider war sein treuester Freund. Nachts schlief er in seinem Bett, und jedes Mal, wenn Joel von der Schule oder vom Fußballtraining nach Hause kam, sprang Spider, vor Freude Schwanz wedelnd, an ihm hoch. Alles konnte Joel mit Spider besprechen. Und jetzt sollte er sterben? In seiner Verzweiflung fing Joel heimlich an zu beten: „Lieber Gott, ich weiß, dass du wahrscheinlich anderes zu tun hast, aber bitte, bitte mach, dass Spider nicht sterben muss. Das ist mir so wichtig, dass ich dafür auf alles andere verzichten würde, sogar auf ..." – Joel überlegte kurz – „sogar auf das Fußballtraining. Bitte, bitte, lieber Gott."
Zwei Stunden später öffnete sich die Tür zum Operationszimmer und die Tierärztin kam lächelnd auf Joel zu. „Da haben wir noch einmal ganz großes Glück gehabt", sagte sie, „Spider hat es überlebt und wird hoffentlich noch viele schöne Jahre mit dir zusammen verbringen können." Joel schießen schon wieder die Tränen in die Augen – doch diesmal vor Glück. „Danke, lieber Gott", flüstert er leise.
Am nächsten Tag rief sein Fußballtrainer an: „Mensch Joel, super Neuigkeiten! Du bist für die Auswahlmannschaft nominiert worden. Klasse! Das hast du aber auch verdient! Herzlichen Glückwunsch! Morgen ist das erste Auswahltraining. Ich hole dich um 16.30 Uhr ab."

5. ❖ a) Soll Joel weiter Fußball spielen und zum Auswahltraining gehen? Begründe deine Antwort.
   ❖ b) Vergleicht eure Antworten in der Klasse.

Wie Menschen sich Gott vorstellen

A

Anonymus: Gott als Dreigesicht, vor 1800.

B

Michelangelo: Die Erschaffung Adams, 1512.

D Lucas Cranach: Die Erschaffung der Welt, 1534.

E

Andreas Felger: Vater Unser I, 2004.

C

Emil Nolde: Der große Gärtner, 1940.

1. ❖ a) Beschreibe die einzelnen Bilder.
   ❖ b) Wie wird Gott jeweils dargestellt?

2. ❖ Wähle ein Bild aus und untersuche es mit Hilfe der Methode „Bildbetrachtung" genauer.

 Bildbetrachtung, S. 193

1. ❖ a) Diese Aussagen stammen von Schülerinnen und Schülern. Vergleiche, wie sich die Kinder jeweils Gott vorstellen.
   b) Welchen kannst du zustimmen, welchen eher nicht? Begründe deine Meinung.

2. ❖ Welche stammen eher von jüngeren, welche eher von älteren Schülern?

3. ❖ Bei fast allen Menschen verändern sich die Vorstellungen von Gott. Entfalte mögliche Gründe dafür.

4. ❖ Wähle einen oder zwei der folgenden Satzanfänge aus und schreibe etwas dazu auf. Du kannst auch ein Bild malen.

   „Gott stelle ich mir vor wie ..."
   „Wenn ich das Wort Gott höre, denke ich an ..."
   „Ich glaube an Gott, weil ..."
   „Ich glaube nicht an Gott, weil ..."

Die Bibel erzählt von Erfahrungen mit Gott

Gott, wie ist dein Name?

S. 118

Bildbetrachtung S. 193

Das Volk Israel lebte in Ägypten in der Sklaverei. Mose war aus Ägypten geflohen, weil er einen Ägypter erschlagen hatte. Plötzlich sieht Mose einen Dornbusch, der brennt, aber dabei nicht verbrennt. Erstaunt geht er näher heran. Da ertönt eine Stimme aus dem brennenden Busch:

Marc Chagall: Mose vor dem brennenden Dornbusch, 1960–1966.

Gott: Mose, geh nach Ägypten zurück und führe mein Volk Israel aus seiner Knechtschaft aus Ägypten heraus!

Mose: Wer bist du? Wie ist dein Name? Ich kann doch nicht nach Ägypten gehen und sagen: Eine Stimme aus einem brennenden Dornbusch schickt mich. Das Volk Israel soll sofort alles zusammenpacken und Ägypten verlassen.

Gott: Meine Name ist „Ich-bin-für-euch-da". Sag den Israeliten: Der „Ich-bin-für-euch-da" hat mich geschickt. Das ist mein Name für alle Zeiten. Alle kommenden Generationen sollen mich mit diesem Namen anreden, wenn sie zu mir beten.

Ich bin für euch da

1. ❖ Namen haben eine Bedeutung. Was bedeutet der Name, mit dem sich Gott Mose vorstellt?

2. ❖ Schreibe den Namen Gottes in den hebräischen Buchstaben und mit seiner deutschen Bedeutung in Schönschrift in dein Heft.

3. ❖ Gott verspricht mit seinem Namen den Menschen: Ich bin für euch da! Gibt es in deinem Leben Situationen, in denen man gemerkt haben könnte, dass Gott für dich da war?

4. ❖ Informiere dich darüber, was dein Name bedeutet.

Gott macht seinem Namen alle Ehre

In vielen Situationen beweist Gott, dass er einhält, was sein Name verspricht: Er ist für die Menschen da! In der Bibel berichten Menschen immer wieder von ihren Erfahrungen mit Gott. Dabei haben sie das gleiche Problem wie wir. Auch sie können Gott nur durch Bildworte beschreiben. An der Art des gewählten Bildworts merkt man deutlich, welche Erfahrung der Schreiber mit Gott gemacht hat.

 *Du bietest mir Schutz, du bist meine Burg!* (Psalm 31,4)

 *Und die Himmel werden seine Gerechtigkeit verkünden; denn Gott selbst ist Richter.* (Psalm 50,6)

 *Denn ich bin der Herr, dein Arzt.* (2. Mose 15,26)

 *Du bist die Quelle – alles Leben strömt aus dir.* (Psalm 36,10)

 *Wie ein Vater seine Kinder liebt, so liebt der Herr alle, die ihn ehren.* (Psalm 103,13)

 *Der Herr ist mein Licht, er rettet mich. Vor wem sollte ich mich noch fürchten?* (Psalm 27,1)

 *Denn der Herr ist der Höchste, ein großer König über die ganze Welt.* (Psalm 47,3)

 *Der Herr ist mein Fels und mein Erretter, mein Gott, meine Zuflucht, mein sicherer Hort.* (Psalm 18,3)

 *Ich will euch trösten, wie eine Mutter ihr Kind tröstet.* (Jesaja, 66,13)

 *Denn Gott, der Herr, ist die Sonne, die uns Licht und Leben gibt, schützend steht er vor uns.* (Psalm 84,12)

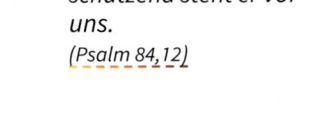 *Er ist der beste Lehrer, den es gibt.* (Hiob 36,22)

 *Gott schuf den Menschen als sein Ebenbild.* (1. Mose 1,27)

 *Der Herr ist mein Hirte. Nichts wird mir fehlen.* (Psalm 23,1)

1. ❖ Benenne die Bildworte, mit denen Gott beschrieben wird.

2. ❖ Welche Erfahrungen mit Gott könnten die Schreiber jeweils gemacht haben, dass ihnen diese Vergleiche eingefallen sind? Ordnet in einer Tabelle jedem Bildwort mögliche Erfahrungen zu. Die nebenstehenden Begriffe können euch helfen.

Bibelstelle	Gott ist wie	Erfahrung: Gott gibt
Psalm 31,4	eine Burg	Schutz
...	...	...

Orientierung, Schutz, Göttliches, Gerechtigkeit, Hilfe, Standfestigkeit, Fürsorge, Leben, Halt, Führung, Liebe, Energie, neue Erkenntnisse, Nähe, gibt die Richtung vor, Trost, Heilung, Rettung

Jona macht Erfahrungen mit Gott

Eines Tages sagt Gott zu dem Propheten Jona: „Geh nach Ninive! Die Menschen dort sind sehr böse. Sag ihnen, wenn sie sich nicht ändern, werde ich sehr wütend."

Aber Jona hat keine Lust, nach Ninive zu gehen. Er kann die Menschen dort nicht leiden und fürchtet sich vor ihnen. Jona geht zum Hafen und besteigt ein Schiff, das in eine ganz andere Richtung fährt. „Nur weg von Ninive und weg von Gott mit seinen nervigen Aufträgen", denkt Jona. Er macht es sich auf dem Schiff gemütlich und schläft ein.

Als sie auf dem Meer sind, zieht ein schrecklicher Sturm auf. Das Schiff droht auseinanderzubrechen. Alle haben Todesangst. Jona weiß, dass Gott diesen Sturm geschickt hat, um ihn zu strafen, weil er nicht nach Ninive gegangen ist. „Werft mich ins Meer, dann wird der Sturm aufhören", sagt Jona zu den Seefahrern. Die Seeleute werfen Jona über Bord, und augenblicklich hört der Sturm auf.

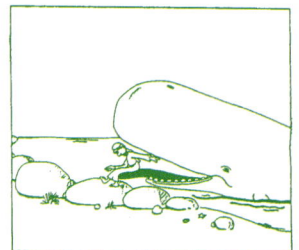

Jona kämpft um sein Leben. Er hat keine Kraft mehr. Er weiß, dass er ertrinken wird. Aber da schickt Gott einen großen Fisch, der Jona verschluckt. Drei Tage und drei Nächte sitzt Jona im Bauch des Fisches. Jona betet zu Gott: „Lieber Gott, danke, dass du mich gerettet hast. Ich will tun, was du von mir verlangst." Da spuckt der Fisch Jona aufs trockene Land.

Wieder befiehlt Gott Jona, nach Ninive zu gehen, und diesmal macht sich Jona sofort auf den Weg. Als Jona nach Ninive kommt, ruft er den Menschen zu: „Gott schickt mich. Er will, dass ihr aufhört, schlimme Dinge zu tun. Ändert euer Leben, sonst wird Gott euch bestrafen. Noch 40 Tage, und Ninive ist zerstört."

Jona, der die Menschen in Ninive nicht leiden kann, freut sich insgeheim auf deren Untergang. Er setzt sich auf einen Hügel außerhalb der Stadt und wartet ab, was nun passiert. Er will zusehen, wie eine so große Stadt vernichtet wird.

Doch die Menschen in Ninive nehmen sich Gottes Worte zu Herzen. Sie erkennen, wie falsch ihr Leben war, und wollen es ändern. Alle in der Stadt hören auf zu essen und zu trinken. Sie

fasten und beten zu Gott. Sie flehen ihn an, sie zu verschonen, und versprechen, sich zu bessern.
Und Gott erhört ihre Gebete. Er freut sich, dass die Menschen sich ändern, und verschont Ninive. Er vergibt den Menschen, die dort leben, und ermöglicht ihnen einen Neuanfang.

Jona ärgert sich, als er merkt, dass nichts passiert. „Lieber Gott, das ist doch nicht gerecht! Die bösen Menschen in Ninive hätten verdient zu sterben. Für was sitze ich denn jetzt hier seit 40 Tagen in dieser Hitze?"

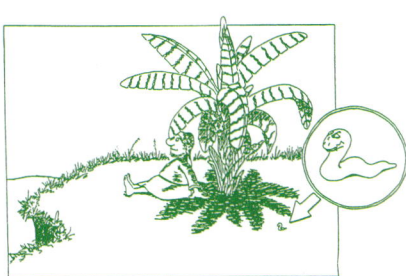

Da lässt Gott über Nacht eine Staude wachsen, damit Jona ein bisschen Schatten hat. Das freut Jona, doch am nächsten Tag kommt ein Wurm, der die Wurzeln der Staude frisst, bis sie welkt und verdorrt. Nun sitzt Jona wieder in der prallen Sonne und wird immer wütender.

Da spricht Gott zu ihm: „Ach Jona, jetzt ärgerst du dich, dass die Staude gestorben ist, die du weder gepflanzt noch gegossen hast. Kannst du dir vorstellen, wie traurig ich gewesen wäre, wenn die Menschen in Ninive gestorben wären? Ich habe doch jeden einzelnen geschaffen und jeder von ihnen liegt mir am Herzen."

Denn so ist Gott: Er kümmert sich um alle Menschen und er verzeiht ihnen, auch wenn sie einmal etwas falsch gemacht haben. Das gilt für die Menschen in Ninive genauso wie für Jona und für alle anderen Menschen auf der Welt.

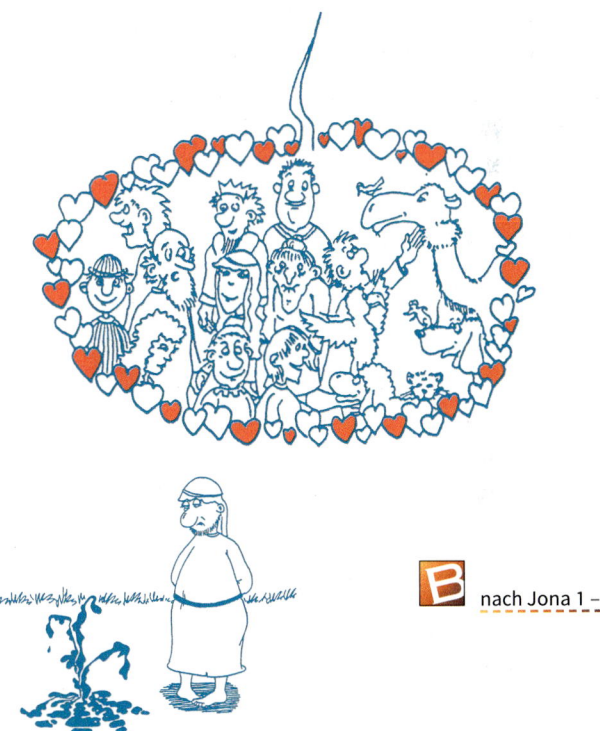

B nach Jona 1 – 4

1. ❖ Jona macht verschiedene Erfahrungen mit Gott. Welche Erfahrung macht er in welcher Situation? Sammelt sie an der Tafel.

2. ❖ Jonas Vorstellungen von Gott verändern sich. Formuliere für jede Situation, was Jona wohl über Gott denkt.

3. ❖ Vor seinem Rückweg geht Jona nochmals durch Ninive. Die Menschen dort haben sich tatsächlich geändert. Sie interessieren sich für Gott und fragen ihn: „Jona, du bist doch ein Prophet Gottes. Sag uns: Wie ist denn dieser Gott?" – Formuliert mögliche Antworten Jonas.

Spuren Gottes

A

B Mein Hund springt an mir hoch, wenn ich heimkomme.

C Mutti schimpft nicht, obwohl ich im Diktat eine Fünf habe.

D

E

F Ich war nachts allein und hatte große Angst, wegen komischer Geräusche. Da habe ich gebetet und bin ein bisschen ruhiger geworden.

Spuren

Vor langer Zeit reiste einmal ein Naturforscher nach Afrika. Dort wollte er die Wüste erforschen. Ihn begleiteten einheimische Beduinen. Als es Abend wurde, breiteten sie ihre Teppiche auf dem Boden aus und beteten. „Was macht ihr da?" fragte der Forscher. „Wir beten zu Gott", antwortete einer der Beduinen. „Zu Gott? Gott gibt es doch gar nicht. Oder habt ihr ihn schon mal gesehen, gehört oder angefasst?" Die Beduinen schwiegen nur und setzten ihr Gebet fort.

Als der Forscher am nächsten Morgen aus seinem Zelt kroch, entdeckte er Spuren im Sand. „Hier muss ein Löwe gewesen sein letzte Nacht", rief er ganz aufgeregt. „Ein Löwe?" Die Beduinen taten verwundert. „Das glauben wir nicht. Oder hast du ihn gesehen, gehört oder angefasst?" Der Forscher wurde ärgerlich: „Nein, habe ich nicht. Aber das hier sind doch eindeutig seine Spuren!" In diesem Moment ging die Sonne auf und stand bald wie ein feuerroter Ball am Himmel. „Schau", sagte einer der Beduinen und zeigte in den Himmel: „Was bist du für ein seltsamer Mensch! Du kennst die Spuren der Löwen und kannst sie lesen – die Spuren Gottes aber begreifst du nicht!"

G

Ich bin Rechenkönig geworden.

H

I

Meine Eltern haben sich getrennt. Da war ich sehr traurig. Aber eigentlich ist es jetzt besser, weil weniger Streit ist.

J

K

Mein großer Bruder nimmt mich zum Fußball mit.

L

M

N

1. ❖ Erkläre, was die Geschichte „Spuren" mit Gott zu tun hat.

2. Gott kann man nicht sehen, aber man kann manchmal Spuren von ihm entdecken.
    ❖ a) Untersuche die Situationen und Äußerungen auf dieser Doppelseite: Wo gibt es Spuren, die auf Gott hinweisen könnten?
    ❖ b) Sammelt weitere Situationen, in denen man Gottes Spuren feststellen könnte.

3. ❖ Überlege dir drei Minuten ganz still, ob es in deinem Leben auch schon Situationen gegeben hat, wo man Spuren Gottes hätte erkennen können. Wenn du willst, kannst du davon erzählen.

Wissen und Können

Das weiß ich

▶ Wer ist Gott? Wie sieht Gott wohl aus? Was tut Gott?
Das sind Fragen, die sich Menschen auf der ganzen Welt schon immer gestellt haben. Da keiner darauf eine beweisbare Antwort geben kann, hat jeder Mensch seine eigenen Vorstellungen von Gott. Aber alle unsere Vorstellungen sind immer nur Teilaspekte. Ganz können wir Gott nie begreifen.

▶ In den Geschichten der Bibel, in Liedern und Psalmen finden wir viele sprachliche Bilder von Gott. Sie zeigen uns, welche unterschiedlichen Erfahrungen die verschiedenen Menschen mit Gott gemacht haben.

▶ Auch der Prophet Jona macht ganz unterschiedliche Erfahrungen mit Gott. Zum Schluss aber wird deutlich: Gott liebt alle Menschen. Er verzeiht ihnen, wenn sie etwas falsch gemacht haben, und freut sich über jeden, der an ihn glaubt.

▶ Es ist schwer zu verstehen, dass Gott da ist, auch wenn wir ihn nicht sehen können. Es gibt aber auch Dinge, die sind da, obwohl wir sie nicht sehen können. Wir können nur ihre Wirkung spüren. Genauso lassen sich viele Spuren finden, die auf Gott hinweisen.

Das kann ich

A) Bilder von Gott

1. Vergleicht diese beiden Bilder. Wie stellt sich Louis, wie stellt sich Leonie Gott vor?

2. Welche der Begriffe im Kasten passen deiner Meinung nach am besten zu Gott? Wähle drei Begriffe aus. Wenn du willst, kannst du auch eigene Begriffe schreiben. Suche dir anschließend einen Partner und erkläre ihm, warum du diese drei Begriffe gewählt hast.

begleitet, beschützt, hilft, bestraft, belohnt, sieht alles, regiert, hat die Macht, erhört, leidet, spricht zu uns, vernichtet, gibt Zeichen, liebt, rettet, verzeiht ...

B) Die Bibel erzählt von Gott

1. Mit welchem Namen stellt sich Gott Mose am brennenden Dornbusch vor?
2. Was bedeutet dieser Name?

C) Jona macht Erfahrungen mit Gott

- Jona ärgert sich, weil Ninive nicht zerstört wird. (T)
- Gott schickt Jona zum zweiten Mal nach Ninive. (B)
- Jona flieht vor Gott. (A)
- Gott erklärt Jona, warum er Ninive verschont hat. (E)
- Jona verkündet den Menschen in Ninive Gottes Worte. (Ü)
- Die Seeleute werfen Jona ins Meer. (H)
- Gott verzeiht den Menschen in Ninive und verschont sie. (S)
- Gott schickt Jona zum ersten Mal nach Ninive. (Z)
- Jona wird durch einen großen Fisch gerettet. (N)
- Die Menschen in Ninive bereuen ihre Taten und ändern sich. (R)

1. Wenn du die folgenden Sätze in der richtigen Reihenfolge ordnest, ergeben die Buchstaben in der Klammer einen Gegenstand, den Jona hoffentlich auf all seinen Reisen dabei hatte.

D) Spuren von Gott

1. Gott kann man nicht sehen, aber man kann ihn manchmal spüren.

   Beschreibe zwei Situationen, bei denen man sagen könnte: „Da habe ich Gott gespürt."

Schluss-Check

Überlegt gemeinsam:
▶ Das war (mir) wichtig in diesem Kapitel: …
▶ Das sollte man sich merken: …
▶ Gibt es etwas, das noch geklärt werden muss?

SPEICHERN

Beten

Mein Herz spricht mit Gott

- Beten – was soll das denn bringen?
- Erhört Gott die Gebete?
- Wie geht Beten?
- Was ist das Besondere am Vaterunser?

Eigentlich ganz normal

Seit Beginn des Schuljahres haben wir bei uns an der Uhlandschule, genauer in unserer 6a, eine neue Schülerin. Die heißt Zoe. Zoe ist eigentlich ganz in Ordnung – nicht eingebildet, gibt nicht an, ist keine Streberin und keine Schleimerin und hat ganz schicke Klamotten. Sie ist eigentlich ganz normal – hab ich gedacht.
Aber kürzlich im Schullandheim ist mir etwas Komisches aufgefallen. Wir waren im selben Zimmer und haben meistens auch beim Essen an einem Tisch gesessen. Alles war wie immer, viel gekichert, viel gelästert (angeblich geht Annabelle jetzt mit Enrico, ich lach mir den A.... ab), als ich plötzlich merke, dass Zoe den Kopf senkt und ganz still wird. Ich denk, was geht? Will die auch was von Enrico? Aber da hebt sie schon wieder den Kopf, ihre Hände kommen unter der Tischplatte hervor (Ey, was hat die da gemacht???), sie nimmt Messer und Gabel und beginnt zu essen. Was war denn das jetzt?

1. ❖ Zoe betet vor dem Mittagessen. Was meinst du dazu?

2. ❖ Zoes Freundin fragt, warum sie betet. Überlegt, was sie antworten könnte.

3. ❖ Hier findest du verschiedene Aussagen von Schülerinnen und Schülern aus einer Umfrage zum Thema Beten. Formuliere zu jeder Aussage einen Satz mit deiner eigenen Meinung zu dieser Aussage.

Ich bete regelmäßig. So habe ich es früher gelernt.
Larissa, Kl. 7

Alte Leute beten, weil sie Angst vor dem Tod haben.
Moritz, Kl. 6

Ich bete, weil ich mit jemandem reden will.
Aylin, Kl. 9

Gott gibt es gar nicht. Deshalb hat Beten keinen Sinn.
Erik, Kl. 10

Ich bete oft. Meistens geht es mir dann besser.
Ben, Kl. 8

Ich habe noch nie gebetet.
Lena, Kl. 6

Ich bete oft, wenn es mir nicht gut geht.
Amélie, Kl. 6

Beten hat keinen Sinn. Gott hilft nicht.
Alexander, Kl. 7

Beten – Ich weiß überhaupt nicht, wie das geht oder was das bringen soll.
Maja, Kl. 5

4. ❖ Was denkst du übers Beten?

Beten – was bringt's? Wie geht's?

Unter den Schülern der 6a hat sich ein Gespräch über das Beten entwickelt. Außer Zoe haben noch andere Kinder erzählt, dass sie ab und zu beten. In ihrem Religionsunterricht sprechen sie deshalb über das Gebet.
Ihre Religionslehrerin Frau Christ schlägt vor, eine Umfrage zu diesem Thema unter allen Schülerinnen und Schülern der Uhlandschule zu machen. Zoe und zwei Freundinnen entwickeln einen Fragebogen.

Frage 1: Beten, bringt das deiner Meinung nach was?

Viele Schülerinnen und Schüler hatten überhaupt keine Erfahrung mit Beten und waren der Meinung, dass Beten nichts bringt. Einige aber beten regelmäßig, und für die bringt Beten was:

Beten tut mir gut. Dann bin ich für eine kurze Zeit mal ganz für mich allein. Ich kann mich zurückziehen – ohne einsam zu sein. (Ben, 8. Klasse)

Ich bete gern. Ich erzähle Gott von meinem Leben. Und wenn ich es ausspreche, wird mir dabei selbst vieles oft klarer. (Larissa, 7. Klasse)

Manchmal bin ich ganz verzweifelt. Wenn ich dann bete, geht es mir hinterher oft besser. Ich denke dann: So, jetzt kümmert sich auch jemand anderes darum. (Frieda, 6. Klasse)

Meine Schwester hatte Krebs. Sie ist daran gestorben. Ich habe sie immer noch sehr lieb und vermisse sie ganz arg. Wenn ich für sie bete, dass es ihr gut geht in dieser anderen Welt, dann tröstet mich das und es geht mir besser. (Emil, 10. Klasse)

Ich bete ab und zu. Dann erzähle ich Gott alles von meinem Leben: Was gut und was beschissen ist, wovor ich Angst habe, von meinen Träumen oder wenn ich verliebt bin. Eigentlich ist es so, als wenn Gott meine beste Freundin ist, mit der ich alles bereden kann. (Aylin, 9. Klasse)

Eigentlich geht es mir super gut. Ich bete oft und danke Gott dafür. (Philip, 5. Klasse)

Manchmal finde ich beim Beten überhaupt keine Worte, mit denen ich genau das ausdrücken kann, was mich bewegt. Dann bin ich einfach ganz still, und irgendwie habe ich das Gefühl, Gott versteht mich trotzdem. (Amélie, 6. Klasse)

1. ❖ Beschreibt die unterschiedlichen Erfahrungen der Jugendlichen.
2. ❖ Welche Erfahrungen könnt ihr verstehen? Welche nicht so gut? Begründet eure Meinung.
3. ❖ Ordnet die einzelnen Äußerungen den folgenden Gründen fürs Beten zu:

A Klarheit über mein Leben
B Verstanden werden, auch ohne große Worte
C Trost in Situationen, in denen ich nichts mehr tun kann
D Erleichterung, weil ich meine Sorgen bei Gott abladen kann
E Möglichkeit, einem Freund alles anvertrauen zu können
F Das Schöne in meinem Leben erkennen
G Möglichkeit, mich zurückzuziehen

BETEN – WAS BRINGT'S?

Frage 2: Wie geht beten?

Zu dieser Frage konnten die Schülerinnen und Schüler kaum etwas antworten. Frau Christ stellt ihrer Religionsklasse deshalb den „Schnupperkurs Beten" vor.

Wo kann man beten?
Man kann nicht nur im Gottesdienst beten, sondern überall – im Klassenzimmer, unter der Dusche, auf dem Sportplatz, im Bett, im Schwimmbad, …

Wann kann man beten?
Man kann immer beten, weil Gott nie schläft und immer zuhört. Es ist gut, wenn man sich angewöhnt, zu bestimmten Zeiten zu beten: morgens vor dem Aufstehen, abends im Bett, vor einer Mahlzeit. Man kann mit Gott aber auch mitten in der Nacht reden.

Wie kann man Gott anreden?
Jesus hat Gott mit „Vater" und „Abba", das heißt Papa, angesprochen. Gott ist auch unser himmlischer Vater. Deshalb dürfen wir ihn genauso ansprechen. Wir können aber auch einfach beginnen: „Lieber Gott, …"

Was kann man Gott sagen?
Man kann mit Gott über alles reden: über seine Sorgen, seine Ängste, was einen bedrückt, worüber man sich freut, man kann Gott für etwas Schönes danken, man kann ihn um etwas oder auch für andere Menschen bitten, man kann sich aber auch bei Gott beklagen.

Wie beendet man ein Gebet?
Am Ende eines Gebets kann man „Amen" sagen. Das ist hebräisch und bedeutet „So soll es sein". Damit bekräftigt man das, was man gesagt hat.

1. ❖ Probiere es einfach einmal aus und formuliere für dich ein kleines Gebet. Du kannst dabei nichts falsch machen. Wenn dir nicht gleich etwas einfällt, kann dir folgender Gebet-Zweischritt helfen:
   - *Dank:* Ich nehme das Schöne in meinem Leben bewusst wahr und danke Gott dafür.
   - *Bitte:* Ich bitte Gott um etwas für mich oder einen anderen Menschen.

Gebetserhörung

Frage 3: Glaubst du, dass Gott Gebete erhört?

Nein, meine jedenfalls nicht. Dana, Kl. 7

Ja, ich habe schon oft die Erfahrung gemacht, dass Gott meine Gebet erhört. Ozan, Kl. 9

Es kommt darauf an, um was man Gott bittet. Wenn ich darum bete, dass Bayern München absteigen soll, wird das wahrscheinlich nicht passieren. Hugo, Kl. 10

Manchmal schon. Amélie, Kl. 6

Alle Gebete kann Gott nicht erhören. Wie soll er das denn machen, wenn z.B. vor einem WM-Boxkampf beide Boxer beten, dass sie gewinnen? Milo, Kl. 5.

1. ❖ Diskutiert in der Klasse die Frage: Erhört Gott Gebete?
2. ❖ In der Religionsklasse 5/6 gibt es sehr unterschiedliche Ansichten und viele Fragen zu diesem Thema. Lest das folgende Unterrichtsgespräch mit verteilten Rollen.

Lena: Was ist denn nun mit den Gebeten der beiden Boxer? Welches erhört Gott denn?

Frau Christ: Gott hört beide Gebete, d.h. er hat für beide Verständnis. Wie Gott dann „antwortet", das ist seine Sache. Darüber sollten wir Menschen uns nicht den Kopf zerbrechen.

Moritz: Ich kann also nicht sicher sein, dass Gott meine Gebete erhört?

Frau Christ: Gott hört alle deine Gebete. Er versteht dein Anliegen und er ist bei dir, wenn du mit ihm sprichst. Aber er reagiert nicht immer so, wie wir Menschen es gerne hätten.

Maja: Also Gott macht, was er will, egal was ich bete?

Frau Christ: Beten heißt: Ich bespreche mein Leben mit Gott, und zwar mit allem, was dazugehört. Ich erzähle Gott von meinem Leben und meinen Wünschen, aber ich achte auch Gottes Freiheit. D.h, ich freue mich, wenn Gott mein Gebet so erhört, dass ich es direkt merken kann. Aber ich bin mir stets auch bewusst: Ich bin ein Mensch und Gott ist Gott.

Philip: Was soll denn das jetzt wieder heißen: „Ich bin ein Mensch und Gott ist Gott"?

Frau Christ: Wir beten zu Gott aus unserem menschlichen Blickwinkel heraus. Gott sieht in seiner Allwissenheit aber mehr als wir. Vielleicht ist auch manches, was wir von Gott wünschen, eigentlich nicht gut für uns oder nicht gut für andere. Wichtig ist: Ich kann Gott alles sagen, ich kann ihn auch um vieles bitten, aber ich überlasse es ihm, wie er auf mein Gebet antwortet. Gott redet, antwortet und handelt mit uns auf verschiedene und oft sehr verborgene Weise. Gebetserhörungen erfolgen häufig nicht durch direkte Reaktionen, sondern oft durch andere Menschen oder durch bestimmte Ereignisse.

3. ❖ Fasse die Meinung der Religionslehrerin Frau Christ zum Thema Gebetserhörung in eigenen Worten zusammen.

Gott hilft oft anders, als man denkt

Gegen Ende der sechsten Klasse stand Mia in der Schule sehr schlecht. Wahrscheinlich musste sie die Klasse wiederholen. Mia war völlig verzweifelt. Sie wollte auf keinen Fall in eine andere Klasse. Sie wollte unbedingt bei ihren Freundinnen bleiben. Mia betete jeden Abend zu Gott, dass ihr diese Blamage erspart bliebe. Aber alles Lernen und Beten nützte nichts. Mia blieb sitzen. Da hatte sie eine Sau-Wut auf Gott. „Nie mehr werde ich beten. Das bringt doch alles nichts", schimpfte sie vor sich hin.

In ihrer neuen Klasse kam Mia zu einer netten Lehrerin und fand schnell neue Freundinnen. Sie schrieb gute Noten und gehörte meistens zu den besseren Schülern. Sie machte einen guten Abschluss und bekam sofort die erhoffte Lehrstelle.

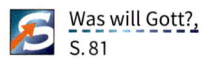
Was will Gott?,
S. 81

1. ❖ **Erörtert in der Klasse folgende Fragen:**
   a) **Welches Problem hatte Mia, als sie zu Gott betete?**
   b) **Wie erhoffte sie sich Hilfe von Gott?**
   c) **Wie reagierte Mia, als sie nicht die erhoffte Hilfe bekam?**
   d) **Auf welche andere Weise könnte Gott Mia doch noch geholfen haben?**

2. ❖ **Überprüft in Kleingruppen die folgenden Beispiele und ergänzt die Tabelle:**

   Max hatte Jana gefragt, ob sie mit ihm gehen will.
   Jana will es sich überlegen.
   Max betet, dass Jana Ja sagt.

   Lottas Eltern haben oft Streit.
   Sie wollen sich scheiden lassen.
   Lotta betet, dass sie zusammen bleiben.

   Obwohl **Henri** erst 15 Jahre alt war, gab es von ihm schon
   eine dicke Akte bei der Polizei. Weil er zwei teure Handys
   gestohlen hatte, musste er am nächsten Tag vor Gericht.
   Henri betet, dass er nicht ins Gefängnis muss.

   Jesus ahnte, dass er morgen getötet werden würde.
   Jesus hatte große Angst.
   Er betet zu Gott, dass er nicht sterben muss.

	Worin liegt für den Beter bzw. die Beterin das Problem?	Wie erwartet der Beter bzw. die Beterin von Gott Hilfe?	Auf welche andere Weise könnte Gott auch helfen?
Max			
Lotta			
Henri			
Jesus			

Gebete – alles ist möglich

Frage 4: Welche Gebete kennst du oder hast du schon gebetet?
(Wenn du nicht willst, brauchst du deinen Namen nicht anzugeben.)

A Guten Morgen, lieber Gott.
Ich lebe gern.
Danke für diesen Tag.
Amen

B Lieber Gott,
danke, dass ich ein Meerschweinchen geschenkt bekommen habe. Amen
Marie, Kl. 6

C Kommt die Nacht,
bin ich geborgen,
Gott wird bei mir sein.
Ach, ich freu mich schon auf morgen und schlaf fröhlich ein. Amen
Katrin, Kl. 6

D Bitte, lieber Gott, mach meine Mutti wieder gesund! Amen

E Oh Gott, von dem wir alles haben,
wir preisen dich für deine Gaben.
Du speisest uns, weil du uns liebst,
oh segne auch, was du uns gibst. Amen
(von meiner Oma Hedwig)
Simone, Kl. 10

F Lieber Gott,
warum lässt du die Kinder in armen Ländern so schwer arbeiten? Warum lässt du so viele Kinder verhungern und sterben?
Jan, Kl. 10

G Ich habe heute meine Freundin Aylin angelogen. Bitte hilf mir, dass ich ihr dies erzählen kann, und dass sie mir dann nicht böse ist. Amen

H Müde bin ich, geh zur Ruh,
schließe meine Augen zu.
Vater, lass die Augen dein
über meinem Bette sein. Amen
Frieda, Kl. 6

I Lieber Gott,
ich habe nicht die Turnschuhe mit den richtigen Streifen, nicht das T-Shirt mit dem richtigen Abzeichen und nicht die Jeans mit der richtigen Marke. Muss ich das haben, damit mich die anderen akzeptieren? Manchmal fühle ich mich allein! Nimm mir die Angst, „out" zu sein, gib mir den Mut, auch gegenüber anderen zu mir zu stehen. Amen

J Lieber Gott,
danke, dass ich in der Mathearbeit so eine gute Note bekommen habe. Amen
Philip, Kl. 5

K Lieber Gott,
wenn du alles weißt, dann weißt du auch, wie schlecht es mir geht. Wie mich die anderen mobben. Warum hilfst du mir nicht?????

L Lieber Gott,
heute habe ich einen so schönen Tag gehabt. Alles war super! DANKE!
Amen
Aylin, Kl. 9

M Halte zu mir, guter Gott,
heut den ganzen Tag.
Halt die Hände über mich,
was auch kommen mag.
Sophia, Kl.6

N Alle guten Gaben,
alles, was wir haben,
kommt, o Gott, von dir,
Dank sei dir dafür.
Amen
Oskar, Kl. 8

Verschiedene Gebetsarten

1. ❖ Man kann unterscheiden zwischen freien Gebeten und vorformulierten Gebeten. Beschreibe den Unterschied zwischen diesen beiden Gebetsformen.

2. ❖ Überprüft die Gebete auf dieser Seite: Welche Gebete sind freie Gebete und welche vorformulierte?

3. ❖ In dem nebenstehenden Buchstabengitter sind sechs verschiedene Gebetsarten versteckt. Findest du alle?

4. ❖ Ordnet die Gebete auf der Doppelseite diesen sechs Gebetsarten zu. Manche Gebete kann man auch doppelt zuordnen.
Schreibe zu jeder Gebetsart ein eigenes kurzes Gebet auf.

G	H	B	J	T	B	G
T	D	A	N	K	I	O
I	B	V	B	L	T	T
S	E	E	S	A	T	T
C	M	O	R	G	E	N
H	O	A	B	E	N	D
A	S	J	E	S	U	S

Das Vaterunser

Umfrage: Beten — Frage 5: Weißt du, wie der Anfang des Vaterunsers in deiner Muttersprache heißt?

Vater unser im Himmel
Katrin, Kl. 6

Padre nostro, che sei nei cieli
Lorena, Kl. 5

Padre nuestro, que esta en el cielo
Hugo, Kl. 10

Otsche nasch, ische esi na nebesy
Larissa, Kl. 6

Ojce nasz, którys jest w niebie
Iwona, Kl. 8

Tatae nostru care esti in ceruri
Fynn, Kl. 7

Ey göklerde olan Babamiz
Aylin, Kl. 9

'Otse nas koji jesi na nebesima
Ivo, Kl. 7

'Oce nas koi zi na nebezima
Dana, Kl. 7

Ati ynë, që je në qiell
Arian, Kl. 10

Tėve mūsų, kuris esi danguje
Jozuė, Kl. 8

Otče náš, ktorý si na nebesiach
Milo, Kl. 5

Ey Pedare mâ, ke dar âsmânîan
Kenan, Kl. 7

Hayr mer vor hergins yes
Milena, Kl. 9

Onse Vader wat in die hemel is
Suna, Kl. 10

Pater imon o en tis uransis
Dimitrios, Kl. 7

Our Father, who art in heaven
Tom, Kl. 9

Notre Père qui es aux cieux
Amélie, Kl. 6

An der Uhlandschule gibt es Schülerinnen und Schüler aus Deutschland, der Türkei, Italien, Spanien, Griechenland, Russland, Polen, Rumänien, Kroatien, Serbien, Albanien, Litauen, der Slowakei, dem Iran, Armenien, Südafrika, Frankreich und England. Alle kennen sie das Vaterunser.

1. ❖ Versucht den Anfang des Vaterunsers in den verschiedenen Landessprachen zu lesen und den einzelnen Ländern zuzuordnen.

2. ❖ Welche Flagge gehört zu welchem Land?

Das Vaterunser ist das bekannteste christliche Gebet. Fast in allen Gottesdiensten wird es laut gebetet. Das Vaterunser ist deshalb so wichtig, weil Jesus dieses Gebet selbst seinen Jüngern in der Bergpredigt gelehrt hat. Alle Christen auf der ganzen Welt beten es in allen Sprachen.

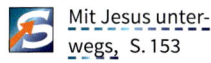 Mit Jesus unterwegs, S. 153

1. ❖ Schreibe das Vaterunser in Schönschrift in dein Heft.
2. ❖ Das Vaterunser lässt sich untergliedern in drei Teile: Anrede, sieben Bitten, Lobpreis. Ordne die einzelnen Teile des Vaterunsers diesen drei Teilen zu.
3. ❖ Warum ist auf dem Bild ein Kreuz zu entdecken?

Wissen und Können

Das weiß ich

▶ Wer betet, redet mit Gott. Es gibt Gebete, die man auswendig kann oder die man abliest. Und es gibt Gebete, die man sich ausdenkt und frei spricht. Beim Beten sagen Menschen Gott laut oder leise in ihren Gedanken, was sie beschäftigt oder bedrückt.

▶ Man kann mit Gott über alles reden. Gott antwortet zwar nicht immer so, wie der Betende sich das vorstellt, aber er hört jedes Gebet.

▶ Es gibt verschiedene Arten von Gebeten:
Dank: Gott danken – wenn man etwas Gutes erfahren hat.
Bitte: Gott bitten – wenn man für sich oder andere etwas sehnsüchtig wünscht.
Klage: Gott klagen – wenn man etwas Schlimmes erfahren hat.
Lob: Gott loben – wenn man sich über Gott freut.

▶ Das Vaterunser ist das wichtigste christliche Gebet. Es ist das Gebet, das Jesus seine Jünger gelehrt hat. Auf der ganzen Welt beten Christen das Vaterunser in über 2500 Sprachen und Dialekten. Jeder Christ sollte dieses Gebet auswendig können.

Das kann ich

A) Beten – was bringt das?

1. Viele Menschen berichten davon, dass sie regelmäßig beten und dass Beten ihnen gut tut. Nenne mehrere Möglichkeiten, was Beten einem Menschen bringen könnte.

B) Gebetserhörung

Ein Mann erzählte, wie er einmal auf einer Eisscholle auf das offene Meer hinaustrieb. Er sei in größter Lebensgefahr gewesen und habe nur noch beten können. „Und, hat Gott geholfen?", wurde er gefragt. „Ach nein", antwortete er, „bevor Gott eingreifen konnte, kam die Küstenwache und hat mich gerettet".

1. Formuliere deine Meinung zu der Antwort des Mannes.

2. Die junge Frau betet, dass Deutschland gewinnt. Was hältst du von einem solchen Gebet?

C) Verschiedene Gebete

XXXXXBXXIXXXXXTXTXXXXEKXXXXXLXXAAXXXXXGXEXLXXX
XXXXOXXBDXXXXXXXAXXXXXXXXXXXNXXXXXXXXXXKXXX

Lieber Gott im Himmel, du, meine Augen fallen zu. Bleib' bei mir die ganze Nacht, bis die Sonne wieder lacht. Amen.

Frieda, Kl. 6

Lieber Gott, danke für den schönen Tag. Beschütz mich heute Nacht, und mach, dass ich morgen einen schönen Geburtstag habe. Amen.

Philip, Kl. 5

1. Welche vier Gebetsarten sind hier versteckt?
2. Wähle eine Gebetsart aus und schreibe dazu ein Gebet.
3. Um welche Art von Gebet handelt es sich bei den Gebeten von Frieda und Philip jeweils?
4. Erkläre den Unterschied zwischen diesen beiden Gebeten.

D) Das Vaterunser

A	Dein Reich komme.
B	sondern erlöse uns von dem Bösen.
C	und vergib uns unsere Schuld, wie auch wir vergeben unsern Schuldigern.
D	Dein Wille geschehe, wie im Himmel, so auf Erden.
E	Amen.
F	Vater unser im Himmel.
G	Unser tägliches Brot gib uns heute,
H	Denn dein ist das Reich und die Kraft und die Herrlichkeit in Ewigkeit,
I	Geheiligt werde dein Name.
J	Und führe uns nicht in Versuchung,

1. Bringe die Textteile des Vaterunsers in die richtige Reihenfolge.
2. Welche Teile gehören zu der Anrede, zu den Bitten und zum Lobpreis?

Schluss-Check

Überlegt gemeinsam:
▶ Das war (mir) wichtig in diesem Kapitel: …
▶ Das sollte man sich merken: …
▶ Gibt es etwas, das noch geklärt werden muss?

SPEICHERN

Schöpfung

Und alles war sehr gut

- *Wie ist alles entstanden?*
- *Gottes Schöpfung oder Urknall?*
- *Gott hat alles gut geschaffen. Ist immer noch alles gut?*
- *Ich soll die Schöpfung retten – wie?*

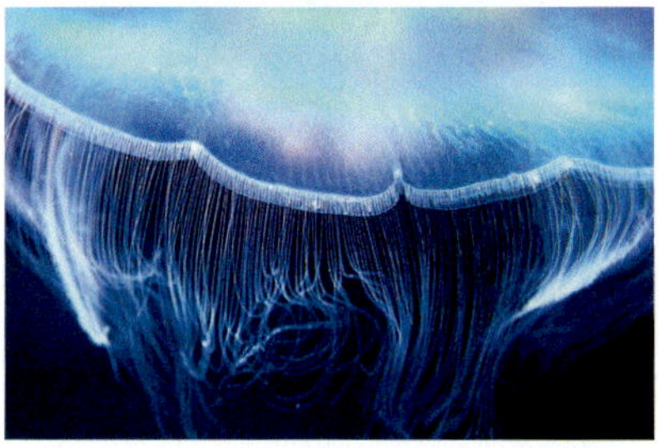

UNSERE WELT

1. ❖ Die Fotos auf dieser Seite zeigen Nahaufnahmen aus der Natur. Findet heraus, was jeweils dargestellt ist.

2. ❖ Sucht selbst ähnliche Motive und macht Fotos davon.

3. ❖ Plant einen Unterrichtsgang und sucht Dinge, in denen das Schöne der Schöpfung zu erkennen ist.
   a) Untersuche deine Fundstücke genau (Form, Farben). Wie fühlen sie sich an? Wie riechen sie?
   b) Stelle deine Gegenstände deinen Mitschülern vor und zeige an ihnen das Schöne der Schöpfung.

4. ❖ Stellt eure Fotos und Fundstücke zu einer Ausstellung „Die Schöpfung ist schön" zusammen.

5. ❖ Erstelle ein Elfchen zum Thema „Schöne Schöpfung".

Von links oben nach rechts unten: Maulwurf, Schildkrötenpanzer, Pinguine, Qualle, Kiwi, Zebra, Marienkäfer, Ananas, Schmetterlingsflügel, Sonnenblume, Baumstumpf.

Elfchen, S. 195

Wie Gott die Welt erschuf

Wie ist alles entstanden?

Niemand war dabei, als Gott die Erde erschaffen hat. Es gibt keine Fotos, keine Augenzeugenberichte und keine schriftlichen Unterlagen. Doch seit frühesten Zeiten fragten sich die Menschen, wie es mit der Welt und den Menschen angefangen hat. In der Bibel stehen zwei Schöpfungserzählungen: 1. Mose 1 und 1. Mose 2,4-25. Die Schöpfungserzählung in 1. Mose 1 ist die bekanntere. Beide Schöpfungserzählungen zeigen: Gott hat alles erschaffen und am Anfang alles gut und richtig geordnet.

Die Schöpfung

Am Anfang schuf Gott Himmel und Erde.
Zuerst war die Erde noch leer und ohne Leben. Sie war ganz von Wasser bedeckt. Finsternis herrschte.

1 Da sprach Gott am **ersten Tag**: „Es werde Licht!", und über der Erde wurde es ganz hell. Gott nannte das Licht Tag und die Dunkelheit Nacht.
Und Gott sah, dass das Licht gut war.

2 Am **zweiten Tag** sprach Gott: „Über der Erde soll ein Himmel sein!" Und ein blauer Himmel leuchtete über der Erde und weiße Wolken zogen dahin.
Und Gott sah, dass es gut war.

3 Am **dritten Tag** sprach Gott: „Hier soll Land sein und dort Meer. Das Wasser soll nicht die ganze Erde überfluten." Da floss alles Wasser zusammen und das Land wurde trocken. Und Gott sprach: „Auf der Erde sollen grüne Pflanzen wachsen: Gras, Kräuter, Büsche und Bäume. Es sollen Blumen blühen und Früchte reifen."
Und Gott sah, dass es gut war.

4 Am **vierten Tag** sprach Gott: „Am Himmel sollen Lichter sein!" Da ging die Sonne strahlend über der Erde auf. Am Abend leuchtet der Mond hell und viele Sterne funkelten.
Und Gott sah, dass es gut war.

5 Am **fünften Tag** sprach Gott: „Im Wasser sollen Fische leben und Vögel in der Luft!" Da wimmelte das Wasser von den unterschiedlichsten Fischen, und Vögel flogen in großen Schwärmen vorbei. Sie erfüllten die Luft mit ihrem Krächzen und Zwitschern.
Und Gott sah, dass es gut war.

6 Am **sechsten** Tag sprach Gott: „Auch auf dem Land sollen Tiere wohnen!" Und er schuf große und kleine Tiere, flinke und lahme, wilde und zahme, laute und leise. Da sprach Gott: „Jetzt will ich etwas schaffen, das mir ähnlich ist!" Und Gott schuf das Wunderbarste überhaupt: den Menschen. Und Gott sprach zu den Menschen: „Vermehrt euch und breitet euch über der Erde aus. Alles, was lebt, vertraue ich euch an. Ihr dürft die Erde nutzen, aber ihr müsst sorgsam mit allem umgehen."
Gott sah alles an, was er geschaffen hatte. Und Gott sah: Es war alles sehr gut.

7 Am **siebten** Tag aber ruhte Gott. Gott segnete diesen Tag und sprach: „Dieser Tag soll mein Tag sein. Auch die Menschen sollen an diesem Tag alle Arbeit ruhen lassen und sich an der Schöpfung freuen."

nach 1. Mose 1,1 – 2,4a

1. ❖ Beschreibt die Fotos und ordnet sie dem entsprechenden Schöpfungstag zu.

2. ❖ Erstellt eine Übersicht über die einzelnen Schöpfungstage.

Schöpfungstag	Gott schuf …
1. Schöpfungstag	Licht; Tag und Nacht
2. Schöpfungstag	

3. ❖ Wählt euch allein, zu zweit oder in Kleingruppen einen Schöpfungstag aus und gestaltet dazu ein Plakat.

4. ❖ Gott hat den Menschen gesagt, sie sollen sonntags die Arbeit ruhen lassen und sich an der Schöpfung freuen. Sammelt Beispiele dafür, wie der Mensch dies machen könnte. Begründet eure Vorschläge.

Schöpfung und Urknall

Lobe den Herrn, meine Seele!

Auf, mein Herz, preise den Herrn!
Herr, mein Gott, wie groß du bist!
Du lässt **Quellen** entspringen
und zu **Bächen** werden;
zwischen den **Bergen** suchen sie ihren **Weg**.
Sie dienen dem **Wild** als **Tränke**,
Wildesel löschen dort ihren Durst.
An den **Ufern** bauen die **Vögel** ihre **Nester**,
aus dichtem **Laub** ertönt ihr Gesang.
Vom **Himmel** schickst du den **Regen**
auf die **Berge**;
und gibst der **Erde** reichlich zu trinken.
Du lässt das **Gras** wachsen für das **Vieh**
und lässt die **Pflanzen** wachsen,
die der **Mensch** für sich anbaut,
damit die **Erde** ihm **Nahrung** gibt:
Der **Wein** macht ihn froh,
das **Öl** macht ihn schön,
das **Brot** macht ihn stark.
Herr, was für Wunder hast du vollbracht!
Alles hast du weise geordnet;
die **Erde** ist voll von deinen **Geschöpfen**.
Ich möchte ihn erfreuen mit meinem Lied,
denn ich selber freue mich über ihn.

Psalm 104 (Gute Nachricht Bibel)

1. ❖ Lest den Psalm in der Klasse absatzweise im Wechsel, z.B. Jungs / Mädchen, 5. Klasse / 6. Klasse, Fensterreihe / Wandreihe usw.

2. ❖ Erklärt, wofür der Psalmschreiber Gott jeweils lobt und dankt.

3. ❖ Schreibe den Psalmtext oder einen Abschnitt davon in Schönschrift in dein Heft. Schreibe die farbig gedruckten Wörter dabei nicht als Wörter, sondern füge stattdessen jeweils eine kleine Zeichnung ein.

4. ❖ Lies in der Bibel den Psalm 103,1-5. Vergleiche die beiden Psalmtexte. Wo gibt es Gemeinsamkeiten, wo Unterschiede?

5. ❖ Wofür könntest du heute Gott danken oder loben? Formuliere einen eigenen kurzen Dank- oder Lobpsalm. Beginne so:
Auf, mein Herz, preise den Herrn! Er gibt mir ...

Wunderbar und einzigartig, S. 12
Beten, S. 92ff.

S. 77

War das alles wirklich so?

Vincent: „Am Anfang schuf Gott Himmel und Erde." Das stimmt doch nicht. Heute wissen wir doch, dass alles durch den Urknall entstanden ist. Viele Wissenschaftler sagen ja, dass die gesamte Materie der Welt einmal ein dichter kleiner Klumpen war, der dann mit einem großen Knall explodierte. Nach diesem Urknall bildeten sich aus den Teilen der Materie die Planeten und Sterne.

Religionslehrerin Frau Christ: Man kann die Bibel ernst nehmen oder wörtlich. „Himmel und Erde", das bedeutet: die ganze Welt – alles, was es gibt. Die Menschen, die diesen Text damals aufgeschrieben haben, wollten damit sagen, dass es nichts auf der Welt gäbe, wenn Gott es nicht gemacht hätte.

Vincent: Aber dass Gott die Welt in sechs Tagen erschaffen haben soll, das kann doch nicht sein!

Frau Christ: Die Reihenfolge, in der die Menschen diese Dinge aufgeschrieben haben, ist gar nicht so verschieden davon, wie es die Forscher heute sehen: Dass zunächst das Licht in die Welt kommt, widerspricht ja nicht der Urknall-Theorie. Auf unserem rotglühenden Planeten entstehen danach die ersten Meere und festes Land. Das Land beginnt zu grünen und im Wasser regt sich erstes Leben. Die Wassertiere kriechen an Land. Der Mensch kommt.

Lucas Cranach
S. 82

Vincent: Das mag ja sein, dass es da Übereinstimmungen gibt. Aber Sie sagen es ja selbst: Alles ist also durch den Urknall entstanden und nicht durch Gott?

Frau Christ: Aber auch das ist doch gar kein Widerspruch. Denn woher kommt denn der Urknall? Wer hat denn den Klumpen Materie gemacht, der explodierte? Materie entsteht nicht von allein. Und was war denn vorher? Alles Fragen, die auch heute noch niemand beantworten kann.

Vincent: Sie meinen also, dass alles genau so passiert ist, wie es in der Bibel steht?

Frau Christ: Es kommt auf den richtigen Umgang mit der Bibel an. Die Bibel beantwortet nicht die Frage: Wie ist die Welt entstanden?, sondern sie gibt Antworten auf andere Fragen, wie zum Beispiel: Wer hat alles geschaffen? Welche Stellung hat der Mensch gegenüber Gott? Wie soll der Mensch mit den anderen Geschöpfen umgehen? Wenn ich wissen will, wie alles entstanden ist, dann nehme natürlich auch ich ein naturwissenschaftliches Buch zur Hand. Die verschiedenen Sichtweisen stehen nicht im Widerspruch zueinander, sondern ergänzen sich.

1. ❖ Lest das Gespräch zwischen Vincent und seiner Religionslehrerin in verteilten Rollen.
2. ❖ Untersuche, welches Problem Vincent hat.
3. ❖ Versucht die Antworten von Vincents Lehrerin in eigenen Worten wiederzugeben.
4. ❖ Zeichne Frau Christ und Vincent mit jeweils einer Sprechblase in dein Heft. Schreibe in die Sprechblasen je eine zentrale Aussage.

Bedrohte Schöpfung

GOTT HAT ALLES GUT GEMACHT.

ER HAT DEN MENSCHEN SEINE SCHÖPFUNG ANVERTRAUT, DAMIT SIE SORGSAM DAMIT UMGEHEN.

DOCH WAS MACHEN SIE DARAUS?

A Josefine holt ein Bonbon aus ihrer Tasche, steckt es in den Mund und wirft anschließend das Papier weg.

B

C Mats zielt mit einer Schleuder auf Vögel im Park. Es scheint ihm Spaß zu machen.

D

F Simon will sein Schulbrot nicht mehr essen und wirft es weg.

G

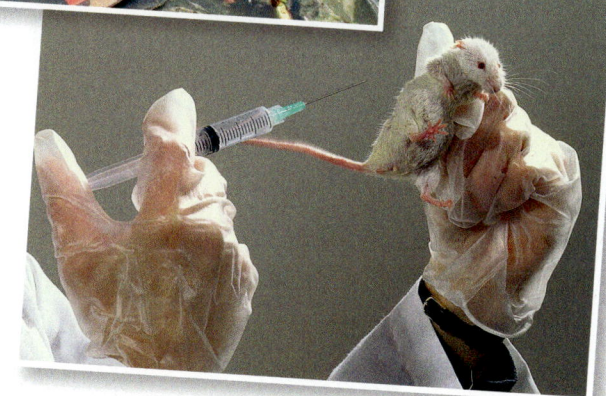

H Nichts hat sich Greta mehr gewünscht als einen Hund. Nach der ersten Begeisterung hat sie aber keine Lust mehr, ihren Hund regelmäßig auszuführen.

I

1. ❖ Beschreibt, was auf den Fotos zu sehen ist.

2. ❖ Erklärt, warum auf den Fotos und bei den Fallbeispielen nicht achtsam mit der Schöpfung umgegangen wird.

3. ❖ Sammelt weitere Beispiele für die Bedrohung der Schöpfung durch den Menschen.

4. ❖ Macht einen Lerngang und fotografiert Gefährdungen der Schöpfung im Umfeld eurer Schule.

5. ❖ Formuliert allein oder zu zweit Bitten an Gott für die Bewahrung der Schöpfung. Ihr könnt es auch als Gebet formulieren.

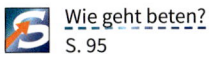
Wie geht beten?
S. 95

Die Schöpfung bewahren

GOTT HAT DIE ERDE DEN MENSCHEN ANVERTRAUT.

DAS HEISST AUCH: GOTT HAT DIE ERDE MIR ANVERTRAUT,

DAMIT ICH SORGSAM MIT IHR UMGEHE.

1. ❖ Betrachtet die Fotos. Beschreibt, warum jeweils gut mit der Schöpfung umgegangen wird.

2. ❖ Erstellt in Gruppen Collagen zu folgenden Themen:
   - Gott hat die Welt gut geschaffen.
   - So können wir Gottes Schöpfung bewahren.

Fürsorglicher Umgang mit der Schöpfung

1. ❖ a) Ordne den Beispielen 1-6 für einen sorgsamen Umgang mit der Schöpfung die passende Begründung A-F zu.
   b) Finde für die Beispiele 7 und 8 eigene Begründungen.

   1. Müll im Wald einsammeln
   2. Unterschiedliche Mülltonnen
   3. Hühner in freier Natur
   4. „Insektenhotel"
   5. Krötenzäune zur Krötenwanderungszeit
   6. Einsatz von Wind- und Solarenergie
   7. Fahrrad fahren
   8. Energiesparlampen

   A. Müll gehört nicht in den Wald
   B. Erneuerbare Rohstoffe werden genutzt und die Rohstoffe der Erde geschont
   C. Durch das Sammeln des Mülls in Mülltonnen und die Mülltrennung kann der Müll fachgerecht entsorgt werden
   D. Können ein artgerechtes Leben führen
   E. Insekten finden Nistmöglichkeiten
   F. Kröten werden bei ihrer Wanderung nicht überfahren

2. ❖ Ordne die Beispiele für einen achtsamen Umgang mit der Schöpfung in solche, an denen ihr selbst mitwirken könnt, und solche, die andere bewirken können. Finde weitere Beispiele!

Ich	Andere
Müll im Wald einsammeln	
…	

Wissen und Können

Das weiß ich

▶ Am Anfang der Bibel wird beschrieben, wie Gott die Welt erschaffen hat. An sechs Tagen lässt Gott nacheinander Licht, Tag und Nacht, das Himmelsgewölbe, Land, Meer und Pflanzen, Sonne, Mond und Sterne, Vögel und Wassertiere, Landtiere und schließlich den Menschen entstehen. Weil Gott die Welt erschaffen hat, nennt man ihn auch den Schöpfer.

▶ Gott hat die Welt sehr schön erschaffen. Alles war gut und wohl geordnet. Das kann man auch heute noch an vielen Beispielen entdecken. Gott hat den Menschen den Auftrag gegeben, die Welt zu bewahren. Deshalb sollten Christen ganz besonders sorgsam mit den Schöpfungsgütern (Menschen, Tiere, Pflanzen) umgehen.

▶ Der Psalm 104 bringt den Dank der Menschen an Gott für die Schönheit und Ordnung der Schöpfung zum Ausdruck.

▶ Die Schöpfungserzählungen in der Bibel und unsere modernen naturwissenschaftlichen Erkenntnisse stehen nicht im Widerspruch zueinander. Während die Forscher sich vor allem mit der Frage beschäftigen, wie die Welt entstanden ist, gibt die Bibel Antworten auf andere Fragen, wie zum Beispiel: Wer hat alles geschaffen? Welche Stellung hat der Mensch gegenüber Gott? Wie soll der Mensch mit den anderen Geschöpfen umgehen?

Das kann ich

A) Gottes Schöpfung ist schön

1. Nenne fünf Beispiele, woran man erkennen kann, dass Gott alles gut geschaffen hat.

B) Die Schöpfungsgeschichte

1. Die sieben Kreise stehen für die sieben Schöpfungstage. Schreibe zu jedem Tag auf, was Gott an diesem erschaffen oder gemacht hat.

C) Der Schöpfungsauftrag

brutal, fürsorglich, unbedacht, sorgsam, verantwortungsbewusst, ausbeutend, rücksichtslos, vorsichtig, bewahrend

1. Gott hat den Menschen den Auftrag gegeben, sich um seine Schöpfung zu kümmern. Beschreibe mit den nebenstehenden Adjektiven, wie der Mensch mit der Schöpfung umgehen soll.

2. Finde noch zwei weitere passende Adjektive.

D) Die Schöpfung ist bedroht

1. Auf diesem Bild gehen Menschen nicht sorgsam mit der Schöpfung um. Beschreibe die Situation und erkläre, warum dieses Verhalten nicht gut für die Schöpfung ist.

2. Nenne noch weitere Beispiele, wie durch menschliches Verhalten die Schöpfung bedroht wird.

E) Auch ich kann die Schöpfung bewahren

A. Ich pflege die Pflanzen im Klassenzimmer.
B. Ich lasse mich mit dem Auto zur Schule fahren.
C. Ich benutze eine Brotdose und packe mein Brot nicht in Frischhalte- oder Alufolie ein.
D. Käfer und Spinnen lasse ich in Ruhe.
E. Wenn mir eine seltene Blume oder eine Pflanze gefällt, reiße ich sie ab und nehme sie mit nach Hause.
F. Ich kaufe Getränke in Pfandflaschen.
G. Kaugummipapiere werfe ich einfach weg.
H. Ich lasse möglichst keine Nahrungsmittel verderben.
I. Ich trenne den Müll in Plastik-, Glas-, Papier- und Restmüll.
J. Ich gehe die Abkürzung durchs Blumenbeet.
K. Ich benutze Hefte oder Blöcke aus Umweltschutzpapier.
L. Ich schalte das Licht aus, wenn ich es nicht brauche.

1. Welche der folgenden Verhaltensweisen sind gut für die Schöpfung?
Nenne noch weitere Beispiele, wie du dazu beitragen kannst, die Schöpfung zu bewahren.

Schluss-Check

Überlegt gemeinsam: ▶ *Das war (mir) wichtig in diesem Kapitel: …*
▶ *Das sollte man sich merken: …*
▶ *Gibt es etwas, das noch geklärt werden muss?*

SPEICHERN

Mose

Gott führt sein Volk in die Freiheit

- Wie ist das Volk Israel entstanden?
- Wer war Mose?
- Wie zeigt sich Gottes Macht?
- Das Volk Israel ist das Volk Gottes. Woran merkt man das?

1. ❖ Über Mose habt ihr bereits im Religionsunterricht in der Grundschule einiges erfahren. Tragt zusammen, was ihr über Mose wisst. Die Symbole auf der Landkarte können euch dabei helfen.

Gott kümmert sich um Unterdrückte

Die Vorfahren des Volkes Israel lebten als Nomaden in Kanaan. Nomaden sind Hirten, die in Zelten wohnen. Sie ziehen mit ihren Familien und Herden umher, um ausreichend Futter und Wasser für ihre Tiere zu finden. Während einer Hungersnot kamen die Vorfahren Israels so nach Ägypten. Die ägyptischen Beamten siedelten die Asylsuchenden im Land Goschen an. Dort lebten sie lange Zeit und wurden zu einem großen Volk, dem Volk Israel.

Der König, der in Ägypten Pharao genannt wurde, betrachtete die vielen Israeliten als Bedrohung. Er hatte Angst vor ihnen, weil sie immer mehr wurden. Deshalb unterdrückte er die Israeliten und machte sie zu Sklaven. Von früh bis spät mussten sie unter der Aufsicht von Sklavenaufsehern schwere Arbeit beim Bau von Palästen, Tempeln und Pyramiden leisten. Trotzdem wurde das Volk Israel immer größer. Da befahl der Pharao, alle männlichen Babys gleich nach der Geburt zu töten und in den Nil zu werfen.

Die Mutter des kleinen Mose brachte dies nicht übers Herz. Sie versteckte ihn in einem Körbchen im Schilf am Nilufer, wo ihn eine Tochter des Pharaos fand und adoptierte. So kam Mose an den Hof des Pharaos. Während sein Volk von den Ägyptern versklavt und unterdrückt wurde, führte Mose ein Leben wie ein Prinz. Als junger Mann sah Mose einmal, wie ein ägyptischer Sklavenaufseher einen Israeliten ohne Grund schlug. Im Zorn über dieses Unrecht tötete Mose den Aufseher und musste nach Midian fliehen.

In der Wüste am Berg Horeb sieht Mose einen brennenden Dornbusch, der jedoch nicht verbrennt. Aus dem Dornbusch spricht Gott zu ihm und offenbart seinen Namen: „Mein Name ist ‚Ich bin für euch da'". Zugleich gibt Gott Mose einen Auftrag: „Ich habe gesehen, wie schlecht es meinem Volk in Ägypten geht, wie es gequält wird. Ich habe ihre Klageschreie gehört und leide mit ihnen. Deshalb will ich mein Volk aus der Gewalt der Ägypter retten und es nach Kanaan führen, in ein Land, wo Milch und Honig fließen. Und du, Mose, sollst sie anführen. Gehe zurück nach Ägypten und führe mein Volk in die Freiheit."

nach 2. Mose 2,1 – 4,17

1. ❖ Beschreibe, wie das Volk Israel in Ägypten leidet.

2. ❖ Gott stellt sich vor: „Ich bin für euch da". An welchen Stellen der Erzählung wird das sichtbar?

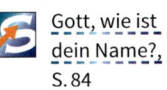
Gott, wie ist dein Name?, S. 84

Pantomime, S. 197

3. ❖ Das Volk Israel wird von den Ägyptern unterdrückt. Versucht pantomimisch darzustellen:
   a) Wie geht, steht, verhält sich ein ägyptischer Aufseher (selbstbewusst gehen, Fäuste zeigen, bedrohlich auf einen zugehen, Brust betont nach vorn drücken, mit dem Zeigefinger befehlen etc.)?
   b) Wie geht, steht, verhält sich ein unterdrückter, ängstlicher israelitischer Sklave (gebeugt, nach unten schauen, sich klein machen, unterwürfig, bittend etc.)?
   c) Wie fühlst du dich jeweils? Vergleiche deine Gefühle.

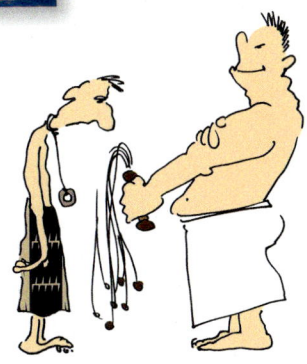

4. ❖ Sammelt Situationen, bei denen man sich eher wie ein mächtiger Ägypter oder eher wie ein unterdrückter Israelit fühlt.

5. ❖ Gott leidet mit den Unterdrückten. Mit welchen Menschen leidet er wohl heute?

Gerechtigkeit weltweit, S. 60f.

6. ❖ Gott stellt Mose vor eine schwierige Aufgabe. Welches war für dich die bisher schwierigste Aufgabe in deinem Leben? Wie ist es ausgegangen?

Wer hat die Macht?

Der Machtkampf

A

B

C

Mose gehorcht Gott. Er reist mit seiner Familie zurück nach Ägypten. Gemeinsam mit seinem Bruder Aaron geht er zum Pharao und erklärt: „Der Gott Israels hat eine Botschaft für dich. Er lässt dir sagen: Lass mein Volk frei!" Der Pharao lacht: „Seid ihr verrückt geworden? Ich kenne diesen Gott überhaupt nicht. Ihr bleibt schön hier und macht weiter eure Sklavenarbeit. Und damit ihr seht, wer hier der Stärkere ist, müsst ihr ab sofort noch viel härter arbeiten! Verschwindet!"

Da schickte Gott neun schreckliche Plagen über Ägypten, um dem Pharao seine Macht zu zeigen. Das Wasser im Nil färbte sich blutrot und wurde giftig. Tausende von Fröschen waren plötzlich in allen Häusern. Danach griffen Millionen von Stechmücken die Tiere und Menschen an. Riesige Fliegenschwärme überzogen ganz Ägypten. Fast das gesamte Vieh starb an der Viehpest. Menschen und Tiere bekamen auf einmal am ganzen Körper eklige Geschwüre. Ein schreckliches Unwetter zog auf, der Hagel zerstörte die Ernte. Was übrig geblieben war, wurde von Millionen von Heuschrecken aufgefressen. Eine Finsternis kam über das Land. Drei Tage konnte man die Sonne nicht sehen. Es war furchtbar! Das Volk Israel aber blieb von allem verschont.

Bei jeder Plage sagte der Pharao, wenn sie vorbei sei, würde er die Israeliten freilassen: Aber wenn die Plage vorbei war, tat er es dann jedes Mal doch nicht.

nach 2. Mose 7,14 – 10,29

E

D

F

1. ❖ Beschreibt, welche Plagen auf den Bildern dargestellt sind. Ordnet sie in der richtigen Reihenfolge.

2. ❖ Das Leben der Israeliten hat sich nicht gebessert. Was halten die Israeliten wohl von Gott und Mose?

3. ❖ Sammelt Gründe, warum sich der Pharao immer wieder weigert, die Israeliten ziehen zu lassen.

4. ❖ Spielt das Gespräch zwischen Mose und Aaron und dem Pharao.

Die zehnte Plage

So waren die Israeliten auch nach neun schrecklichen Plagen immer noch Sklaven in Ägypten. Da rief Mose alle zusammen und verkündete: „Heute Nacht wird die zehnte und schlimmste Plage über das ägyptische Volk kommen! Dann wird uns der Pharao ziehen lassen. Macht euch bereit, packt alles ein und treibt die Tiere zusammen, backt Brot, das wir mitnehmen können. Aber ohne Sauerteig, damit es schnell geht! Schlachtet ein Lamm und bestreicht eure Türen mit dem Blut des Lamms. Nur diese Häuser werden von dem schrecklichen Unheil verschont. Dann bleibt alle in euren Häusern, bratet das Lamm mit bitteren Kräutern und esst es gemeinsam, aber zieht dazu eure Schuhe und Mäntel an, damit ihr sofort aufbrechen könnt."
In dieser Nacht kam der Tod über Ägypten. Verschont blieben wegen des Lammbluts an den Türen nur die Häuser der Israeliten. In jeder ägyptischen Familie starb der älteste Sohn – auch der älteste Sohn des Pharaos. Es war entsetzlich. Der Pharao brach weinend neben dem Bett seines toten Kindes zusammen und schrie nur noch: „Sie sollen verschwinden! Sofort!"
Darauf hatte Mose gewartet. Schnell packten die Israeliten ihre wenigen Habseligkeiten zusammen und machten sich noch in derselben Nacht auf den Weg. Eine unendlich lange Karawane von Männern, Frauen, Kindern und Tieren zogen nach 430 Jahren Sklaverei aus Ägypten fort in die Freiheit, ganz wie Gott es ihnen versprochen hatte.
Bis heute erinnern sich die Israeliten an diese Nacht. Jedes Jahr feiern sie ihre Befreiung aus Ägypten mit einem Fest, dem Passafest. Passa heißt Vorübergehen, denn der Tod ist in dieser Nacht an den Häusern der Israeliten vorübergegangen.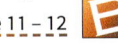

nach 2. Mose 11 – 12

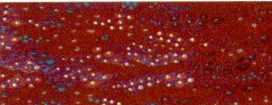

1. ❖ Nach neun erfolglosen Plagen sollen die Israeliten in dieser letzten Nacht vor dem Auszug in ihren Häusern bleiben. Versetzt euch in die Lage einer israelitischen Familie und tragt zusammen, was sie in dieser Nacht wohl gedacht und gefühlt haben. Was haben sie gehofft, was vielleicht befürchtet?

Esben Hanefelt Kristensen: Die zehn Plagen, 1992.

Passafest und Sederabend

Herr Oster, der Religionslehrer, hat dieses Mal einen Gast in den Religionsunterricht mitgebracht. Herr Oster stellt ihn vor: „Das ist David, den ihr ja bereits von unserem Besuch in der Synagoge kennt. Wie ihr wisst, ist Davids Religion das Judentum. Ich habe ihn eingeladen, damit er euch einmal erzählen kann, wie Juden heute noch jedes Jahr das Passafest feiern.

David beginnt: „Jedes Jahr in der Zeit, in der Christen Ostern feiern, feiern wir Juden das Passafest. Passa ist eines unserer wichtigsten Feste. Wir erinnern uns daran, dass unsere Vorfahren als Sklaven in Ägypten lebten und dass Gott sie von dort herausgeführt hat.

In der Synagoge, S. 187

Vor dem Fest wird im ganzen Haus gründlich geputzt, denn es darf kein Krümelchen normales Brot mehr zu finden sein.

Besonders festlich ist der erste Abend, der Sederabend. Dieser Abend wird in der Familie gefeiert und verläuft nach einer festen Ordnung. Daher kommt auch der Name: Seder heißt Ordnung. Auf dem Tisch steht der Sederteller. Darauf liegen Dinge, die an die Zeit in Ägypten und an die Rettung Israels durch Gott erinnern. Meine kleine Schwester Sara ist immer ganz aufgeregt. Als Jüngste der Familie darf sie jedes Jahr die vier wichtigen Fragen stellen:

1. Wodurch unterscheidet sich diese Nacht von allen anderen Nächten?
2. Warum essen wir in dieser Nacht bittere Kräuter, die wir in Salzwasser tunken?
3. Warum essen wir heute nur ungesäuertes Brot?
4. Sonst sitzen wir, ohne uns anzulehnen. Warum lehnen wir uns heute an?

Als Antwort wird die Geschichte von der Rettung des Volkes Israel erzählt. Während des gesamten Abends werden Lieder gesungen und Segensgebete gesprochen. Die Erwachsenen trinken Wein. Zum Schluss der Sederfeier sagen alle: ‚Nächstes Jahr in Jerusalem!' Ja, das wünschen wir uns alle, Pessach in Jerusalem zu feiern – in einem friedlichen Jerusalem."

Jerusalem, S. 201

1. ❖ Beschreibe den Ablauf einer Sederfeier.

2. ❖ Überlegt, weshalb dieses jüdische Fest hier im Kapitel Mose vorgestellt wird.

DIE PESSACH HAGGADA

122 Mose

In Ägypten mussten die Sklaven sitzen, ohne sich anzulehnen. Heute sitzen wir wie die, die in Freiheit leben.

Alle Juden denken daran, wie Gott das Volk Israel aus der Sklaverei in Ägypten befreit hat.

Unsere Vorfahren hatten auf der Flucht keine Zeit, um Brote aus Sauerteig zu backen.

Die Zeit der Sklaverei war bitter und die Tränen salzig.

1. ❖ Ordne die obenstehenden Antworten den vier Fragen im Text zu.

2. ❖ Bildet Paare. Bestimmt einen Fragesteller und einen Antworter und spielt den Dialog mit den vier Fragen. Welches Paar kann dies auch ohne Buch? Zum Schluss stellt der Jüngste in der Klasse die vier Fragen und der Älteste antwortet.

Der Sederteller

3. ❖ Auf dem Bild sind: Petersilie, Salat, Meerrettich, Salzwasser, hart gekochtes Ei, Lammknochen, Fruchtmus, Mazzen. Ordne dies den einzelnen Teilen zu.

4. ❖ Alles auf dem Sederteller erinnert an die Sklavenzeit in Ägypten und an die Rettung durch Gott. Welche Erinnerung gehört zu welcher Speise?

Speisen
1. Grüne Kräuter (Petersilie, Salat)
2. Bittere Kräuter (Meerrettich)
3. Salzwasser
4. Hart gekochtes Ei
5. Lammknochen
6. Fruchtmus (Apfel, Nüsse, Honig)
7. Mazzen (ungesäuertes Brot)

Erinnerung an
a. das Lamm, das kurz vor dem Auszug geschlachtet wurde
b. die Plötzlichkeit des Auszugs, bei der keine Zeit mehr blieb, Brot zu säuern
c. karge Nahrung, aber auch an die Hoffnung, die es gab (Farbe)
d. den braunen Lehm, mit dem die Israeliten Lehmziegel formen mussten
e. die Tränen, die während der Sklaverei vergossen wurden
f. die bittere Zeit der Sklaverei
g. die harte Zeit in der Sklaverei, aber auch an neues Leben

Rettung am Schilfmeer

Annegert Fuchshuber: Schilfmeerwunder, 1992.

Endlich frei!

Voller Zuversicht machten sich die Israeliten auf den Weg fort aus Ägypten. Mose, seine Schwester Mirjam und sein Bruder Aaron gingen vorne im Zug. Gott aber erschien ihnen als Wolkensäule, um sie am Tag zu führen, und als Feuersäule, um ihnen nachts den Weg zu zeigen.

Das Volk Israel war noch nicht weit gekommen, da änderte der Pharao seine Meinung. Er brauchte die israelitischen Sklaven. Wer sollte sonst die Paläste bauen? Er nahm seine besten Soldaten und die schnellsten Kriegswagen und jagte den Israeliten hinterher. Die Israeliten, die sich gerade am Ufer eines großen Wüstensees von ihrer Flucht ausruhten, saßen plötzlich in einer ausweglosen Falle. Vor ihnen lag das Schilfmeer und hinter ihnen kam die Armee des Pharaos immer näher. Was sollten sie bloß tun? Die Israeliten hatten Todesangst und fühlten sich von Gott im Stich gelassen. Sie machten Mose Vorwürfe: „Wozu hast du uns in die Wüste geführt? Wir hätten genauso gut in Ägypten sterben können! Wir würden lieber Sklavenarbeit in Ägypten tun, als hier getötet zu werden!" Mose aber sagte: „Ihr braucht keine Angst zu haben. Gott hilft uns. Habt doch Vertrauen zu ihm!"

Da legte sich eine große Wolke zwischen die Israeliten und die Ägypter. Und die Ägypter fanden in der ganzen Nacht keinen Weg zu den Israeliten.

Mose aber hob den Arm und streckte seinen Stock aus über das Wasser des Meeres. Da ließ Gott einen starken Wind wehen und das Wasser teilte sich. Wie eine Mauer stand das Wasser, rechts und links. Und noch bevor es am Morgen hell wurde, konnten die Israeliten trockenen Fußes ans andere Ufer gelangen.

Als die Ägypter die Flucht der Israeliten bemerkten, stürmten sie ihnen mit ihren Pferden und den schnellen Wagen hinterher.

Da streckte Mose seine Hand über das Meer aus, und die Wassermassen flossen wieder zusammen und begruben die gesamte Armee des Pharaos unter sich.

Nun war Gottes Volk endlich wirklich frei.

Die Israeliten dankten Gott und freuten sich. Und Mirjam, die Schwester von Mose, nahm ihr Tambourin, schlug mit der Hand den Takt und sang ein Siegeslied: „Singet unserem Gott! Mächtig ist er! Ross und Reiter warf er ins Meer!" Und alle Frauen zogen hinter ihr her und sangen mit.   nach 2. Mose 13,17 – 14,30 und 15,20-21

1. ❖ Erzähle die Geschichte von der Rettung am Schilfmeer aus der Sicht eines israelitischen Kindes.

2. ❖ Verfasse allein oder mit einem Partner ein Dankgebet für die Rettung am Schilfmeer.

3. ❖ a) Die Künstlerin Annegert Fuchshuber will mit ihrem Bild vom Schilfmeerwunder auch heutigen Menschen etwas sagen. Die Tiere stehen für Gefahren, die Menschen auch heute noch bedrohen können. Gebt diesen möglichen Gefahren Namen.

   ❖ b) Ihr könnt dieses Bild nachspielen. Einige von euch spielen die Gasse, einige die wandernden Israeliten.

Bildbetrachtung
S. 193

Standbild,
S. 199

4. ❖ Gott half den Israeliten aus großer Gefahr. Gab es in deinem Leben Situationen, in denen du Gottes Hilfe erkennen konntest?

In der Wüste

Das Volk Israel begab sich nach seiner Rettung auf eine lange Wanderschaft durch die Wüste. Gott selbst begleitete das Volk: tagsüber in einer große Säule aus Wolken und nachts in einer Feuersäule.

Das größte Problem in der Wüste war, Wasser zu finden. Wieder einmal erreichten die Israeliten mit letzter Kraft eine Wasserstelle. Doch das Wasser war bitter und man konnte es nicht trinken. Da beklagte sich das Volk lautstark bei Mose. Mose flehte zu Gott um Hilfe. Und Gott sagte zu Mose: „Nimm ein Stück Holz und wirf es ins Wasser." Mose tat es, und das Wasser schmeckte gut.

Die Israeliten wanderten weiter. Es war heiß und die Essensvorräte neigten sich dem Ende zu. Wieder murrten einige und machten Mose und Aaron Vorwürfe: „Warum sind wir nicht in Ägypten geblieben, da hatten wir wenigstens etwas zu essen." Auch Gott hatte ihre Klagen gehört und sagte zu Mose: „Ich werde Nahrung vom Himmel regnen lassen." Da tauchten Schwärme von Wachteln im Lager auf, die Israeliten brauchten die kleinen Vögel nur noch zu fangen. Am nächsten Morgen lagen überall weiße Kügelchen auf dem Boden, Manna genannt. Es war nahrhaft und schmeckte süß. Mose sagte den Israeliten: „Das ist das Brot, das Gott euch zu essen gibt."

Wieder einmal hielten sich die Israeliten in einer Gegend auf, in der es weit und breit kein Wasser gab. Wieder begannen sie zu schimpfen: „Wir haben kein Wasser mehr, sollen wir etwa in der Wüste verdursten? Wir hätten besser in Ägypten bleiben sollen!" Da wurde Mose ärgerlich: „Was soll das Gejammer? Bisher hat Gott uns doch immer geholfen, aber ihr habt überhaupt kein Vertrauen zu ihm. Das gefällt Gott ganz bestimmt nicht." Aber Gott sagte: „Mose, geh zum nächsten Berg und schlage mit deinem Stock gegen den Felsen." Mose tat es und sofort schoss Wasser heraus, so viel, dass es für alle im Überfluss reichte.

Bund, S. 200

Obwohl sich Gott sehr um sein Volk kümmerte, gab es immer wieder Streit. Es fehlten Regeln und Gesetze, wie die Israeliten miteinander umgehen sollten. Da befahl Gott Mose, auf den Berg Sinai zu steigen. Auf dem Gipfel gab Gott Mose zwei Steintafeln mit den Zehn Geboten. Die Zehn Gebote stehen für den Bund, den Gott mit seinem Volk schließt: Gott wird immer für sein Volk da sein, und das Volk Israel soll ihm vertrauen und seine Gebote einhalten.

Danach musste das Volk Israel noch lange weiter durch die Wüste ziehen. Erst ihre Kinder und Enkel konnten 40 Jahre später unter Josua, dem Nachfolger von Mose, das versprochene Land Kanaan besiedeln. Mose durfte am Ende seines Lebens das verheißene Land vom Berg Nebo aus noch sehen, selbst betreten durfte er es nicht mehr.

nach 2. Mose 15 – 5. Mose 34 (in Auszügen)

*Salvador Dalí:
Einsamkeit, 1931.*

1. ❖ Das Leben in der Wüste ist hart. Viele Israeliten haben sich den Auszug aus Ägypten einfacher vorgestellt. Es fällt ihnen schwer durchzuhalten. Tragt Entbehrungen und Gefahren zusammen, denen Menschen und Tiere in der Wüste ausgesetzt sind.

   Bildbetrachtung, S. 193

2. ❖ Erläutert, wie sich die Israeliten in Problemsituationen verhalten. Was dachten und empfanden sie? Was sagten sie zu Mose? Was erwarteten sie von Gott?

3. ❖ Wie half Gott den Israeliten in der Wüste? Nennt die einzelnen Situationen und die jeweiligen Hilfen Gottes.

   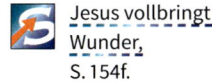
   Jesus vollbringt Wunder, S. 154f.

4. ❖ a) Manchmal gibt es im Leben Situationen, bei denen man sich auch wie in einer Wüste fühlt, nur ohne Sand.
   Wie in der Wüste können sich Menschen z. B. fühlen,
   – wenn sie krank sind;
   – wenn sie sehr traurig sind;
   – wenn sie einsam sind und keine Freunde haben;
   – ...
   Ergänze die Aufzählung.
   b) Sammelt Möglichkeiten, was diesen Menschen helfen und sie aus ihrer Wüste wieder herausführen kann. Was kann für sie ein Brunnen oder eine Oase sein?

Wissen und Können

Das weiß ich

▶ Da der Pharao befohlen hat, alle israelitischen Jungen sofort nach der Geburt zu töten, setzt seine Mutter den kleinen Mose in einem Schilfkörbchen am Nilufer aus. Die Tochter des Pharao findet ihn und nimmt ihn wie einen Sohn bei sich im Königspalast auf.

▶ Mose begeht einen Mord und flieht nach Midian. Am Berg Sinai begegnet Gott Mose in einem brennenden Dornbusch. Gott beauftragt ihn, das Volk Israel aus Ägypten herauszuführen.

▶ Der Pharao ist starrsinnig und will das Volk nicht gehen lassen. Plagen brechen über Ägypten herein. Erst als in allen ägyptischen Familien der älteste Sohn stirbt, gibt der Pharao nach und Mose führt das Volk Israel aus Ägypten in die Freiheit. Bis heute feiern Juden in Erinnerung daran das Passafest.

▶ Der Pharao sendet seine Armee hinter den Israeliten her, um sie zurückzuholen. Doch Gott teilt das Wasser des Schilfmeers und die Israeliten können gefahrlos ans andere Ufer ziehen. Als die Wassermassen wieder zusammenstürzen, ertrinkt die gesamte ägyptische Armee.

▶ Immer wieder hilft Gott seinem Volk in der Wüste. Er versorgt sie mit Wasser und Nahrung und hilft ihnen gegen Feinde. Auch heute noch hilft Gott Menschen, die ihm vertrauen.

▶ Auf dem Berg Sinai empfängt Mose von Gott die Zehn Gebote. Sie stehen für den Bund, den Gott mit seinem Volk schließt: Gott wird immer für sein Volk da sein, und das Volk Israel lebt dafür nach seinen Geboten.

▶ Nach 40 Jahren Wanderung in der Wüste zeigt Gott Mose am Ende seines Lebens vom Berg Nebo aus das versprochene Land. Unter Josua, dem Nachfolger von Mose, besiedelt das Volk Israel dann das Land Kanaan.

Das kann ich

A) Wichtige Ereignisse in Moses Leben

1. Die folgenden sechs Bilder zeigen wichtige Ereignisse im Leben Moses.
Schreibe kurz auf, um was es sich jeweils handelt.

B) Wüsten und Oasen

1. Gott verspricht, für sein Volk da zu sein. Nenne Beispiele, wer heute Gottes Hilfe brauchen könnte. Wie könnte sie aussehen?

C) Die Plagen

Erdbeben, Hagel, Frösche, Vulkanausbruch, Geschwüre, Stürme, Finsternis, Stechmücken, Feuer, Überschwemmung, Heuschrecken

1. Bis der Pharao das Volk Israel endlich ziehen lässt, schickt Gott mehrere Plagen. Welche der folgenden Plagen waren dabei?

D) Auszug aus Ägypten

1. Zur Erinnerung an den Auszug aus Ägypten feiern Juden jedes Jahr das Passafest. Am Sederabend gibt es Speisen, die an die Sklaverei in Ägypten erinnern.
Nenne zwei verschiedene Speisen. An was sollen sie erinnern?

E) Gott hilft seinem Volk

1. Auf der langen Wanderschaft durch die Wüste hilft Gott immer wieder seinem Volk. Nenne dafür zwei Beispiele.

Schluss-Check

Überlegt gemeinsam:
▶ Das war (mir) wichtig in diesem Kapitel: …
▶ Das sollte man sich merken: …
▶ Gibt es etwas, das noch geklärt werden muss?

David

Vom kleinen Hirtenjungen zum größten König Israels

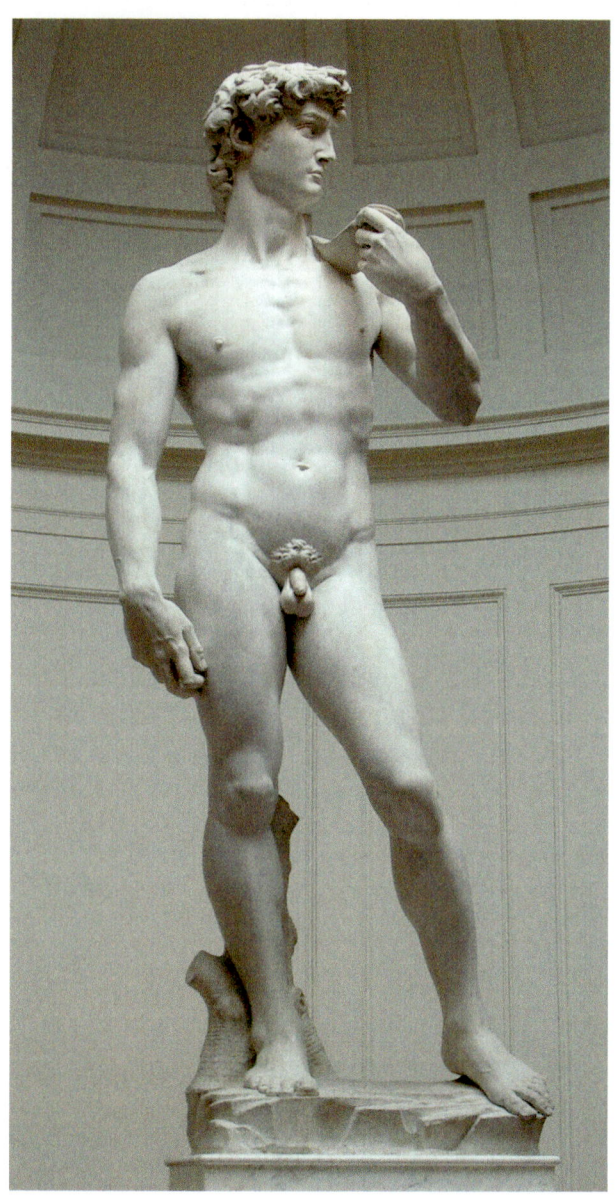

Michelangelo: David, 1501-1504.

- ▪ Wer war David?

- ▪ Wie kann ein Kleiner einen Großen besiegen?

- ▪ Kann ein Mörder und Ehebrecher ein guter König sein?

- ▪ Gott erfüllt einen Wunsch. Was soll man sich da wünschen?

Das Volk Israel im Land Kanaan

Die Israeliten wohnten nun schon lange in Kanaan. Sie bestellten hier ihre Felder und züchteten Vieh. Dies war das Land, das Gott ihnen versprochen hatte. Doch immer wieder wurden sie von feindlichen Völkern angegriffen. Vor allem die Philister fügten den Israeliten einige schwere Niederlagen zu.

1. ❖ Tragt zusammen, was ihr über David wisst.

2. ❖ Israel ist nach der biblischen Erzählung Josua 13-21 in zwölf Stämme unterteilt, die nach den zwölf Söhnen Jakobs benannt sind. Man kann sie unterteilen in die Südstämme und die Nordstämme. Das Gebiet der Südstämme umfasst Juda und Simeon. Der Priesterstamm Levi hat kein Land. Tragt die Stämme zusammen, die das Nordreich Israel umfasst.

3. ❖ a) Schreibe die Städte, nach Südreich und Nordreich geordnet, in dein Heft.
   b) In welchem Stammesgebiet liegen folgende Städte: Bethlehem | Silo | Jericho

4. ❖ Welche Völker leben an den Grenzen Israels?

Das Volk Israel will einen König

Immer wieder greifen Nachbarvölker die Israeliten an. Sie zerstören immer wieder die Häuser und Ernten. Manche haben Waffen aus Eisen. Viele von ihnen haben bereits einen König, der sie führt.
Die Israeliten wollen nun auch einen König haben. Aus diesem Grund beruft der Prophet Samuel eine Versammlung ein, die darüber entscheiden soll. Aus jedem der zwölf Stämme nimmt ein Vertreter daran teil.

1. ❖ Benennt drei Gründe, warum die Philister den Israeliten im Kampf überlegen waren.
2. ❖ Wertet die Argumente aus: Sammelt in einer Tabelle: Welche Argumente sprechen für und welche gegen einen König? Welches Argument ist wahrscheinlich für den Propheten Samuel am wichtigsten?
3. ❖ Wie ist die Abstimmung ausgegangen?
4. ❖ Israel will einen König. Sammelt in Partnerarbeit Eigenschaften, die ein guter König eurer Meinung nach haben sollte.

Ausgerechnet der Kleinste!

Aus Davids Tagebuch

Name: David
Alter: 13
Wohnort: Bethlehem
Stamm: Juda
Beruf: Schafhirte bei meinem Vater
Geschwister: 7 ältere Brüder
Was ich gut kann: Harfe- und Flötespielen, Lieder und Psalmen komponieren und singen, Jagen mit der Schleuder
Größtes Abenteuer: Meine Schafe gegen einen Löwen verteidigt

Montag, 12. März, 1023 v.Chr.
Heute großes Fest – mit Musik und Tanz! Debora hat gefragt, ob wir zusammen hingehen können. 😍 Vielleicht darf ich Harfe spielen – ich habe extra ein neues Lied komponiert.
Zum ersten Mal in der Geschichte unseres Volkes haben wir einen König! Nachdem der Prophet Samuel auf Gottes Weisung hin Saul schon vor einiger Zeit zum König gesalbt hatte, wurde Saul heute auch von allen zwölf Stämmen zu unserem König gewählt.
Saul ist super: groß, stark und gewinnt immer, weil Gott ihm hilft. Alle wollen für ihn kämpfen. Jetzt können die Philister kommen. 😬

Donnerstag, 17. September, 1023 v.Chr.
Schon wieder eine Siegesfeier! Weil Gott auf seiner Seite ist, gewinnt Saul mit seinem Heer alle Schlachten. Nachdem er bereits die Ammoniter, die Moabiter, die Edomiter und die Amalekiter besiegt hat, hat er jetzt auch unsere schlimmsten Feinde, die Philister verjagt. Super Saul! 🙂

Dienstag, 5. Mai, 1022 v.Chr.
Schlimme Zeiten! 😒 Alles hat sich plötzlich geändert. Saul war gegen Gott ungehorsam und ist krank geworden. Er bekommt häufig Anfälle und Depressionen. Wir verlieren viele Kämpfe. Die Philister erobern immer mehr Land von uns und töten unsere Soldaten. 😠 Wenn ich doch nur schon älter wäre, dass ich mitkämpfen könnte. Meine Freunde und ich würden es den Philistern schon zeigen. 😉

Mittwoch, 25. Oktober, 1022 v.Chr.
Heute ist etwas ganz Merkwürdiges passiert. Weil ich fast den ganzen Tag bei den Schafen war, habe ich von allem nur den Schluss mitbekommen. Aber meine Brüder haben mir

alles erzählt. Heute Morgen ist völlig überraschend der Prophet Samuel auf unseren Hof gekommen. Er sagte zu meinem Vater: „Ich will Gott ein Opfer bringen. Hole dazu auch alle deine Söhne herbei." Dann ließ sich Samuel alle meine Brüder vorstellen. Jeden einzelnen von ihnen schaute er lange und irgendwie prüfend an. Es war, als ob Samuel dabei auf eine innere Stimme hören würde. Und jedes Mal schüttelte Samuel den Kopf und murmelte: „Nein, auch ihn hat Gott nicht erwählt."
Schließlich fragte Samuel meinen Vater: „Sind das alle deine Söhne?" Mein Vater antwortete: „Nein, unser Jüngster fehlt noch. Aber der ist doch noch viel zu klein. 😖
Er hütet auf dem Feld die Schafe." Doch Samuel sagte etwas Eigenartiges: „Für die Menschen ist wichtig, was sie mit ihren Augen sehen. Gott aber sieht das Herz eines Menschen an."
Da ließ mein Vater mich holen. Auch mich blickte Samuel prüfend an. Wieder war er ganz in sich versunken. Doch plötzlich ließ er mich niederknien. Er holte ein Widderhorn, gefüllt mit Öl, aus seiner Tasche und goss etwas davon auf meine Haare. Samuel, der Prophet Gottes, salbte mich!!! Was hat das zu bedeuten? Was hat Samuel mit mir vor?
Oder hat gar Gott Pläne mit mir? 😐 😐 😐

Freitag, 19. November, 1022 v.Chr.
Meine ganze Familie, besonders aber mein Vater, machen sich große Sorgen um mich. Alle meinen, dass Samuel mich zum künftigen König von Israel gesalbt hat. 🙂 Meine Brüder befürchten nun, dass ich eingebildet werden und mich für etwas Besseres halten könnte. Aber wenn ich nun halt mal König werden soll… 😋 Mein Vater sagt, wenn Saul erfährt, dass Samuel mich als seinen Nachfolger ausgewählt hat, lässt er mich sofort umbringen, damit er an der Macht bleiben kann. 🤢

Donnerstag, 5. Februar, 1021 v.Chr.
Eine Katastrophe! Soldaten von Saul sind gekommen, um mich an seinen Hof zu holen. 😟
Angeblich soll ich Saul bei seinen Anfällen mit meinem Harfenspiel aufheitern. Ob das alles nur eine Falle ist? Wird Saul mich töten? Werde ich meine Familie und meine Heimat je wiedersehen? 😞
Vielleicht hat ja auch alles sein Gutes, und ich lerne ein paar neue Freunde oder Freundinnen 😋 kennen. Auf jeden Fall vertraue ich darauf, dass Gott mir hilft. 🙂 🙂 🙂

1. ❖ Bei der Königsherrschaft von Saul kann man zwei Phasen unterscheiden. Beschreibt diese beiden Phasen und nennt den Wendepunkt.

2. ❖ David hat in sein Tagebuch kleine Emoticons gezeichnet. Erkläre diese Emoticons in Bezug auf die jeweiligen Einträge.

3. ❖ David hat auch kleine Bilder in sein Tagebuch gemalt. Zeichne diese Bilder in dein Heft und beschreibe jeweils mit einem Satz, was sie mit David zu tun haben, z.B. : David kann gut mit der Schleuder umgehen.

4. ❖ Samuel sagt: „Für die Menschen ist wichtig, was sie mit ihren Augen sehen. Gott aber sieht das Herz eines Menschen an." Erkläre diesen Satz in eigenen Worten.

5. ❖ Gott achtet auf das Tun und das Herz der Menschen. Welche Werte sind wohl für Gott wichtig? Wähle passende Adjektive aus. Male ein Herz in dein Religionsheft und schreibe passende Adjektive in das Herz. Ergänze weitere Begriffe, die für Gott wichtig sein könnten. Begründe deine Auswahl.
gerecht • stark • berühmt • beliebt • hilfsbereit • mächtig • sportlich • ehrlich • hübsch • gehorsam • vornehm • reich • bescheiden • klug • …

Heftführung, S. 196

Davids schönster Psalm

Esben Hanefelt Kristensen: Psalm 23, 1992.

1. ❖ Der Künstler Esben Hanefelt Kristensen hat Psalm 23 als Bild gemalt. Beschreibe, was du darin entdecken kannst.

Psalm 23

Psalmen sind Lieder, in denen es um Gott geht. Viele Psalmen werden David zugeschrieben. Sie beschreiben seine Erfahrungen, seine Freude und seine Sorgen, seine Verzweiflung und seinen Dank gegenüber Gott.
Sein bekanntester Psalm ist der Psalm 23, der Psalm vom guten Hirten. Viele Menschen auf der ganzen Welt können diesen Psalm auswendig.

> Der Herr ist mein Hirte,
> mir wird nichts mangeln.
>> Er weidet mich auf einer grünen Aue
>> und führet mich zu frischem Wasser.
> Er erquicket meine Seele.
> Er führet mich auf rechter Straße um seines Namens willen.
>> Und ob ich schon wanderte im finstern Tal,
>> fürchte ich kein Unglück; denn du bist bei mir,
>> dein Stecken und Stab trösten mich.
> Du bereitest vor mir einen Tisch
> im Angesicht meiner Feinde.
> Du salbest mein Haupt mit Öl
> und schenkest mir voll ein.
>> Gutes und Barmherzigkeit werden mir folgen mein Leben lang,
>> und ich werde bleiben im Hause des Herrn immerdar.

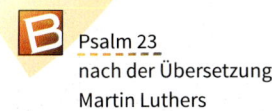

B Psalm 23 nach der Übersetzung Martin Luthers

1. ❖ **Lest die Abschnitte des Psalms absatzweise im Wechsel (Mädchen / Jungen, 5. Klasse / 6. Klasse, …).**

2. ❖ **Was will David mit diesem Text sagen? Welche Erfahrungen könnte der Verfasser mit Gott gemacht haben, dass er so schreiben kann?**

3. ❖ **Sammelt Gründe, warum dieser Psalm vielen Menschen sehr viel bedeutet.**

4. ❖ **Gibt es Situationen in deinem Leben, die dich an einzelne Verse dieses Psalms erinnern?**

5. ❖ **Die folgenden Gedanken passen zu den einzelnen Abschnitten von Psalm 23. Ordne sie jeweils zu.**

   A) Oft weiß ich nicht, was ich machen soll. Da bin ich froh um jemanden, der mich führt und mir die Richtung zeigt.
   B) Ich bin froh, wenn ich jemand habe, der für mich sorgt.
   C) Es gibt Zeiten in meinem Leben, da fühle ich mich wie in einer Wüste, allein und durstig. Da ist es gut, wenn sich eine Oase vor mir auftut, aus der ich neuen Mut schöpfen kann.
   D) Es gibt Menschen, die mich ärgern und schikanieren. Oft fällt es mir nicht leicht, solche Feindseligkeiten zu ertragen. Aber weil ich jemanden habe, der immer zu mir hält, gibt mir das so viel Kraft, dass ich das aushalten kann.
   E) Ich kann darauf vertrauen, dass ich bei Gott gut aufgehoben bin, mein ganzes Leben lang.
   F) Manchmal geht es mir ganz schlecht und ich weiß überhaupt nicht mehr, wie es weitergehen soll. Aber so schlimm es auch ist, ich kann darauf vertrauen, dass jemand da ist, der sich um mich kümmert.

Davids Weg zum Königsthron

Ein Wunder: Hirtenjunge besiegt Philister-Killermaschine

Socho/Juda. Jubel im Lager der Israeliten: Die übermächtigen Philister sind überraschend geschlagen, der riesige Goliat wurde getötet, von einem unbedeutenden Hirtenjungen namens David. Schlecht stand es um das israelitische Heer. Tag für Tag, morgens und abends, fordert der furchtbare Riese Goliat mit seiner schweren Rüstung und seinen riesigen Waffen uns heraus: „Ihr Schlappschwänze, ihr Muttersöhnchen, ihr Knechte Sauls! Wählt euren besten Mann aus und schickt ihn her zu mir. Wenn er mich töten kann, dann werden wir eure Sklaven sein. Aber wenn ich ihn erschlage, sollt ihr unsere Sklaven sein. Wo ist der Mann, der es mit mir aufnehmen kann? Ihr Feiglinge, wo bleibt denn euer Gott?" Trotz der hohen Belohnung (Königstochter zur Ehefrau, Steuerfreiheit für die ganze Familie) traut sich keiner unserer Soldaten. Bis auf den Hirtenjungen David, der zufällig in unserem Heerlager war. „Ich kämpfe im Namen Gottes!" Mit diesen Worten tritt er vor, ohne Panzer, Helm und Schwert – nur mit einer Steinschleuder bewaffnet. Als Goliat David sieht, lacht er laut – Sekunden später ist er tot. Mit einem Stein trifft David ihn an der Schläfe. Er fällt zu Boden und blitzschnell ist David über ihm, nimmt sein Schwert und schlägt ihm den Kopf ab. Die Philister sind geschockt und fliehen.

David zum schlimmsten Feind übergelaufen?

Auf seiner Flucht vor Saul hat sich David ausgerechnet zu den Philistern abgesetzt. Er kämpft nun mit seinen Männern für den König der Philister. Dafür bekommen er und seine Freunde Nahrung und Unterkunft. Die wichtigste Bedingung Davids soll allerdings gewesen sein, dass er nie gegen sein Volk Israel kämpfen muss.

David – unser neuer Nationalheld?

Nachdem unser neuer Heerführer David mit seinen Soldaten die Philister vernichtend geschlagen hatte, wurde er gestern wie ein König in Jerusalem empfangen. Das ganze Volk jubelte ihm zu und sang Sauls altes Siegeslied mit einem neuen Text: „Saul hat tausend erschlagen, David aber zehntausend." Ob das Saul gefallen hat?

David auf der Flucht

Wie heute bekannt wurde, ist David aus dem Königshof geflohen. Er soll sich mit Freunden in den Bergen versteckt halten.

Angeblich versuchte Saul seinen obersten Heerführer und Schwiegersohn David zu töten – aus Eifersucht. „Er hat die Begeisterung über David nicht mehr ertragen und war beleidigt, weil die Menschen David lieber mochten als ihn", heißt es aus gut informierten Kreisen. Ausgerechnet Sauls Sohn Jonatan soll David gewarnt und zur Flucht verholfen haben. Offensichtlich verbindet beide eine tiefe Freundschaft.

Es lebe König David

Nachdem Saul in der Schlacht gegen die Philister getötet wurde, haben sowohl die Südstämme (Israel) als auch die Nordstämme (Juda) David einstimmig zum neuen König gewählt. Wie erst jetzt bekannt wurde, hat der Prophet Samuel in Gottes Auftrag David schon vor Jahren zum König gesalbt.

Harfentherapie für Saul

David, ein Hirtenjunge aus Bethlehem und super Harfenspieler, ist seit heute an unserem Königshof. Bekannt wurde David besonders durch seinen Psalm „Der Herr ist mein Hirte". David soll mit seinem Harfenspiel die Nerven von König Saul beruhigen. Hoffentlich klappt's!

---

1. ❖ Ordnet die Überschriften in der richtigen zeitlichen Reigenfolge.

2. ❖ Warum wagt es David, gegen Goliat zu kämpfen? Warum konnte er den Kampf gewinnen?

3. ❖ a) Diskutiert, welche Gefühle und Gedanken David vor dem Kampf durch den Kopf gegangen sein könnten.
   b) David betet. Warum betet er und was könnte er gebetet haben?

König David macht einen großen Fehler

König David – Mörder und Ehebrecher

„Ich bin der Prophet Nathan. Ich muss dafür sorgen, dass die Gebote Gottes eingehalten werden. Und jetzt habe ich Angst – Todesangst! Wenn David erfährt, was ich herausgefunden habe, bin ich in größter Gefahr. Es gibt keinen Zweifel mehr: Unser geliebter König David ist ein Mörder und Ehebrecher. Die Beweise sind unerschütterlich. Was soll ich bloß machen?"

Beweis:
2. Februar, 975 v.Chr., morgens

David beobachtet fremde Frau beim Baden

Nachforschung:
Bei der Frau handelt es sich um Batseba, die Ehefrau des Offiziers Uria. Uria ist seit längerem mit seinem Heer im Krieg gegen die Ammoniter.

Beobachtung:
2. Februar, 975 v.Chr., abends: Ein Diener holt Batseba in den Königspalast. Batseba verlässt den Königpalast erst wieder am nächsten Morgen.

Herz am Baum D + B

Beobachtung:
30. März, 975 v.Chr.: Batseba trifft sich mit David. Sie scheint ihm etwas Wichtiges mitzuteilen. Beide sind aufgeregt! Was könnte sie ihm nur gesagt haben?

Beobachtung:
25. August, 975 v. Chr.: Komisch, Batseba scheint immer dicker zu werden.

Brief (wurde mir heimlich zugespielt):
Jerusalem, 30. August, 975 v. Chr. Streng geheim! An meinen Hauptmann Joab! Greift die Ammoniter an! Stelle den Offizier Uria dorthin, wo der Kampf am gefährlichsten ist! Zieht euch dann plötzlich zurück! Lasst Uria im Stich, damit er vom Feind getötet wird!
König David

Todesanzeige:
15. September, 975 v. Chr.: Der Offizier Uria ist im Kampf gegen die Ammoniter gefallen.

Geburtsanzeige:
2. November, 975 v. Chr.: Batseba wird heute von einem gesunden Baby entbunden. Es ist ein Junge.

Beobachtung:
15. September, 974 v. Chr. David heiratet Batseba.

1. ❖ Wertet die Beweisstücke von links nach rechts aus. Beschreibt, was genau passiert ist. Gegen welche der Zehn Gebote hat David verstoßen?

2. ❖ Nathan will die Ergebnisse seiner Untersuchungen veröffentlichen. Verfasse einen kurzen Bericht für Nathan. Beginne so: *Ich, Nathan, der Prophet Gottes, bin folgendem Verbrechen auf die Spur gekommen ...*

3. ❖ Nathan hat Todesangst: Was könnten die Gründe dafür sein?

4. ❖ Stell dir vor, du bist der Prophet Nathan und hast das Verbrechen von König David entdeckt. Was würdest du machen? Begründe deine Entscheidung.

Strafe und Vergebung

Nathan geht zu David. „Ich will dir eine Geschichte erzählen", beginnt Nathan. „In einer Stadt leben zwei Männer. Einer ist reich. Er lebt in einem großen Gutshof und besitzt viele Schafe und Rinder. Der andere ist arm. Er hat nur ein einziges kleines Lamm. Er versorgt es liebevoll und zieht es zusammen mit seinen Kindern groß. Es darf in seiner Hütte wohnen und spielt mit seinen Kindern. Wenn es müde ist, nimmt er es auf seinen Schoß. Es ist für ihn wie ein eigenes Kind. Eines Tages bekommt der reiche Mann Besuch. Er will seinem Gast ein gutes Essen vorsetzen. Weil er aber keines seiner Schafe hergeben will, nimmt er dem armen Mann sein einziges Schäfchen weg und schlachtet es."

David springt auf und ruft: „Das ist eine Gemeinheit. Ich bin der König, und ich befehle, dass der reiche Mann mit dem Tode bestraft wird!"

Nathan erwidert: „Dieser Mann bist du!"

David starrt den Propheten mit weit aufgerissenen Augen an. Lange steht er so da. Es dauert einige Zeit, bis er alles begriffen hat. Dann bricht er zusammen, fällt auf seine Knie, verbirgt das Gesicht in seinen Händen und weint.

„Ich habe Gottes Gebote übertreten, ich habe gesündigt", sagt er schließlich. „Ich habe mir selbst das Todesurteil gesprochen."

Nathan erwidert: „Wenn du deine Schuld einsiehst und bereust, vergibt dir Gott. Er verzeiht dir und lässt dich am Leben."

Der Sohn, den Batseba von David bekam, wurde krank und starb. David und Batseba waren darüber sehr traurig. Nach einiger Zeit bekamen sie einen zweiten Sohn. Sie nannten ihn Salomo.

nach 2. Samuel 12,1-25

1. ❖ a) Fasse die Geschichte, die Nathan David erzählt, in eigenen Worten zusammen.
   ❖ b) Nathan erzählt David ein Gleichnis. Warum sagt er ihm nicht direkt, was er will?
   ❖ c) Was hat das Gleichnis mit David zu tun? „Übersetzt" es in folgender Tabelle, indem ihr die Bedeutungen richtig zuordnet:

Gleichnis, S. 201

Gleichnis von Nathan	David
Armer Mann	
Dessen einziges Lamm	
Reicher Mann	
Reicher Mann nimmt armem Mann Lamm weg	
Strafe: Todesurteil für den reichen Mann	

Offizier Uria • Seine Ehefrau Batseba • König David • David nimmt Uria die Ehefrau weg • Todesurteil für David

❖ d) David hat große Schuld auf sich geladen. Diskutiert die Frage: Warum hält Gott trotzdem noch an ihm fest?

Der weise König Salomo

Salomos Traum

Salbung, S. 203

David war 40 Jahre lang König in Israel. Als er starb, wurde sein Sohn Salomo König. Salomo aber war noch jung und machte sich große Sorgen. Sicher, David, sein Vater, hatte ihn zu seinem Nachfolger bestimmt, und der Priester hatte ihn gesalbt. Ob er deshalb aber schon ein guter König sein würde? Was musste er tun, damit er ein guter König würde? Wie sollte er nur die Verantwortung für ein ganzes Volk tragen? Da erschien ihm Gott im Traum und sprach zu ihm: „Bitte etwas von mir, das ich dir geben soll!" „Ach Herr", antwortete Salomo, „du hast mich zum König gemacht. Aber ich bin noch so jung, ich habe keine Erfahrung. Darum bitte ich dich: Gib mir ein gehorsames Herz. Lass mich verstehen und tun, was du willst, dann werde ich ein weiser und gerechter König sein."

Das gefiel Gott. „Ich freue mich, dass du dir nicht ein langes Leben gewünscht hast, auch nicht Reichtum oder den Sieg über deine Feinde", sagte Gott. „Ich will dir geben, worum du gebeten hast: kluge Gedanken und ein weises, gehorsames Herz. Und alles, worum du nicht gebeten hast, will ich dir noch dazu geben: Reichtum und Ehre. Auch ein langes Leben will ich dir schenken, wenn du dich an meine Gebote hältst."

Tempel, S. 203

Als Salomo am Morgen aufwachte, war ihm alles noch genau in Erinnerung. Er dankte Gott und ging zurück nach Jerusalem. Jetzt wollte er mit der großen Aufgabe beginnen, die sein Vater David ihm aufgetragen hatte: Er wollte für Gott einen Tempel bauen.

nach 1. Könige 3,5-15

1. ❖ Sammelt Beispiele, was Salomo sich alles von Gott hätte wünschen können.

2. ❖ Gestaltet zwei Hefteinträge zu folgenden Überschriften: „Das hat sich König Salomo von Gott gewünscht", und „Das verspricht Gott Salomo".

Ein salomonisches Urteil

Gerichtsprotokoll: Richter: König Salomo
Vor Gericht erschienen: Zwei Frauen

Salomo: Tretet vor. Was ist euer Anliegen?
Erste Frau: König Salomo! Diese Frau und ich wohnen im gleichen Haus. Vor kurzem brachte ich einen Sohn zur Welt. Zwei Tage später bekam auch jene Frau einen Sohn. Aber eines Nachts, als sie sich im Schlaf im Bett drehte, erdrückte sie ihr Kind. Es starb. Da stand sie auf, nahm mir meinen Sohn heimlich weg und legte ihren toten Jungen neben mich. Ich merkte den Betrug erst am anderen Morgen, als ich meinem Sohn zu trinken geben wollte. Ich sah sofort, dass der tote Knabe nicht mein Kind war.
Zweite Frau: Sie lügt! Das lebende Kind ist mein Sohn. Das tote Kind ist ihr Sohn.
Handgemenge zwischen den Frauen, wüste gegenseitige Beschimpfungen.
Salomo: Jede von euch behauptet das Gleiche. Aber niemand weiß, welche von euch die Wahrheit spricht. – Diener! Hol ein Schwert!
Der Diener kommt mit einem großen Schwert.
Salomo: Hau das lebende Kind in zwei Teile und gib jeder Frau eine Hälfte!
Zweite Frau: Das ist gerecht. Was der König befohlen hat, soll geschehen.
Erste Frau *schreit entsetzt*: Nein, König Salomo! Gib das Kind der anderen Frau, aber lass es am Leben.
Salomo: Töte das Kind nicht! Gib es der ersten Frau! Sie wollte nicht, dass es sterben sollte. Sie ist die wirkliche Mutter!

nach 1. Könige 3,16-27

1. ❖ Gebt den Konflikt, wegen dem sich die beiden Frauen an König Salomo wenden, in eigenen Worten wieder.

2. ❖ Warum sagt Salomo, dass das Kind getötet werden soll?

3. ❖ König Salomo hat eine weise Entscheidung getroffen. Begründe diese Aussage.

4. ❖ Schreibt einen kurzen Zeitungsartikel über die Gerichtsverhandlung. Überschrift: „Ein salomonisches Urteil".

Wissen und Können

Das weiß ich

▶ Weil König Saul ungehorsam gegen Gott war, wendet sich Gott ab von Saul und beauftragt den Propheten Samuel, den Hirtenjungen David zum neuen König zu salben. Wenig später kommt David als Harfenspieler und Waffenträger an den Königshof von Saul.

▶ Das Volk Israel wird von den Philistern und dem Riesen Goliat bedroht. David kann Goliat besiegen, weil er auf Gott vertraut. Weil David beim Volk sehr beliebt ist, wird Saul eifersüchtig auf David und versucht ihn zu ermorden.

▶ Als Saul im Kampf gegen die Philister getötet wird, wählen die zwölf Stämme David zum neuen König. Er erobert die Stadt Jerusalem und macht sie zu seiner Hauptstadt. Von Jerusalem aus regiert er über 30 Jahre. David gilt als der größte König Israels.

▶ David schreibt in seinem Leben viele Lieder, auch Psalmen genannt. Sein bekanntester Psalm ist der Psalm 23 über den guten Hirten.

▶ Doch David macht auch einen großen Fehler. Er begeht Ehebruch mit Batseba und lässt Uria, ihren Ehemann, töten. Gott zieht David zur Verantwortung. David bekennt seine Schuld und bekommt Vergebung von Gott.

▶ Nach Davids Tod wird sein Sohn Salomo, Batsebas zweiter Sohn, sein Nachfolger. König Salomo ist ein kluger und weiser König. Er lässt in Jerusalem für Gott einen Tempel bauen.

Das kann ich

A) Könige in Israel

1. Nenne die drei ersten Könige Israels in der richtigen zeitlichen Reihenfolge.

B) David wird König

- David tötet Goliat.
- David befehligt eine Soldatentruppe bei den Philistern.
- David, ein Hirtenjunge aus Bethlehem, wird von Samuel zum König gesalbt.
- David wird Heerführer bei Saul.
- Nach Sauls Tod wird David König.
- David kommt an den Königshof und spielt Harfe vor König Saul.
- David ist auf der Flucht vor Saul.

1. Ergänze den folgenden Satz, den Samuel bei der Salbung Davids sagt:
   Für die Menschen ist wichtig, was sie mit ihren Augen sehen. Gott aber ...

2 Schreibe die nebenstehenden Stationen auf Davids Weg zum Königsthron in der richtigen Reihenfolge in dein Heft.

C) Psalm 23

1. Welcher Absatz aus Psalm 23 passt zu diesem Bild?
2. Beschreibe eine Situation aus deinem Leben, die zu diesem Bild passen könnte.

D) Der Prophet Nathan besucht David

Was hat Nathan im Auftrag Gottes David zu sagen?
- Nathan erzählt dem König von seinem bösen Nachbarn, der ihm ein kleines Schaf weggenommen hat.
- Nathan warnt den König davor, seine Macht zu missbrauchen.
- Nathan sagt dem König, dass er ein Mörder geworden ist, um Urias Frau zu bekommen.
- Nathan sagt dem König, dass er wegen seiner Schuld sterben muss.

Wie reagiert David?
- Er schickt Nathan weg.
- Er bekennt sich schuldig.
- Er lässt den bösen Nachbarn ins Gefängnis werfen.
- Er beschuldigt Batseba, ihn verführt zu haben.

1. Welche der folgenden Aussagen sind richtig?

E) König Salomo

Richter: _____
Vor Gericht erschienen: _____
Grund der Klage: _____
Erstes Urteil: _____
Zweites Urteil: _____
Begründung: _____

1. Nach dem Gerichtsprozess mit den beiden Frauen muss der Schriftführer ein Protokoll über die Verhandlung führen. Wie muss er das Formular ausfüllen?

Schluss-Check

Überlegt gemeinsam:
▶ Das war (mir) wichtig in diesem Kapitel: ...
▶ Das sollte man sich merken: ...
▶ Gibt es etwas, das noch geklärt werden muss?

SPEICHERN

Jesus

Wer ist Jesus überhaupt?

- Wer war der Vater von Jesus? Josef oder Gott?
- Wie lebte Jesus als Kind?
- War Jesus Jude oder Christ?
- Was hat Jesus denn Besonderes getan?
- Ist Jesus Mensch oder Gott?
- Wie war das mit Jesu Tod und seiner Auferstehung?

Jesus lebte vor 2000 Jahren.
Keiner weiß heute, wie er aussah.
Und doch kennt man ihn überall auf der ganzen Welt.

1. ❖ Was hast du bereits über Jesus gehört? Nenne Geschichten von Jesus, die dir bereits bekannt sind. Die Bilder können dir dabei helfen.

2. ❖ Könntest du dir vorstellen, auch so ein Jesus-T-Shirt zu tragen wie das Mädchen auf dem Foto? Begründe deine Meinung.

3. ❖ Stell dir vor, du würdest jemanden treffen, der alles über Jesus weiß: alles über seine Kindheit, alles darüber, wie er gelebt hat, alles über seine Botschaft, die er verkündet hat, und darüber, wie er gestorben ist. Formuliere Fragen, die du diesem Experten stellen würdest.

4. ❖ Bei uns gibt es heute viele Gedenktage, an denen wir uns an wichtige Ereignisse im Leben von Jesus erinnern. Erkläre, an was wir uns an den Feiertagen auf den Kalenderblättern erinnern!

Jesus lebt in Israel

Ein Dorf in Israel zur Zeit Jesu

Jesus kommt aus Nazareth

Jesus lebte vor mehr als 2000 Jahren in Israel. Er wuchs in dem Dorf Nazareth auf. Damals lebten die Menschen in **Ein-Raum-Häusern**. Auf dem **flachen Dach** konnte man arbeiten und schlafen. Da der Regen das Lehmdach weich machte, stand dort auch eine **Dachwalze**, mit der man den Lehm immer wieder festrollte. Die **Fenster** waren sehr klein. Licht wurde durch **Öllampen** erzeugt. Vorräte wurden in **Körben** oder in **Krügen aus Ton** gelagert, denn der Ton war kühl und hielt die Nahrung frisch. Mit einer **Handmühle** mahlte man das Korn zu Mehl für das Brot. Der Teig wurde geknetet, und ein **kleiner Ofen** diente zum Kochen und Backen. Das Brennmaterial war **Holz**. Gegessen wurde mit der Hand aus einer **Schüssel**. Abends legte man sich aufs Dach zum Schlafen, weil es dort im Sommer kühl war. Jesus war Sohn eines **Zimmermanns** und hat vermutlich auch sehr früh diesen Beruf gelernt. Kinder hatten damals kaum Zeit zum **Spielen**. Sie mussten im Haushalt, auf dem Feld oder in der Werkstatt mitarbeiten.

1. ❖ Suche auf dem Wimmelbild nach den fett gedruckten Begriffen.

2. ❖ Auf dem Bild sind elf Berufe dargestellt, die es zur Zeit Jesu gab.
   Welche Berufe erkennst du?

3. ❖ Was entdeckst du noch auf dem Bild?

4. ❖ Der elfjährige Jesus legt sich ein Freundebuch an.
   Auf der ersten Seite muss er einen Steckbrief mit folgenden Angaben ausfüllen:

Jesus-Freundebuch
- Name
- Was bedeutet mein Name
- Eltern
- Beruf des Vaters
- Geburtsort
- Wohnort
- Religion
- Hobbys
- Lieblingsessen
- Mein größter Wunsch

**Was wird Jesus wohl eingetragen haben?
Die folgenden Angaben können dir dabei helfen. Begründe deine Auswahl.**

Annegret • Gott hilft • Oguz und Aylin Yildiz • Vater Gott • der mit der starken Faust • Jesus • Mutter Maria • Pizza • Stiefvater Josef • Stuttgart • Bethlehem • Christ • Nazareth • Playstation spielen • Lammbraten • Judentum • mit Holz arbeiten • dass der BVB Meister wird • Lesen • LKW-Fahrer • Zimmermann • Friede auf Erden

Jesus – ein jüdischer Junge aus Nazareth

Auszüge aus Marias Tagebuch

Wir sind immer noch in Bethlehem. Die Geburt von unserem kleinen Jesus ist nun schon acht Tage her und heute war wieder ein wichtiger Tag. Denn heute wurde Jesus beschnitten, und er bekam auch offiziell seinen Namen. „Jesus" bedeutet „Gott hilft". Jetzt ist Jesus ein richtiger Jude! Langsam hab ich genug von dem Stall und ich bin froh, wenn wir wieder daheim in Nazareth sind.

Heute ist Jesus mit den anderen Fünfjährigen in die Schule gekommen. Die Schule befindet sich in der Synagoge. Gottseidank ist der Rabbi, d.h. der Lehrer, ein Netter. Jesus lernt dort vor allen Dingen die Tora, unsere heilige Schrift. Hoffentlich macht er nicht so viel Unsinn …

Endlich wieder Sabbat! Ich bin immer froh, wenn am Freitagabend unser Ruhetag beginnt. Bis Samstagabend überhaupt keine Arbeit! Wie jeden Sabbat gehen wir morgen mit Jesus und seinen jüngeren Geschwistern in die Synagoge zum Gottesdienst und zum Beten. Jesus kann schon fast alle Gebete auswendig.

Dieses Jahr wollen wir mit vielen anderen das Passafest in Jerusalem feiern und morgen geht es los! Wir sind alle schon aufgeregt. Hoffentlich ist die lange Wanderung — Josef rechnet mit sieben Tagen — nicht zu anstrengend für unseren Jesus. Aber er freut sich riesig drauf und kann es kaum erwarten, endlich den Tempel in Jerusalem zu sehen.

Wir sind wieder zu Hause! Die acht Tage beim Passafest in Jerusalem waren toll. Das Wetter war gut und Jesus war von allem ganz begeistert. Aber auf dem Heimweg gab es eine große Aufregung: Jesus war plötzlich verschwunden! Am Anfang hatten wir es gar nicht bemerkt. Wir hatten gedacht, dass Jesus mit den Verwandten und deren

Tempelanlage:
- A Vorhof der Nichtjuden
- B Das Allerheiligste
- C Das Heilige
- D Vorhof der Priester
- E Vorhof der (israelitischen) Männer
- F Vorhof der (israelitischen) Frauen

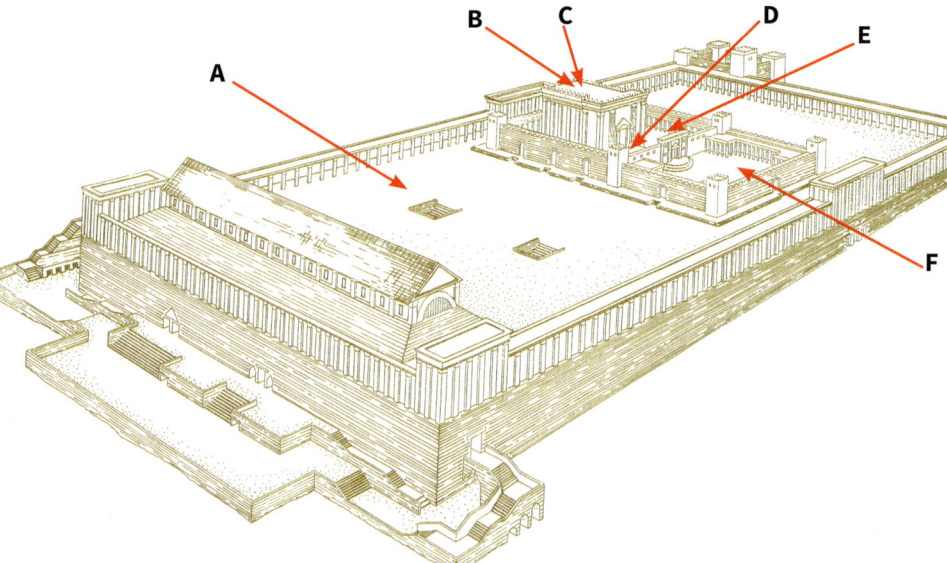

Kindern vorausgegangen ist. Aber als es Abend wurde, hatte niemand Jesus gesehen. Sofort sind Josef und ich wieder zurück nach Jerusalem. Und nach drei Tagen, als wir schon ganz verzweifelt waren, haben wir ihn endlich gefunden! Er saß im Vorhof der Männer im Tempel, redete mit den Gelehrten und stellte Fragen. Alle waren erstaunt über sein Wissen und sein Verständnis. Nur Josef und ich nicht. Ich hab laut mit ihm geschimpft: „Mensch Jesus! Was ist bloß in dich gefahren? Warum um alles in der Welt bist du denn hiergeblieben? Seit drei Tagen suchen wir dich. Wir haben uns solche Sorgen gemacht!" Und was antwortete er, der Bengel? „Warum habt ihr mich denn gesucht? Ihr hättet euch doch denken können, dass ich hier im Haus meines himmlischen Vaters bin." Manchmal möchte ich wirklich wissen, was so im Kopf eines Zwölfjährigen vorgeht.

Heute feierte unser Jesus seine Bar-Mizwa. Es war ein großes Fest mit vielen Gästen! Jesus durfte dabei zum ersten Mal im Gottesdienst aus der Tora vorlesen. Super hat er das gemacht! Wir waren ganz stolz auf ihn. Obwohl er erst 13 Jahre alt ist, zählt Jesus jetzt zu den Erwachsenen. Und wie ein Erwachsener hat er nun auch zum ersten Mal beim Gebet seine Gebetsriemen und den Gebetsmantel getragen.

Das Judentum, S. 186-189

1. ❖ Beschreibe jeweils ein wichtiges Ereignis im Leben von Jesus, als er acht Tage alt war, als Fünfjähriger, Zwölfjähriger und Dreizehnjähriger.

2. ❖ Was meint der zwölfjährige Jesus, wenn er sagt: „Ihr hättet euch doch denken können, dass ich hier im Haus meines himmlischen Vaters bin"?

3. ❖ Prüfe die folgenden Sätze und schreibe die richtigen in dein Religionsheft.
   a) Jesus ist Christ.
   b) Jesus ist Jude.
   c) Jesus wird am achten Lebenstag beschnitten.
   d) Jesus bekommt bei der Taufe seinen Namen.
   e) Jesus geht nie zur Schule.
   f) Jesus geht zum Tora-Unterricht in die Synagoge.
   g) Jesus spielt lieber Fußball, als dass er die Tora lernt.
   h) Schon als Kind kennt sich Jesus gut in der Tora aus.
   i) Am Sabbat geht Jesus mit seiner Familie zum Beten in die Synagoge.
   j) Am schönsten findet Jesus das Weihnachtsfest.
   k) Jesus feiert mit seiner Familie alle jüdischen Feste, z.B. das Passafest.
   l) Mit 10 Jahren wird Jesus Bezirksmeister im Tischtennis.
   m) Mit 11 Jahren singt Jesus im Kirchenchor.
   n) Mit 13 Jahren feiert Jesus seine Bar-Mizwa.
   o) Jesus liest im Gottesdienst aus der Tora vor.
   p) Jesus trägt beim Beten wie alle Juden Gebetsriemen und Gebetsmantel.
   q) Mit 14 Jahren wird Jesus konfirmiert.

4. ❖ Finde auf dem Schaubild des Tempels den Ort, wo Jesus mit den Gelehrten sprach.

Mit Jesus unterwegs

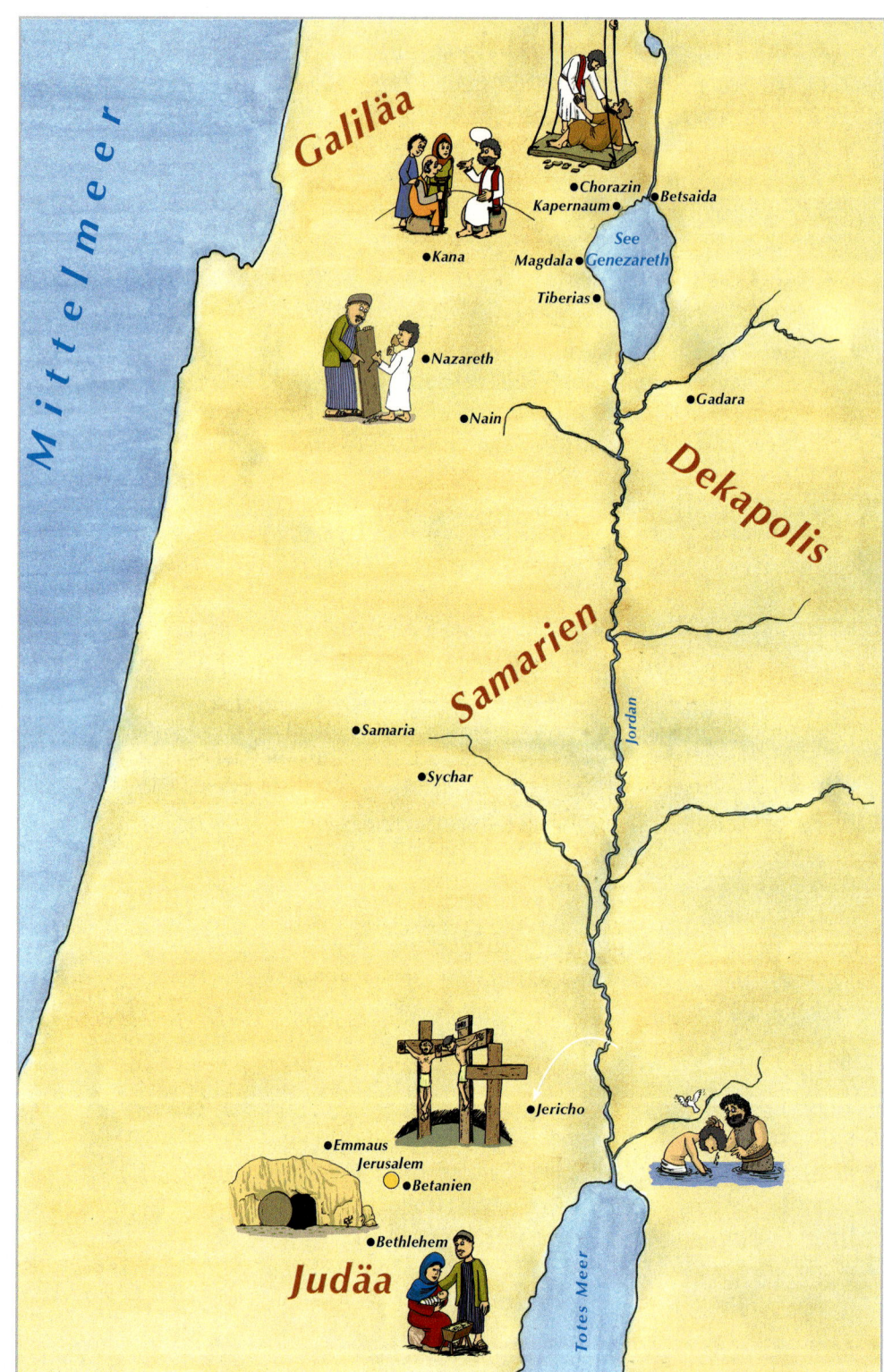

1. ❖ Betrachtet die Landkarte. Beschreibt die verschiedenen Bilder.

2. ❖ Ordnet den Bildern die jeweils richtige Erklärung auf Seite 153 zu.

3. ❖ Bringt die Bilder und Ereignisse in die richtige zeitliche Reihenfolge.

A Nach seiner Taufe beginnt Jesus in Galiläa und am See Genezareth umherzuwandern. Dabei beruft er viele Menschen zu seinen Jüngern und Jüngerinnen. An vielen Orten predigt er und erzählt den Menschen vom Reich Gottes. Oft spricht er dabei in Gleichnissen.

B Freunde legen den Leichnam von Jesus in ein Felsengrab und verschließen es mit einem schweren Stein. Als drei Frauen zwei Tage später den Leichnam einsalben wollen, ist der Stein weggeschoben – das Grab ist leer! Ein Engel verkündet den Frauen: Jesus ist von den Toten auferstanden!

C Etwa im Alter von 30 Jahren tritt Jesus in die Öffentlichkeit. Er lässt sich von Johannes dem Täufer im Jordan taufen. In der Bibel wird beschrieben, wie im selben Moment eine Stimme vom Himmel zu hören ist: „Dies ist mein lieber Sohn."

D Jesus wird in Bethlehem geboren, obwohl seine Eltern aus Nazareth stammen. Das liegt daran, dass Maria und Josef wegen einer Volkszählung nach Bethlehem müssen, weil Josefs Vorfahren von dort stammen.

E Jesus predigt nicht nur vom Reich Gottes, er handelt auch danach. Er hilft, tut Wunder, vergibt den Menschen ihre Schuld und heilt Blinde und Verkrüppelte, Stumme und Taube. Er weckt sogar Menschen vom Tode auf.

F Die jüdischen Religionsführer werfen Jesus vor, gegen Gottes Gebote zu verstoßen. Deshalb liefern sie Jesus den römischen Behörden aus, die ihn zum Tod verurteilen. Jesus stirbt am Kreuz auf dem Hügel Golgatha vor der Stadt Jerusalem.

G Jesus wächst in Nazareth auf. Sein Vater arbeitet dort als Zimmermann. Vermutlich hat auch Jesus diesen Beruf erlernt.

1. ❖ Zur Zeit Jesu haben die Römer Israel erobert und die Macht im ganzen Land. Sie haben Israel in drei Provinzen unterteilt: Judäa, Samarien und Galiläa. Ordne die folgenden Städte den einzelnen Provinzen zu:

Kapernaum, Samaria, Jericho, Nazareth, Jerusalem, Emmaus, Tiberias, Kana, Bethlehem, Magdala, Betanien

Jesus vollbringt Wunder

Buchmalerei, 10. Jahrhundert.

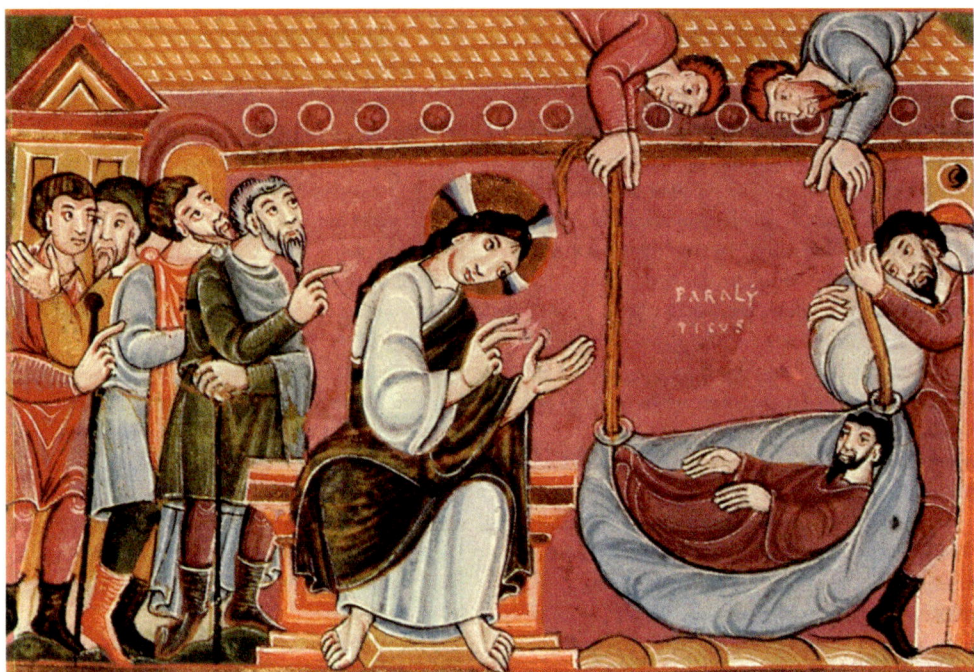

Bildbetrachtung, S. 193

Ein Kranker kommt durchs Dach

Es gab einmal fünf Männer, die waren seit ihrer Kindheit die besten Freunde. Wenn einer Sorgen hatte, halfen ihm die anderen, und wenn einer etwas besonders Schönes erlebt hatte, freuten sich die anderen mit ihm.

Nun passierte es, dass einer von den fünf Freunden, der in einem Steinbruch arbeitete, einen schweren Unfall hatte und von da an gelähmt war. Er konnte sich ohne fremde Hilfe nicht mehr bewegen.

Die Freunde waren ganz verzweifelt. Diesmal konnten sie nicht helfen. Ihr gelähmter Freund zog sich immer mehr zurück, und oft sagte er, dass er am liebsten tot wäre. Da hatte einer der Freunde eine Idee. „Hört mal her", sagte er. „Jesus ist doch heute in unserer Stadt. Jesus hat schon vielen Verzweifelten geholfen. Vielleicht kann er auch uns helfen."

Ihr Freund wollte nicht so recht. „Mir kann doch keiner mehr helfen", sagte er, „auch kein Jesus. Und zudem kennt der mich ja gar nicht." „Ach was", entgegneten die anderen. „Jesus sagt, er will der Freund aller Menschen sein." Vorsichtig legten die Freunde den Gelähmten auf eine Trage, packten kräftig an und machten sich auf den Weg zu dem Haus, in dem sich Jesus aufhielt.

Doch die Menschenmenge war so groß, dass sie sich unmöglich durchdrängen konnten. Kurz entschlossen stiegen sie auf das Dach, gruben ein Loch durch die Decke und ließen ihren gelähmten Freund auf einer Matte durch die Öffnung zu

Jesus hinunter. Als Jesus dies sah, freute er sich, dass es den Männern so wichtig war, ihrem armen Freund zu helfen. Und er war beeindruckt von dem Vertrauen, das die Männer zu ihm hatten. Er trat zu dem Gelähmten hin und sprach: „Dir ist deine Schuld vergeben. Gott denkt nicht mehr daran!" Die vier da oben waren erstaunt: „Warum heilt er unseren Freund nicht? Warum sagt er nicht: Steh auf und gehe?" Und einige fromme Männer waren empört. Sie dachten: „Was redet er da? Er kann doch nicht einfach die Schuld vergeben. Das kann doch nur Gott allein." Jesus aber wusste, was sie dachten: „Seht her!", sagte er. „Ich gebe euch ein Zeichen dafür, dass ich von Gott die Macht habe, Schuld zu vergeben!" Und er wandte sich wieder zu dem Gelähmten und sprach: „Steh auf! Nimm deine Matte und geh nach Hause!" Und, o Wunder, da richtet sich der Mann tatsächlich aus eigenen Kräften auf. Zuerst langsam und vorsichtig und dann immer mutiger. Er tritt fest mit dem Fuß auf, er stampft, er hüpft, er tanzt! Er winkt seinen Freunden. Seinen Arm, seine Hand, alles kann er jetzt bewegen. Er nimmt seine Matte. „Oh Gott, ich danke dir, Jesus, ich danke dir so sehr", sagt er scheu und geht zur Tür. Alle machen ihm Platz. Die Menschen sahen sich voller Staunen an. „Das kann doch nicht sein", flüsterten sie. „Woher hat er die Macht, solche Wunder zu tun?"

nach Markus 2,1-12

1. ❖ Erzähle die Geschichte in eigenen Worten.
2. ❖ Untersuche den Text mit Hilfe des Pozek-Schlüssels.
3. ❖ Nenne Gründe, warum sich der Gelähmte von seinen Freunden zurückzieht.
4. ❖ Erkläre, was die Heilung für den Gelähmten und für seine Freunde bedeutet.
5. ❖ Stell dir vor, du bist einer der Zuschauer: Du kommst nach Hause und berichtest, was du gesehen und erlebt hast.
6. ❖ a) Jesus vollbringt Wunder. Überlegt, ob es heute auch noch Wunder gibt.
    b) Jesus vergibt Sünden. Findet heraus, was das heute bedeuten könnte.

Pozek-Schlüssel, S. 197

Meine Kirche, S. 168

Abendmahl, S. 200

Jesus erzählt Gleichnisse

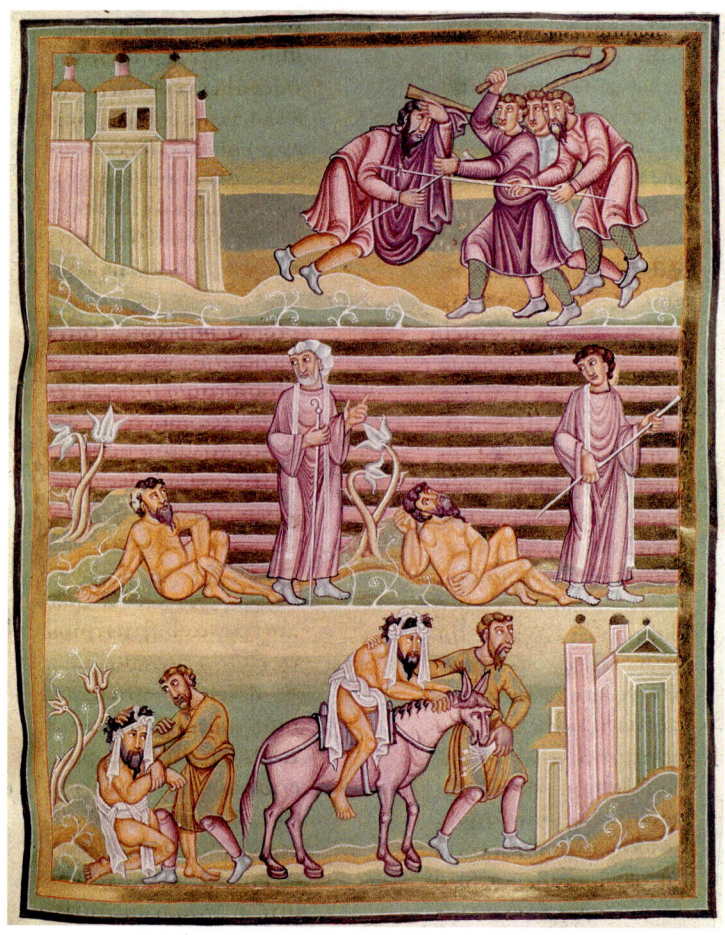

Buchmalerei, 1033.

Was ist ein Gleichnis?

Damit die Menschen besser verstehen, was er meint, erzählt Jesus von Gott oder vom Reich Gottes oft in Gleichnissen. Gleichnisse sind kurze Erzählungen zu Situationen, die die Menschen damals gut kannten, z.B. Geschichten von Bauern, Hirten oder auch Königen. Jesus will mit seinen Gleichnissen zum Nachdenken, Umdenken und Handeln auffordern. Darum muss man bei einem Gleichnis immer genau überlegen, was Jesus eigentlich damit sagen will.

Das Gleichnis vom barmherzigen Samariter

„Ich will ein neues Leben beginnen, das Gott gefällt", sagte einmal ein kluger Mann zu Jesus. „Was muss ich dafür tun?"

Jesus antwortete: „So wie es in der Bibel steht: Liebe Gott von ganzem Herzen und liebe deinen Nächsten wie dich selbst."

Der Mann überlegte kurz und sagte dann: „Ja, das kenne ich, das Doppelgebot der Liebe. Aber wie weiß ich denn, wer mein Nächster ist, den ich lieben soll?"
Da erzählte Jesus eine Geschichte, um die Frage zu beantworten:

Ein Mann wanderte von Jerusalem nach Jericho. Unterwegs wurde er von Räubern überfallen. Sie schlugen ihn zusammen, raubten ihn aus und ließen ihn halbtot liegen. Dann machten sie sich davon.
Zufällig kam bald darauf ein Priester vorbei. Er sah den blutüberströmten Mann am Boden liegen, blieb aber nicht stehen, sondern ging schnell weiter.
Es dauerte nicht lange, und ein Tempeldiener kam die Straße entlang. Auch er sah den Mann, machte einen großen Bogen um ihn und ließ ihn liegen.
Bald darauf kam ein Mann aus Samaria vorbei. Die Juden waren mit den Samaritern verfeindet. Aber als dieser Mann den Verletzten sah, hatte er Mitleid mit ihm. Er beugte sich zu ihm hinunter und behandelte seine Wunden. Dann hob er ihn auf seinen Esel und brachte ihn in den nächsten Gasthof, wo er den Kranken besser pflegen und versorgen konnte.
Als er am nächsten Tag weiterreisen musste, gab er dem Wirt Geld und bat ihn: „Pflege den Mann gesund! Sollte das Geld nicht reichen, werde ich dir den Rest auf meiner Rückreise bezahlen!"

Jesus schwieg. „Was meinst du?", wandte er sich dann an den klugen Mann. „Wer von den dreien ist für den Überfallenen der Nächste gewesen?" Der Mann antwortete: „Der Samariter, der ihm geholfen hat." Da sagte Jesus: „Dann geh hin und handle genauso."

nach Lukas 10,25-37

1. ❖ Gib das Doppelgebot der Liebe in eigenen Worten wieder und erkläre, was es bedeutet.

2. ❖ Erzähle das Gleichnis vom barmherzigen Samariter.

3. ❖ Der Wirt fragt den Samariter, warum er denn so viel für den Überfallenen tue. Er würde ihn doch gar nicht kennen. Nehmt die Perspektive des Samariters ein: Was könnte der Samariter antworten? Spielt das Gespräch.

Rollenspiel, S. 198

4. ❖ Welche Antwort beschreibt am besten, was Jesus uns mit diesem Gleichnis sagen will? Begründe deine Wahl.
   a) Ich soll allen Menschen, die überfallen wurden, helfen.
   b) Ich soll gegen ausländische Menschen keine Vorurteile haben.
   c) Besonders Menschen, die bei der Kirche arbeiten, sollten den anderen helfen.
   d) Ich soll jedem Menschen, der Hilfe braucht, helfen.

5. ❖ Wenn Jesus das Gleichnis heute erzählen würde, würde er es vielleicht anders erzählen. Entwerft ein modernes Gleichnis vom barmherzigen Samariter. Wenn ihr wollt, könnt ihr dabei folgende Wörter benutzen:

Ältere Frau / schwere Einkaufstüten / Bananenschale / Unfall / Sohn des Bürgermeisters / Tochter des Pfarrers / Sahar, ein syrisches Mädchen, das noch nicht gut deutsch spricht / einige Tage später / Besuch / einkaufen.

Jesu Leiden, Sterben und Auferstehung

nach Leonardo da Vinci: Das letzte Abendmahl, 1495-1498.

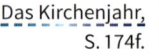 Das Kirchenjahr, S. 174f.

Sonntag (Palmsonntag)
Jesus und seine Jünger kommen nach Jerusalem, um dort das Passafest zu feiern. Die Menschen haben auf ihn gewartet und empfangen ihn wie einen König. Sie rufen: „Hosianna!", das heißt „Herr, hilf doch!", und legen ihm zu Ehren Kleider und Palmzweige auf den Weg.

Abendmahl, S. 155

Donnerstag (Gründonnerstag)
Am Abend vor dem Passafest essen Jesus und seine Jünger zum letzten Mal miteinander. Jesus bricht das Brot und reicht es herum. Dann gibt er den Kelch mit Wein weiter. Dabei sagt er: „Das ist unser letztes gemeinsames Mahl. Brot und Wein sind wie mein Leben. Ich gebe es für euch. Erinnert euch an mich, wenn ihr später Brot und Wein miteinander teilt."

Danach gehen Jesus und seine Jünger in den Garten Gethsemane. Die Jünger schlafen ein. Jesus ist allein. Er weiß, dass er sterben wird. Er hat Angst und betet zu Gott. Dann kommen bewaffnete Männer. Judas verrät Jesus mit einem Kuss und Jesus wird gefangengenommen.

 Hohepriester, S. 201

Freitag (Karfreitag)
Jesus wird im Palast des Hohepriesters verhört. Weil Jesus sagt, dass er Gottes Sohn ist, wird er wegen Gotteslästerung verurteilt. Danach wird Jesus an Pontius Pilatus, den römischen Statthalter, übergeben. Dieser verurteilt ihn wegen politischen Aufruhrs zum Tode. Soldaten fesseln Jesus und schlagen ihn. Sie setzen ihm eine Krone aus Dornen auf und lachen ihn aus. Dann bringen sie ihn vor die Stadt zum Hügel Golgatha. Dort nageln sie Jesus ans Kreuz. Der Himmel wird dunkel. Jesus schreit laut zu Gott. Dann stirbt er. Freunde nehmen ihn später vom Kreuz. Sie beerdigen ihn in einem Felsengrab und rollen einen großen Rollstein davor.

Ostern – Jesus ist auferstanden!

Früh am Sonntagmorgen machten sich drei Frauen auf den Weg zum Grab. Sie wollten den Toten einsalben. „Wer wird uns den schweren Stein wegschieben?", fragten sie sich unterwegs. Doch als sie am Grab ankamen, war der Stein schon weggewälzt. Sie gingen in die Grabkammer hinein und sahen dort auf der rechten Seite einen jungen Mann in einem weißen Gewand sitzen. Sie erschraken sehr.
„Fürchtet euch nicht", sagte der Engel. „Sucht den Lebendigen nicht bei den Toten. Er ist nicht hier. Jesus der Gekreuzigte ist auferstanden. Geht und sagt es seinen Jüngern."
Erschrocken und doch voller Freude liefen die Frauen vom Grab weg. Sie gingen schnell zu den Jüngern, um ihnen die Botschaft zu überbringen.
Da stand plötzlich Jesus selbst vor ihnen und sagte: „Seid gegrüßt!"
Die Frauen warfen sich vor ihm nieder und umfassten seine Füße.
„Habt keine Angst!" sagte Jesus zu ihnen. „Geht und sagt meinen Brüdern, sie sollen nach Galiläa gehen. Dort werden sie mich sehen."

nach Matthäus 28,1-10 und Markus 16,1-7

Fra Angelico: Auferstehung Christi, 1440-1441.

1. ❖ Erzähle, was von Palmsonntag bis Ostern passiert ist.

2. ❖ Ordne die folgenden Begriffe den beiden Überschriften „Karfreitag – Jesus leidet und stirbt" und „Ostern – Jesus ist auferstanden" zu und ergänze jeweils zwei eigene Begriffe:
   Trauer, Licht, Freude, Leid, Neuanfang, Verzweiflung, Dunkelheit, Hoffnung, …

3. ❖ In vielen Kirchen wird an Ostern das Kreuz mit Frühlingsblumen geschmückt. Erläutere diesen Brauch.

4. ❖ „Jesus ist auferstanden!" Was bedeutet dies für seine Jünger? Was kann dies für mich bedeuten?

5. ❖ Bringe die folgenden Ereignisse in die richtige Reihenfolge.
   A) Jesus betet im Garten Gethsemane.
   B) Freunde bringen Jesu Leichnam in ein Felsengrab.
   C) Der römische Statthalter Pontius Pilatus verurteilt Jesus zum Tode am Kreuz.
   D) Jesus zieht mit seinen Jüngern in Jerusalem ein.
   E) Zwei Tage später finden Frauen das Grab leer und begegnen dem auferstandenen Jesus.
   F) Jesus wird im Palast des Hohepriesters verhört.
   G) Jesus feiert mit seinen Jüngern das letzte gemeinsame Abendmahl.
   H) Jesus stirbt am Kreuz auf dem Hügel Golgatha.
   I) Jesus wird verhaftet.

Wissen und Können

Das weiß ich

▶ Zur Zeit Jesu wird Israel von den Römern beherrscht und ist in drei Provinzen unterteilt: Judäa, Samaria und Galiläa.

▶ Jesus wird ca. 4. v. Chr. in Bethlehem (Judäa) geboren. Er wächst in Nazareth (Galiläa) auf. Seine Eltern sind Maria und Josef. Jesus hat mehrere Geschwister.

▶ Jesus ist Jude. Er wird im jüdischen Glauben erzogen. Er ist beschnitten, er geht in die Synagoge, er feiert seine Bar-Mizwa und trägt beim Beten Gebetsmantel und Gebetsriemen.

▶ Etwa im Alter von 30 Jahren tritt Jesus in die Öffentlichkeit. Er lässt sich von Johannes taufen und zieht als Wanderprediger durch Galiläa. Viele Jüngerinnen und Jünger folgen ihm. Jesus erzählt den Menschen von Gott und vom Reich Gottes. Oft benutzt er dabei Gleichnisse. Jesus hilft den Menschen, er tut Wunder und vergibt Sünden.

▶ Als Jesus mit seinen Jüngern in Jerusalem im Tempel das Passafest feiern will, wird er festgenommen. Einflussreiche jüdische Führer werfen ihm vor, gegen Gottes Gebote zu verstoßen. Sie liefern ihn an die Römer aus. Der römische Statthalter Pontius Pilatus verurteilt Jesus zum Tode. Jesus wird hingerichtet und stirbt vor den Toren Jerusalems auf dem Hügel Golgatha am Kreuz.

▶ Zwei Tage später kommen Frauen zu seinem Grab. Sie wollen den Leichnam von Jesus einsalben. Die Frauen finden das Grab leer. Ein Engel verkündet ihnen: Jesus ist von den Toten auferstanden! Anschließend erscheint Jesus den Frauen, seinen Jüngern und mehreren anderen Menschen.

Das kann ich

A) Jesus

A	J	E	R	U	S	A	L	E	M
G	O	T	T	E	S	S	O	H	N
L	S	J	O	H	A	N	N	E	S
E	E	H	X	Y	S	T	A	R	W
I	F	J	K	R	E	U	Z	R	U
C	R	E	M	A	R	I	A	N	N
H	F	J	O	S	T	E	R	N	D
N	S	U	V	S	X	V	E	W	E
I	D	D	L	H	T	R	T	Y	R
S	B	E	T	H	L	E	H	E	M

1. In diesem Wortgitter sind waagrecht und senkrecht insgesamt zwölf Begriffe versteckt, die alle mit Jesus zu tun haben. Suche diese Begriffe. Wähle fünf davon aus und erkläre jeweils mit einem Satz, was sie mit Jesus zu tun haben.

B) Das Land Israel

Das Land Israel war zurzeit von Jesus aufgeteilt in drei Gebiete: im Norden lag ###, in der Mitte ### und im Süden ### .
Es gibt drei wichtige Gewässer in Israel: den ### im Norden und das ### im Süden. Diese sind verbunden durch den ###.

1. Ergänze den Lückentext. Die folgenden Begriffe und die Landkarte S. 152 können dir dabei helfen: *Totes Meer / Samaria / Jordan / Judäa / See Genezareth / Galiläa*

C) Die Heilung des Gelähmten

1. Vergleiche die Gefühle des Gelähmten vor und nach seiner Heilung. Ordne die folgenden Begriffe diesen beiden Phasen zu. Wenn du willst, kannst du noch eigene Begriffe ergänzen.
einsam / neue Lebensfreude / unglücklich / traurig / dankbar / ohne Hoffnung / glücklich / überrascht / verzweifelt / hoffnungsfroh …

D) Das Gleichnis vom barmherzigen Samariter

1. Setze die folgenden Wörter zu einem Satz zusammen, so dass es eine Kurzfassung des Doppelgebots der Liebe ergibt.
liebe / und / Liebe / Nächsten / Gott / deinen

2. Was will uns Jesus mit dem Gleichnis vom barmherzigen Samariter sagen?
a) Ich soll jedem Menschen, der Hilfe braucht, helfen.
b) Manche Menschen sind besser, als man denkt.
c) Besonders ein Pfarrer soll jedem helfen.
d) Man soll andere Menschen nicht überfallen.

E) Gedenktage an Jesus

1. An welche Ereignisse aus dem Leben Jesu erinnern wir uns an den folgenden Feiertagen: Weihnachten, Palmsonntag, Gründonnerstag, Karfreitag, Ostern?

Schluss-Check

Überlegt gemeinsam:
▶ Das war (mir) wichtig in diesem Kapitel: …
▶ Das sollte man sich merken: …
▶ Gibt es etwas, das noch geklärt werden muss?

Kirche

Kann auch Spaß machen!

- Wie ist die Kirche entstanden?

- Warum gibt es Evangelische und Katholische und was ist eigentlich der Unterschied?

- Was unterscheidet den Kirchenraum von anderen Räumen?

1. ❖ Beschreibt das Foto auf der linken Seite. Woran erkennst du, dass das Bild aus einem Gottesdienst stammt?

2. ❖ Der Gottesdienst findet in einer Kirche statt. Erkläre, was die folgenden Bilder mit Kirche zu tun haben.

3. ❖ Erzählt von euren Erfahrungen mit Kirche.

4. ❖ a) In vielen Schulen werden die Schülerinnen und Schüler einer Klasse im Religionsunterricht getrennt. Sie besuchen entweder den evangelischen oder den katholischen Religionsunterricht. Erklärt, warum das so ist.
    b) Erzählt von euren Erfahrungen mit Schulgottesdiensten.

Alles begann in Jerusalem

Pfingsten – Geburtstag der Kirche

Jesu Leiden, Sterben und Auferstehung, S. 158f.

Nach der Kreuzigung Jesu waren seine Jünger völlig verzweifelt und versteckten sich in ihren Häusern. Aber dann hatten die drei Frauen, die Jünger und noch viele andere Menschen Jesus gesehen. Und nun waren die Jünger wie ausgewechselt. Sie wussten: das Unbegreifliche ist geschehen. Jesus ist vom Tod auferstanden. Er ist bei ihnen auch über seinen Tod hinaus. Und so waren sie dann auch nicht mehr ganz so traurig, als der Tag kam, an dem Jesus sagte: „Ich gehe jetzt zurück zu meinem Vater im Himmel. Ich werde aber trotzdem weiter bei euch sein, und ich werde weiter zu euch sprechen, nur anders als bisher, aber so, dass ihr es spüren werdet und dass es euch Mut macht."

Passafest und Sederabend, S. 122f.

Danach warteten die Jünger erst einmal ab. Sie trauten sich nicht, hinauszugehen und allen zu sagen, was sie mit Jesus erlebt hatten. Dann kam das jüdische Pfingstfest, das 50 Tage nach dem Passafest gefeiert wird. Tausende von Juden aus aller Welt waren nach Jerusalem gekommen. Die Jünger hatten sich in einem Haus in Jerusalem versammelt. Da passierte es. Es kam wie ein Brausen vom Himmel und schien sich wie Feuerzungen über ihnen auszubreiten. Und die Jünger merkten plötzlich: Es ist, als sei Jesus wieder da. Wir spüren seinen Heiligen Geist. Er schickt uns seine Kraft. Jetzt spricht er unsichtbar zu uns und er will durch uns zu allen Menschen sprechen. Jetzt müssen wir den Mund aufmachen! Und auf einmal waren ihre Ängste wie weggeblasen. Sie waren wie verwandelt. Furchtlos kamen die Jünger heraus aus ihrem Versteck, traten auf

Esben Hanefelt Kristensen: Pfingsten, 1992

den großen Platz und Petrus begann vor allen Menschen laut von Gott zu reden, so wie man es nur von Jesus gekannt hatte.

Das war die allererste Predigt. Die Predigt von Petrus traf die Menschen mitten ins Herz. Sie sprachen zwar viele verschiedene Sprachen, aber alle verstanden seine Botschaft. Alle spürten den Heiligen Geist und ließen sich von der Begeisterung der Jünger mitreißen. Viele ließen sich taufen. So entstand in Jerusalem die erste christliche Gemeinde. Das war so etwas wie der Geburtstag der Kirche.

nach Apostelgeschichte 2

1. ❖ Erzähle, was die Jünger an Pfingsten erlebten.

2. ❖ Das ist der Kern der Pfingstbotschaft des Petrus. Schreibe ihn entschlüsselt in dein Heft.
IH   RLE   UTE   JE   SUSA   USNA   ZAR   ETHDER   DRA   USSENVO
RDE   RSTAD   TGEK   REUZ   IGTWU   RDELE   BTERIS   TAUF   ERSTAN
DENERI   STDE   RSOH   NGOT   TES

3. ❖ Die Jünger verändern sich durch das Pfingsterlebnis. Ordne die folgenden Begriffe der Zeit vor und nach Pfingsten zu.

ängstlich / mutig / sie gehen in die Öffentlichkeit / schüchtern / Frühling / selbstbewusst / sie vermissen Jesus / furchtlos / sie trauen sich nichts zu / furchtsam / sie spüren die Kraft Jesu / sie verstecken sich / Winter / sie predigen allen Menschen

Begriffe	
vor Pfingsten	nach Pfingsten
ängstlich	…

4. ❖ Erläutere, was die Jünger verändert, was ihnen Mut gemacht hat.

5. ❖ Erzähle das Pfingstereignis aus der Perspektive eines Jüngers oder aus der Perspektive eines zufällig Anwesenden.

6. ❖ Gestalte eine Grußkarte zum Pfingstfest. Du kannst dabei eine Szene aus dem Pfingstereignis zeichnen oder eines der folgenden Pfingstsymbole verwenden.

Pfingstsymbole

Die Taube ist das Symbol für den Heiligen Geist. Sie steht für Reinheit und Frieden.

Auf vielen Pfingstbildern werden die Jünger mit Feuerzungen über den Köpfen dargestellt.
Das soll die Erleuchtung durch den Heiligen Geist zeigen.

7. ❖ Deute mit Hilfe dieser Symbole das Bild links! Erkläre mit eigenen Worten, was es bedeutet.

Die evangelische Kirche entsteht

In der katholischen Kirche gibt es Missstände

Bis vor ungefähr 500 Jahren gab es in Deutschland nur die katholische Kirche. Um das Jahr 1500 herrschten schlimme Zustände in ihr. Das Leben von vielen Priestern, Bischöfen und hohen Geistlichen erregte Anstoß und Ärgernis. Sie kümmerten sich immer weniger um die Menschen und ihren Glauben und stattdessen immer mehr um die Verwaltung ihrer Ländereien, um den Ausbau ihrer Macht und um das Eintreiben von Geld. Selbst beim Papst in Rom gab es solche Missstände.

Martin Luther will die Kirche erneuern

In dieser Zeit lebte der Mönch Martin Luther. Er wollte sich nicht mit diesen Missständen abfinden. In seinen Predigten und Schriften rief er zur Änderung und Erneuerung der Kirche auf. Er wollte eine Reformation, d.h. eine Erneuerung der Kirche. Es sollte in der Kirche wieder mehr um den persönlichen Glauben und um die innere Einstellung der Menschen gehen. Das Wichtigste für den Glauben war für Martin Luther die Bibel, und nicht, was die Pfarrer sagen. Wegen ihres Protestes wurden die Anhänger Luthers „Protestanten" genannt – so heißen heute alle evangelischen Christen.

Es kommt zur Trennung

Doch der Papst und die Bischöfe wollten die Reformation der Kirche nicht, die Martin Luther forderte.
Luther wurde sogar aus der Kirche ausgeschlossen. Es kam zu heftigen Auseinandersetzungen mit Papst und Bischöfen und schließlich zur Trennung in zwei verschiedene Konfessionen, in die evangelische und in die katholische Konfession.

Was bedeutet „evangelisch"?

Evangelisch kommt von dem griechischen Wort *euangélion*, das bedeutet „gute Nachricht". Damit ist die gute Nachricht von Jesus Christus gemeint.
Die evangelische Kirche heißt so, weil für sie das Evangelium, d.h. die gute Nachricht, die Jesus Christus verkündet hat, am wichtigsten ist.

Christus, S. 200

1. ❖ Wie entstand die evangelische Kirche? Erkläre die drei Stationen anhand der Bilder auf der linken Seite.

Gemeinsamkeiten und Unterschiede

Zwischen der evangelischen und der katholischen Kirche gibt es heute viele Gemeinsamkeiten, aber auch einige Unterschiede.

2. ❖ Übertragt das Baumbild in euer Heft. Tragt die Gemeinsamkeiten von evangelischer und katholischer Kirche in die Wurzeln und den Stamm ein, die Unterschiede in die entsprechende „evangelische" oder „katholische" Baumkronenhälfte.

Glaubensbekenntnis, Eucharistie, Reformationstag, Weihwasser, Vaterunser, Talar, Messdiener, Firmung, Martin Luther, Konfirmation, Weihnachten, Taufe, Priester, Bibel, Pfarrer/Pfarrerin, Marienfigur, Abendmahl, Ostern, Beichtstuhl, Pfingsten, Messe, Papst, Buß- und Bettag, Beichte, Jesus, Fronleichnam, Lieder, Gott, Gottesdienst

Ökumene

Als Ökumene bezeichnet man die Zusammenarbeit zwischen evangelischen und katholischen Christen. Das Wort Ökumene stammt von dem griechischen Wort „oikos", das bedeutet Haus. Alle Christen, evangelische wie katholische, leben in einem Haus. Jede Kirche hat zwar einen anderen Weg, wie sie ihren Glauben lebt, aber alle leben unter einem Dach, dem gemeinsamen Glauben an Gott und Jesus.

3. ❖ Gib in eigenen Worten wieder, was man unter Ökumene versteht.
4. ❖ Beschreibe das Ökumene-Symbol.
5. ❖ Was könnten die einzelnen Bestandteile des Symbols bedeuten?
6. ❖ Sammelt Beispiele, was Evangelische und Katholische gut zusammen machen könnten.

Meine Kirche

Lena und Paul sind beide 14 Jahre alt und verstehen sich sehr gut. Sie verbringen viel Zeit miteinander und können über alles reden. Lena ist evangelisch und Paul katholisch. Eines Tages kommen sie auf ihre Religion und ihre Kirche zu sprechen.

Lena: Am wichtigsten für uns Evangelische ist die Bibel, weil da alles über Gott steht. Die Kirche muss sich nach der Bibel und dem Wort Gottes richten.

Paul: Das ist bei uns Katholiken anders. Die Bibel ist zwar auch für uns wichtig, aber wichtiger ist das, was die Kirche sagt. Das letzte Wort hat bei uns immer der Papst.

Lena: Bei uns ist das Wort Gottes am wichtigsten, deshalb steht im Mittelpunkt unseres Gottesdienstes auch die Predigt, wenn der Pfarrer oder die Pfarrerin eine Geschichte aus der Bibel erklärt und sagt, was sie mit unserem Leben zu tun hat.

Paul: Pfarrerinnen gibt es bei uns gar nicht. Nur Männer können Priester werden, und die dürfen auch nicht heiraten. Im Mittelpunkt unserer Messe, so heißt bei uns der Gottesdienst, steht das Abendmahl, oder, wie wir sagen, die Eucharistie.

Lena: Am Anfang fand ich die Predigt etwas langweilig und habe auch nicht immer alles verstanden. In der Kinderkirche waren die Geschichten spannender. Aber jetzt finde ich mich immer besser zurecht.

Paul: Das mit dem Zurechtfinden ist in der katholischen Kirche leicht. Wir sind ja eine Weltkirche, d.h. überall in der Welt wird der Gottesdienst auf ähnliche Weise gefeiert. So kann man in Deutschland, Italien oder Afrika in den Gottesdienst gehen und fühlt sich immer ein bisschen wie daheim, auch wenn man nicht alles versteht.

Lena: Neben dem Reli-Unterricht gibt es bei uns dann noch den Konfirmandenunterricht zur Vorbereitung auf die Konfirmation. Da lernt man vieles, damit man auch mitreden kann. Das Mitreden ist eine wichtige Sache in der evangelischen Kirche. Wir dürfen mit 14 Jahren den Kirchengemeinderat wählen und mit 18 Jahren selbst gewählt werden. Pfarrerinnen oder Pfarrer haben da nur eine Stimme. Bei uns gibt es also nicht einen Bestimmer, sondern die ganze Gemeinde entscheidet.

Paul: Das ist bei uns anders. Der oberste Chef ist bei uns der Papst. In den Diözesen, das sind so Bezirke, bestimmen die Bischöfe und in der Gemeinde hat dann der Priester das letzte Wort. Unser Pfarrgemeinderat hilft dem Priester dabei.

Lena: Am besten finde ich bei uns die Jungschar und die Freizeiten. Da treffen wir uns einmal in der Woche, spielen, hören spannende biblische Geschichten, machen Partys und so. Ich freue mich jedes Mal drauf. Und im Sommer waren wir dieses Jahr alle zusammen zwei Wochen auf einem Zeltlager am Bodensee. Das war nur geil!

Paul: Ich war vor meiner Erstkommunion mit acht Jahren bei den Sternsingern. Jetzt bin ich Messdiener und helfe mit anderen dem Priester im Gottesdienst. Unter den Messdienern treffen wir uns auch regelmäßig und machen gemeinsame Fahrten. Letztes Jahr waren wir z.B. auf dem Katholikentag.

Lena: So etwas ähnliches wie euren Katholikentag gibt es bei uns auch. Alle zwei Jahre findet in einer großen Stadt der Evangelische Kirchentag statt. Da kommen mehr als 100 000 Evangelische von überall her zusammen. Letztes Mal war ich mit unserer Gruppe zum ersten Mal dabei. Es war super! Man schläft in einer Schule oder einem Gemeindehaus im Schlafsack auf dem Boden. Das nächste Mal geh ich da auf alle Fälle wieder mit. Ach Paul, eigentlich wäre es doch schön, wenn wir beide mal gemeinsam irgendwo teilnehmen könnten. Dass ich mit zu deinen Messdienern komme, geht ja nicht, aber geh doch im Sommer mal mit auf unsere Freizeit. Das wäre super und bei uns sind alle willkommen.

1. ❖ Lena erzählt Paul von ihrer Kirche. Sammelt Stichworte dazu an der Tafel.

2. ❖ Begründet, warum es Lena in ihrer Kirche gefällt.

3. ❖ Vergleicht die Erklärungen Lenas zu ihrer evangelischen Kirche mit denen von Paul zu seiner katholischen Kirche: Wo gibt es Ähnlichkeiten, wo Unterschiede?

Kirche macht Spaß – z.B. auf Freizeiten

4. ❖ Bei einer Freizeit kann man viel erleben. Welche Freizeitangebote entdeckst du auf dem Bild?

5. ❖ Könntest du dir vorstellen, an einer solchen Freizeit teilzunehmen? Was würde dir gefallen, was vielleicht eher nicht?

Was in der Kirche alles läuft

Kirche – da geht was

Lena hat im Gemeindebrief, dem Mitteilungsblatt der Kirchengemeinde, einen Bericht über die Konfirmandenfreizeit verfasst. Der Gemeindebrief wird an alle evangelischen Familien in ihrem Stadtteil verteilt. Stolz zeigt sie Paul den Bericht. Beim Blättern stellen sie erstaunt fest, wie viele Gruppen und Veranstaltungen es in ihrer Gemeinde noch gibt.

1. ❖ Tragt zusammen, was es in der Christuskirchengemeinde für Angebote gibt. Welche Altersgruppen gibt es?
2. ❖ Erstellt für jeden Wochentag einen Plan mit den Angeboten der Kirchengemeinde.

Gemeindebrief der Christusgemeinde

Inhalt
- Andacht von Pfarrer Oster
- Bericht von der Konfi-Freizeit
- Beraten und beschlossen: Aus der Sitzung des Kirchengemeinderats
- Aktuelle Termine
- Unsere neue Homepage
- Der Arbeitskreis Asyl sucht Mitarbeiter
- Gottesdienstzeiten

Termine im Mai – wöchentlich –

Gottesdienste

Hauptgottesdienst Sonntag, 9.30 Uhr
parallel Kindergottesdienst für Kinder von 4 bis 12 im Gemeindehaus
Krabbelgottesdienst Samstag, 16.30 Uhr (an jedem 2. Samstag im Monat)
Jugendgottesdienst Sonntag, 19 Uhr (an jedem 1. Sonntag im Monat)

Musik

Kirchenchor Dienstag, 20 Uhr Gemeindehaus
Posaunenchor Mittwoch, 20 Uhr Gemeindehaus
Gospelchor Donnerstag, 20 Uhr Gemeindehaus

Kinder und Jugendliche

Mädchenjungschar „Barbies", 3. und 4. Klasse Montag, 15 Uhr
Mädchenjungschar „Cool Gang", 5. und 6. Klasse Freitag, 17 Uhr
Jungschar (Jungen) „Spidermans", 5. und 6. Klasse Donnerstag, 16.30 Uhr
Konfirmandenunterricht Mittwoch, 14.30 Uhr
Teeniekreis (für Jungs und Mädels ab Klasse 7) Donnerstag, 19 Uhr Clubraum

Erwachsene

Eltern-Kind-Gruppe Mittwoch, 10 Uhr
Frauenkreis Dienstag, 20 Uhr
Hausbibelkreis (bei Familie Groß, Tel. 20939) Donnerstag, 20 Uhr
Gymnastikgruppe für Seniorinnen und Senioren Mittwoch, 15 Uhr
Ökumenekreis Montag, 18.30 Uhr

Angebote für alle

Arbeitskreis Asyl, Montag, 19 Uhr
Bastelkreis, Freitag, 17 Uhr
Redaktionsteam Gemeindebrief, Montag, 14 Uhr
Kirchencafé Dienstag, 15 Uhr
Spielenachmittag Freitag, 15 Uhr

Ansprechpartner

Pfarrer Oster
Kirchstraße 7, Tel. 77234

Erste Vorsitzende des Kirchengemeinderats Frau Sons,
Gartenstraße 3,
Tel. 57623

Jugenddiakonin Sarah Klein,
Kirchstraße 9,
Tel 01711-5025124

Diakoniestation
Frau Hellmann, im Altenpflegeheim „Herbstsonne",
Tel. 17-389

Hausmeister Gemeindehaus
Herr Krebs,
Kirchstraße 5,
Tel. 777236

3. ❖ Die Fotos zeigen Ereignisse aus dem Gemeindeleben. Überlegt, um was es sich jeweils handeln könnte.

4. ❖ Bringt einen Gemeindebrief aus eurer Kirchengemeinde mit oder schaut auf der Homepage nach. Erstellt eine Vergleichstabelle: Was gibt es in jeder Gemeinde? Was sind Besonderheiten? Was ist gut? Was fehlt?

In einer evangelischen Kirche

Lena stellt Paul ihre Kirche vor

Lena freut es, dass Paul sich für ihre Kirche interessiert. Gerne macht sie mit ihm eine kleine Führung:
„Von außen erkennt man unsere Kirche sofort an dem hohen Kirchturm mit den Glocken.
Wenn man in die Kirche hineinkommt, sieht man zunächst einmal viele **Bänke**.
Rechts hinter der Eingangstür steht ein Regal mit Gesangbüchern. Wenn man kein eigenes Gesangbuch dabei hat, kann man sich da eins für den Gottesdienst nehmen.
Die Nummern der Lieder, die gesungen werden, stehen auf der **Liedtafel**.
Wenn gesungen wird, spielt die **Orgel** dazu. Manchmal spielt auch eine Band mit **Klavier**, Gitarre und Schlagzeug dazu.
Ganz vorn ist der **Altar**. In der Mitte des Altars liegt eine besonders große und schöne **Bibel**. Daneben stehen zwei **Kerzen** und ein großes **Kreuz**, in der Regel auch frisch geschnittene Blumen. Im Altarraum wird auch das Abendmahl mit Brot und Wein oder Saft gefeiert. Unsere Kirche hat eine große **Osterkerze**, die im Ostergottesdienst das erste Mal angezündet wird.

In der Nähe des Altars steht das **Taufbecken**. Auch ich bin da getauft worden. Normalerweise ist es leer, aber bei einer Taufe kommt dann Wasser rein. Wenn man getauft wird, ist das ein Zeichen, dass man jetzt Christ ist.

Besonders wichtig ist die **Kanzel**. Hier hält unsere Pfarrerin die Predigt.

Vor der Kanzel (in vielen Kirchen auch vor dem Altar) hängen wertvolle kleine Stoffe. Oft ist da auch ein Zeichen drauf. Die Stoffe nennt man **Paramente**. Die Paramente haben verschiedene Farben und werden gewechselt, je nachdem, in welcher Zeit des Kirchenjahres man gerade ist.

Licht kommt in die Kirche durch Lampen, aber auch durch die bunten **Kirchenfenster** oder durch Kerzen."

Meine Religion, das Christentum, S. 180f.

Kirchenjahr, S. 175

1. ❖ Ordne den fett gedruckten Begriffen die passenden Gegenstände im Kirchenraum zu.

2. ❖ Zeichne eine Kirche mit möglichst vielen der genannten Begriffe.

3. ❖ Entwerft in kleinen Gruppen ein Faltblatt mit dem Titel „Evangelische Kirchenräume für Katholiken erklärt".

In einer katholischen Kirche

Paul fand Lenas Führung sehr interessant. Er hat sich alles angesehen und Lena gut zugehört: „Bei uns ist vieles ähnlich", sagt er. „Allerdings gibt es bei uns noch ein paar zusätzliche Dinge, z.B.
- eine **Weihwasserschale**, da tauchen wir einen Finger hinein und bekreuzigen uns damit vor dem Betreten und beim Verlassen der Kirche;
- **Kniebänke**, zum Knien beim Beten;
- eine **Marienfigur**. Wir Katholiken beten oft zu Maria, dass sie für uns bei Gott ein gutes Wort einlegt;
- das **Tabernakel**. Das ist ein kleiner Schrank, in dem die **Hostien** aufbewahrt werden, die nach der Kommunion übrig geblieben sind. Das ewige Licht zeigt dies an;
- den **Beichtstuhl**. Da haben wir die Möglichkeit, einem Priester unsere Sünden zu **beichten** und Vergebung zu bekommen.

4. ❖ Ordne die folgenden Fotos den passenden Erklärungen zu.

5. ❖ Benenne die Unterschiede zwischen einer evangelischen und einer katholischen Kirche.

Das Kirchenjahr

Advent
In der Adventszeit bereiten wir uns auf die Ankunft Jesu vor.

Weihnachten
Wir feiern die Geburt Jesu.

Epiphanias
Man nennt diesen Tag auch das Dreikönigsfest, zur Erinnerung an die Weisen aus dem Morgenland.

Passionszeit
Passion heißt Leiden. Wir erinnern uns in dieser Zeit an das Leiden Jesu auf seinem Weg zum Kreuz. Die Passionszeit beginnt am Aschermittwoch.

Palmsonntag
Wir denken daran, wie Jesus in Jerusalem eingezogen ist und von den Menschen wie ein König mit Palmzweigen begrüßt wurde.

Gründonnerstag
Wir erinnern uns an das letzte Mahl, das Jesus mit seinen Jüngern gefeiert hat.

Karfreitag
An diesem Tag denken wir an die Kreuzigung von Jesus.

Ostern
Es ist das Fest der Auferstehung Jesu von den Toten.

Himmelfahrt
Wir denken daran, dass Jesus jetzt nicht mehr sichtbar bei uns, sondern bei Gott ist.

Pfingsten
Das ist das Fest des Heiligen Geistes und der Entstehung der Kirche.

Trinitatis
Das ist das Dreieinigkeitsfest zur Erinnerung daran, dass Gott gleichzeitig Vater, Sohn und Heiliger Geist ist.

Erntedankfest
Zum Abschluss der Ernte wird im Herbst ein Dankgottesdienst gefeiert.

Reformationstag
Am 31. Oktober ist das Reformationsfest zur Erinnerung an Martin Luther und die Entstehung der evangelischen Kirche.

Buß- und Bettag
Wir denken daran, was wir falsch gemacht haben, und bitten Gott um Vergebung und einen Neuanfang.

Ewigkeitssonntag
Wir denken an diesem Tag an unsere verstorbenen Angehörigen und Freunde und vertrauen darauf, dass sie jetzt bei Gott sind.

1. ❖ Bringe die folgenden Festtage in die richtige Reihenfolge nach dem Kirchenjahrkalender: Ostern / Ewigkeitssonntag / Weihnachten / 1. Advent / Pfingsten /

2. ❖ Ordne die Aussagen dem richtigen Festtag zu:
   - Entstehung der evangelischen Kirche
   - Jesus ist am Kreuz gestorben
   - Jesus wird geboren
   - Geburtstag der Kirche
   - Jesus ist auferstanden
   - Vorbereitungszeit auf Weihnachten
   - Jesu Einzug in Jerusalem

3. ❖ Gestalte zu einem Festtag deiner Wahl ein schönes Kalenderblatt.

Das Kirchenjahr beginnt, anders als das Kalenderjahr, am 1. Advent, dem vierten Sonntag vor dem 25. Dezember. Die Feste in der ersten Hälfte des Kirchenjahres hängen alle mit dem Leben von Jesus zusammen. In der zweiten Hälfte begehen wir Feste, die im Laufe der Kirchengeschichte entstanden sind.

Den Zeiten und Festen des Kirchenjahres sind besondere Farben zugeordnet. In der Kirche erkennt man die jeweils geltende Farbe an den Paramenten an Altar und Kanzel.

Adventszeit	1./2./3./4. Adventssonntag
Weihnachtszeit	Heiliger Abend
	Weihnachtsfest
	2. Weihnachtstag
Zeit nach Epiphanias	Epiphanias
Passionszeit	
	Palmsonntag
	Gründonnerstag
	Karfreitag
Osterzeit	Ostersonntag
	Ostermontag
	Himmelfahrt
Pfingsten	Pfingstsonntag
	Pfingstmontag
	Trinitatis
Zeit nach Trinitatis	
	Erntedankfest
	Reformationsfest
	Buß- und Bettag
	Ewigkeitssonntag

4. ❖ Ordne die folgenden Festtage den einzelnen Zeiten des Kirchenjahres zu:

Buß- und Bettag / 1. Advent / Himmelfahrt / Heiliger Abend / Reformationstag / Pfingstmontag / Karfreitag / Erntedankfest / Epiphanias / Ostersonntag

5. ❖ Die Symbole links und rechts stehen für bestimmte Festtage. Zu welchem Festtag gehören sie? Erkläre jeweils das Symbol.

Wissen und Können

Das weiß ich

▶ An Pfingsten schenkte Gott den Jüngern mit dem Heiligen Geist neuen Mut und neue Kraft. Nun konnten sie anderen von Jesus erzählen. So entstand die erste christliche Gemeinde, die Jerusalemer Urgemeinde. Von da aus gingen Apostel wie Petrus und Paulus in die ganze Welt und gründeten überall neue Gemeinden. Pfingsten nennt man deshalb auch den Geburtstag der Kirche.

▶ Um 1517 kam es durch Martin Luther zur Reformation der Kirche und damit zur Entstehung der evangelischen Kirche.

▶ „Evangelisch" kommt von dem griechischen Wort *euangélion*, das bedeutet „gute Nachricht". Die evangelische Kirche heißt so, weil für sie das Evangelium, d.h. die gute Nachricht von Jesus Christus, am wichtigsten ist.

▶ Am wichtigsten im evangelischen Gottesdienst ist das Wort Gottes, d.h. die Predigt, in der die Bibel erklärt wird, und nicht gottesdienstliche Feierlichkeiten.

▶ Vor Gott sind alle Menschen gleich. Kein Mensch, auch kein Pfarrer oder Papst, steht näher zu Gott, nur weil er ein besonderes Amt hat.

▶ Als Ökumene bezeichnet man die Zusammenarbeit zwischen evangelischen und katholischen Christen.

▶ Das Kirchenjahr teilt das Jahr nach den christlichen Festen ein. Es beginnt mit dem 1. Advent und endet am Ewigkeitssonntag. Die Feste in der ersten Hälfte des Kirchenjahres hängen alle mit dem Leben Jesu zusammen. In der zweiten Hälfte begehen wir Feste, die im Laufe der Kirchengeschichte entstanden sind.

Das kann ich

A) Pfingsten

1. Beschreibe, was auf dem Bild zu sehen ist, und erkläre die Symbole.

B) Evangelisch – katholisch

	1. Bibel	
A Die Bibel ist am allerwichtigsten. Aus ihr erfahren wir, was Gott will.	1. Bibel	**B** Die Bibel ist wichtig, aber genauso wichtig ist, was der Papst oder die Kirche sagen.
A Nur Männer dürfen Priester sein. Sie dürfen nicht heiraten. Sie bekommen das Sakrament der Priesterweihe und stehen dadurch näher bei Gott als andere Gläubige.	2. Pfarrer, Pfarrerinnen/ Priester	**B** Es gibt Pfarrerinnen und Pfarrer. Sie dürfen heiraten. Vor Gott sind alle Menschen gleich. Kein Mensch steht Gott näher, nur weil er ein bestimmtes Amt hat.
A Am wichtigsten ist die Predigt, d.h. die Verkündigung des Wortes Gottes.	3. Gottesdienst	**B** Am wichtigsten ist das Abendmahl, die Eucharistie.
A Jeder kann im Gebet bei Gott beichten und um Vergebung bitten. Gott vergibt dem, der seine Fehler bereut.	4. Beichte	**B** Es wird dem Priester im Beichtstuhl gebeichtet. Der Priester spricht im Namen Jesu Vergebung aus.
A Es gibt sieben heilige Handlungen (= Sakramente): Taufe, Firmung, Eucharistie (Abendmahl), Buße, Krankensalbung, Ehe und Priesterweihe.	5. Sakramente	**B** Es gibt die zwei heiligen Handlungen (= Sakramente), die auch in der Bibel erwähnt werden: die Taufe und das Abendmahl.
A Jesus Christus ist der alleinige Herr der Kirche. Es gibt kein Oberhaupt über alle Christen. Jeder Mensch macht Fehler.	6. Oberhaupt	**B** Der Papst ist Nachfolger des Apostels Petrus und Stellvertreter Christi auf Erden. In Glaubensfragen ist er unfehlbar.

1. Bestimme, was jeweils die evangelische und was die katholische Position zu den einzelnen Themen ist. Begründe deine Einschätzung.

C) In der Kirche

1. Erläutere, was die Bilder mit einer Kirche zu tun haben.

D) Das Kirchenjahr

1. Welcher Feiertag ist jeweils gemeint?
   - Wir erinnern uns an die Aussendung des Heiligen Geistes.
   - Jesus feiert mit seinen Jüngern das letzte Abendmahl.
   - Wir denken an verstorbene Angehörige und Freunde.
   - Jesus ist nicht mehr sichtbar bei uns, sondern bei Gott.

Schluss-Check

Überlegt gemeinsam:
▶ Das war (mir) wichtig in diesem Kapitel: …
▶ Das sollte man sich merken: …
▶ Gibt es etwas, das noch geklärt werden muss?

SPEICHERN

Weltreligionen

Christentum, Judentum, Islam

- *Wie gut kennst du deine Religion?*
- *Was weißt du vom Judentum?*
- *Welche Fragen hast du zum Islam?*
- *Glauben alle an den gleichen Gott?*
- *Was ist ähnlich, was unterschiedlich bei den drei Weltreligionen?*

1. ❖ Auf dem Foto siehst du von links nach rechts die drei Jungs Erkan, David und Chris. Beschreibe sie jeweils. Kann man erkennen, zu welcher Religion sie gehören?

2. ❖ a) Formuliert in Partnerarbeit jeweils zwei Fragen an Erkan, David und Chris zu ihrer Religion.
   ❖ b) Versucht diese Fragen in der Klasse zu beantworten.

3. ❖ Die Autobahnkapelle Kommgutheim wird von den drei großen Religionen genutzt. Abends ist oft ein großes Durcheinander. Räumt die Kapelle auf, indem ihr die Gegenstände der richtigen Religion zuordnet.

4. ❖ Sammelt an der Tafel, was ihr über diese drei Religionen bereits wisst, und vergleicht sie miteinander.

Kinder Abrahams

Juden, Christen und Muslime glauben alle an einen Gott. Deshalb werden sie monotheistische Religionen genannt (griechisch *monos* = eins, *theos* = Gott). Weil in allen drei Religionen Abraham eine große Rolle spielt, nennt man sie auch abrahamitische Religionen. In den heiligen Schriften aller drei Religionen wird die gleiche Geschichte erzählt: Gott schließt mit Abraham einen Bund. Er verspricht ihm, immer für ihn und seine Kinder da zu sein. Abraham hatte zwei Söhne: Ismael und Isaak. Die Juden betrachten sich als Nachfahren Isaaks und die Muslime als Nachfahren Ismaels. Da das Christentum aus dem Judentum hervorgegangen ist, gehören die Christen durch ihren Glauben an Jesus Christus auch zu den Kindern Abrahams und zu den Nachfahren Isaaks.

Meine Religion – das Christentum

Kilise Hiristiyanların ibadethanesidir.

Incil Hiristiyanların kutsal kitabıdır.

Hiristiyanlar Hazreti Isa, Allahın oğlu olduğuna inanıyorlar.

Haç Hiristiyanların sembolüdür.

Chris darf seinen Freund Erkan und dessen Familie in den Pfingstferien in die Türkei nach Antalya begleiten. Antalya ist die Heimat Erkans. Nachdem Erkan Chris viele Sehenswürdigkeiten und auch einige Moscheen gezeigt hat, besuchen sie zusammen Erkans alte Schule. Dort werden sie von seinen ehemaligen Mitschülern und Lehrern sehr herzlich begrüßt. Erkan muss erzählen, wie es ihm in Deutschland so geht. Doch dann spricht Herr Demir, Erkans ehemaliger Lehrer, auch Chris an. Erkan übersetzt: „Wir behandeln gerade das Christentum, da wäre es schön, wenn du dazu kommen könntest, um als Christ und Experte für das Christentum ein paar Fragen der Schüler zu beantworten." Chris ist froh, dass es nicht um Mathe geht, und willigt gerne ein, zumal Religion sein Lieblingsfach ist.

Hier findet ihr die Fragen der Schülerinnen und Schüler und die Antworten von Chris.

1. Warum heißt das Christentum eigentlich Christentum?

2. Woran glauben Christen?

3. Was hat Jesus denn gesagt?

4. Habt ihr auch ein heiliges Buch wie unseren Koran?

F. Jesus hatte den Beinamen Christus, das heißt „der Gesalbte". Deshalb nennen sich diejenigen, die an ihn glauben, Christen und die Religion heißt dann Christentum.

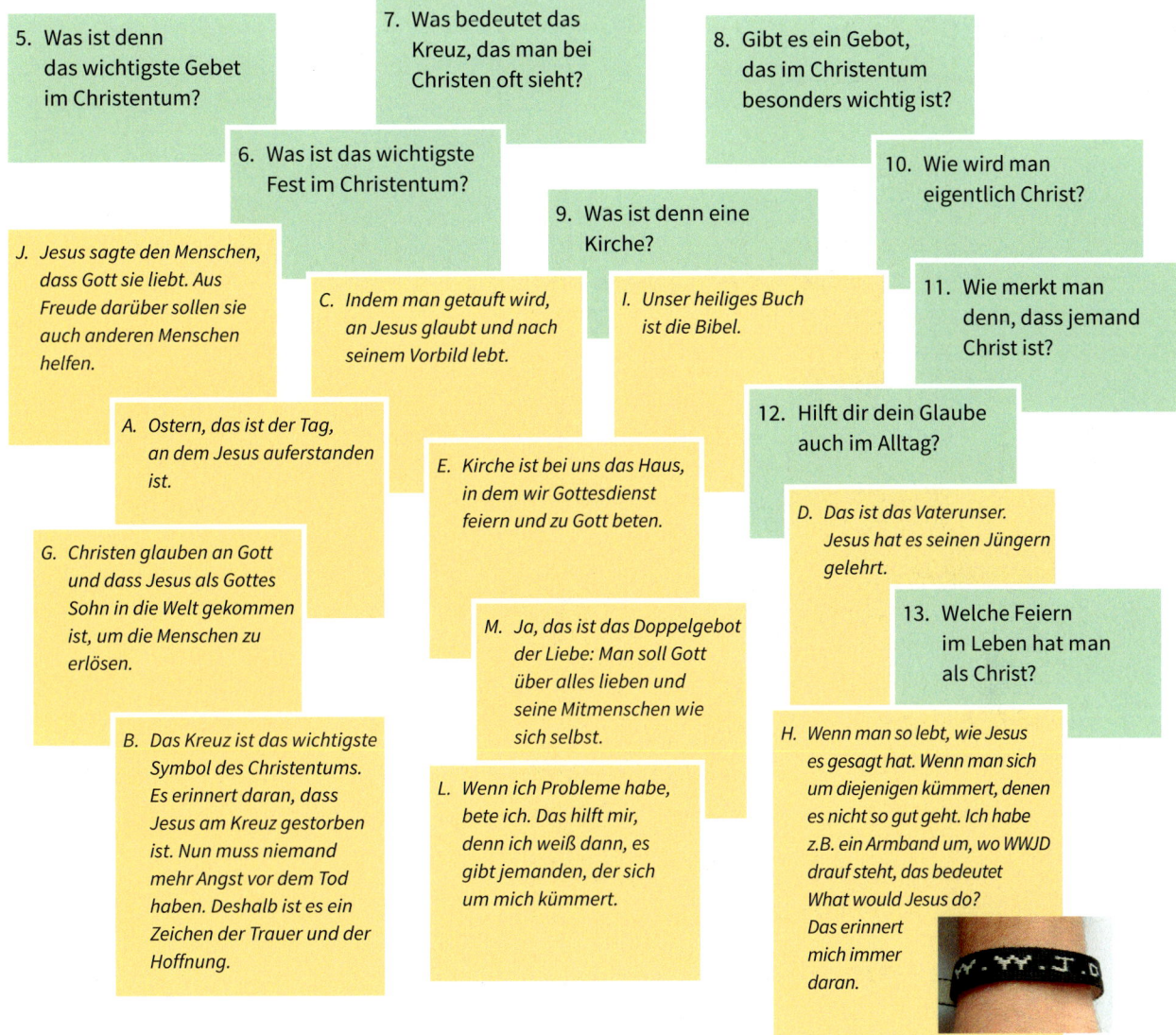

5. Was ist denn das wichtigste Gebet im Christentum?

6. Was ist das wichtigste Fest im Christentum?

7. Was bedeutet das Kreuz, das man bei Christen oft sieht?

8. Gibt es ein Gebot, das im Christentum besonders wichtig ist?

9. Was ist denn eine Kirche?

10. Wie wird man eigentlich Christ?

11. Wie merkt man denn, dass jemand Christ ist?

12. Hilft dir dein Glaube auch im Alltag?

13. Welche Feiern im Leben hat man als Christ?

J. Jesus sagte den Menschen, dass Gott sie liebt. Aus Freude darüber sollen sie auch anderen Menschen helfen.

C. Indem man getauft wird, an Jesus glaubt und nach seinem Vorbild lebt.

I. Unser heiliges Buch ist die Bibel.

A. Ostern, das ist der Tag, an dem Jesus auferstanden ist.

E. Kirche ist bei uns das Haus, in dem wir Gottesdienst feiern und zu Gott beten.

D. Das ist das Vaterunser. Jesus hat es seinen Jüngern gelehrt.

G. Christen glauben an Gott und dass Jesus als Gottes Sohn in die Welt gekommen ist, um die Menschen zu erlösen.

M. Ja, das ist das Doppelgebot der Liebe: Man soll Gott über alles lieben und seine Mitmenschen wie sich selbst.

B. Das Kreuz ist das wichtigste Symbol des Christentums. Es erinnert daran, dass Jesus am Kreuz gestorben ist. Nun muss niemand mehr Angst vor dem Tod haben. Deshalb ist es ein Zeichen der Trauer und der Hoffnung.

L. Wenn ich Probleme habe, bete ich. Das hilft mir, denn ich weiß dann, es gibt jemanden, der sich um mich kümmert.

H. Wenn man so lebt, wie Jesus es gesagt hat. Wenn man sich um diejenigen kümmert, denen es nicht so gut geht. Ich habe z.B. ein Armband um, wo WWJD drauf steht, das bedeutet What would Jesus do? Das erinnert mich immer daran.

1. ❖ Lest die Fragen, die die Schülerinnen und Schüler Chris stellen. Welche hättet ihr beantworten können?

2. ❖ Die Fotos auf dieser Doppelseite sind aus einem türkischen Schulbuch zum Thema Christentum. Was ist im einzelnen dargestellt? Sammelt Vorschläge, wie die türkischen Bildunterschriften übersetzt heißen könnten, und bittet dann eine türkisch sprechende Mitschülerin oder einen türkisch sprechenden Mitschüler die Sätze zu übersetzen.

3. ❖ Ordne den Fragen die richtigen Antworten zu.

4. ❖ Chris nennt vier Lebensfeste, die es im Christentum gibt. An welchen habt ihr schon teilgenommen? Vergleicht eure Erfahrungen.

5. ❖ Was meint ihr, was das Besondere im Christentum ist im Vergleich mit anderen Religionen?

K. Zunächst einmal die Taufe, da wird man in die christliche Gemeinde aufgenommen. Dann gibt es die Konfirmation oder bei den Katholiken die Firmung. Man bestätigt, dass man Christ sein will, und darf ab da wie die Erwachsenen am Abendmahl teilnehmen. Bei der Hochzeit verspricht das Brautpaar, sich immer zu lieben und für einander zu sorgen. Und dann gibt es noch die Beerdigung. Wir Christen glauben, dass wir nach dem Tod bei Gott sein und ein neues Leben haben werden. Bei der Beerdigung vertrauen wir den Verstorbenen Gott an.

Der Islam

Als Chris nach den Pfingstferien wieder zu Hause ist, erzählt er im Religionsunterricht von seinem Erlebnis in der türkischen Schule, und er berichtet von den vielen Moscheen, die er gesehen hat. Herr Oster, der Religionslehrer, lacht: „Da hättest du nicht so weit fahren müssen, eine Moschee gibt es ja auch bei uns." Einige Schüler haben das gar nicht gewusst und die ganze Klasse hat auf einmal ganz viele Fragen zur Moschee und zum Islam. „Könnten wir nicht mal die Moschee besuchen?", fragt eine Schülerin. „Oh ja", ruft Chris, „dann soll Erkan als Experte mit. Ich bin gespannt, wie gut der seine Religion kennt."

In der Moschee

Nachdem Herr Oster einen Termin ausgemacht hat, besucht die Religionsklasse wenig später die Moschee. Erkan ist dabei und übernimmt auch sofort die Führung. „**Moschee** heißt eigentlich ‚Haus des Gebets', weil Muslime hier gemeinsam beten. Der Turm, den man schon von weitem sieht, wird **Minarett** genannt. Von dort ruft der Muezzin, der Gebetsrufer, zum Gebet. Den **Brunnen** habt ihr ja auch schon gesehen. Bevor man den Gebetsraum betritt, wäscht man sich da. Den Gebetsraum betritt man ohne Schuhe. Dafür steht hier auch ein Schuhregal.
In einer Moschee sieht man in Richtung **Mekka**, unserer heiligen Stadt. Eine Gebetsnische, die **Mihrab**, zeigt, wo diese Richtung ist. Rechts neben der Nische ist die Kanzel, die **Minbar**. Hier predigt am Freitag, unserem Hauptgebetstag, der **Imam**. Der Imam ist der Prediger und Vorbeter in einer Gemeinde.
Auf dem Boden liegen Teppiche, auf denen man betet. Es gibt auch noch Regale und **Buchständer** für den **Koran**. So, das war's. Hat noch jemand Fragen?"
Sofort gehen viele Finger in die Luft:

Zum Glauben

Was bedeutet denn Islam?
Das Wort **Islam** bedeutet „sich Gott hingeben". Wir, also die Anhänger des Islam, nennen uns **Muslime**. Das heißt: „Jemand, der sich Gott ganz hingibt".

Was glauben denn Muslime?
Unser **Glaubensbekenntnis** lautet: „Es gibt keinen Gott außer Gott, und Mohammed ist sein Prophet." Wir glauben, es gibt nur einen Gott – **Allah**. Das Wort Allah bedeutet auf Arabisch „Gott". Wir glauben, dass Allah Propheten ausgeschickt hat, darunter auch Mose und Jesus, um uns seine Gesetze zu lehren. Der letzte und wichtigste Prophet war **Mohammed**.

Was ist denn der Koran?
Der Koran ist unsere heilige Schrift. Allah hat Mohammed die Worte des Koran wortwörtlich diktiert. Deshalb kann er eigentlich nicht übersetzt werden. Im Koran stehen Geschichten über Allah, Abraham, Josef, Mose und auch über Maria und Jesus. Aber auch, was wir Muslime dürfen und was nicht.

Was dürft ihr denn, und was nicht?
Wir Muslime haben vor allem fünf Pflichten, die man auch die **fünf Säulen** des Islam nennt:
1. Glaubensbekenntnis: Wir sollen uns zu Gott und Mohammed bekennen. Das ist die wichtigste Säule.
2. Gebet: Wir sollen fünfmal am Tag beten.
3. Almosen: Für die Armen sollen wir etwas abgeben.
4. Fasten: Im Monat **Ramadan** sollen wir tagsüber fasten.
5. Pilgerfahrt: Einmal im Leben soll man nach Mekka pilgern.

Außerdem gibt es dann noch die Vorschrift, dass man kein Schweinefleisch essen und keinen Alkohol trinken darf.

Müssen bei euch die Mädchen nicht auch Kopftücher tragen?
Im Koran steht eigentlich nichts darüber, dass Mädchen Kopftücher tragen müssen. Das machen manche, weil sie zeigen wollen, dass sie zum Islam gehören.

1. ❖ a) Erklärt reihum die fettgedruckten Begriffe mit einem Satz.
   b) Welcher Begriff ist auf einem Bild zu sehen?

2. ❖ Ordne die folgenden Sätze den fünf Säulen des Islam zu:
   a) Muslime sollen von Sonnenaufgang bis Sonnenuntergang nichts essen und trinken.
   b) Einmal im Leben sollen Muslime eine Pilgerfahrt zu heiligen Stätten machen.
   c) In der Gemeinschaft der Muslime soll es allen gut gehen.
   d) Muslime sollen mehrmals am Tag ihr Glaubensbekenntnis sprechen.
   e) Beim Beten kniet man auf einem Teppich und berührt immer wieder mit der Stirn den Boden.

3. ❖ Vergleicht eine Moschee mit einer Kirche. Wo gibt es Gemeinsamkeiten, wo Unterschiede?

Feiern und Feste im Islam

Wichtige Feste im Leben

Namensgebung
Nach der Geburt findet das Fest der Namensgebung statt. Der Imam hält den Kopf des Kindes in Richtung Mekka. Dann flüstert er dem Kind den Gebetsruf und das Glaubensbekenntnis ins Ohr.

Beschneidung
Vor dem zehnten Lebensjahr sollen Jungen beschnitten werden. Dabei wird mit Verwandten und Freunden das Beschneidungsfest gefeiert. Der Junge ist dabei wie ein Prinz angezogen. Weil ein Fest teuer ist, feiern oft mehrere Jungen in der Familie zusammen.

Hochzeit
Für das Hochzeitsfest werden sehr viele Verwandte und Bekannte eingeladen. Mann und Frau versprechen sich vor einem Imam und zwei Zeugen die Ehe. Die Braut trägt ein Hochzeitskleid und viel Schmuck. Frauen bemalen sich oft ihre Hände mit roter Henna-Farbe. Dem Paar wird beim Gratulieren Geld zugesteckt und die ganze Nacht wird Musik gemacht und getanzt.

Beerdigung
Muslime sollen so beerdigt werden, dass sie in Richtung Mekka schauen. Sie werden gewaschen und in ihr weißes Pilgergewand gewickelt. Ein Sarg ist im Islam nicht vorgesehen. In Deutschland ist er aber Pflicht. Grabsteine können einfache Steintafeln sein oder sie können aussehen wie eine Moschee.

1. ❖ Erkläre die einzelnen Feste mit Hilfe des jeweiligen Bildes.

2. ❖ Zeichne unter der Überschrift „Lebensfeste im Islam" einen Lebensweg in dein Heft und gestalte die vier Stationen mit einer kleinen Zeichnung. Schreibe jeweils einen erklärenden Satz dazu.

3. ❖ Vergleiche die Lebensfeste im Islam mit denen im Christentum. Wo gibt es Gemeinsamkeiten, wo Unterschiede?

Feste im Jahr

Muharram
An Neujahr feiern Muslime das Fest Muharram. So heißt auch der erste Monat im Jahr. Das Fest erinnert daran, dass Mohammed im Jahre 622 von Mekka nach Medina zog und dort die erste Gemeinde des Islam gründete.

Aschura-Fest
Das Aschura-Fest wird am zehnten Tag des Muharram gefeiert. Man erinnert sich dabei an die Erschaffung des Menschen und die Rettung der Arche Noah. Viele Gläubige fasten an Aschura.

Geburtstag Mohammeds
Der Geburtstag Mohammeds wird nicht von allen Muslimen gefeiert. Manche sind dagegen, denn sie meinen, dass es nur für Gott Feiertage geben soll.

Die Nacht der Himmelsreise
Das Fest erinnert an die Reise des Propheten Mohammed nach Jerusalem mit dem Reittier Burak. Dort soll Mohammed Gott begegnet sein und mit Abraham, Mose und Jesus gebetet haben.

Ramadan und Zuckerfest
Der Fastenmonat Ramadan ist der neunte Monat im Jahr. Man denkt daran, dass ein Engel dem Propheten Mohammed den Koran brachte. Etwa zwanzig Stunden am Tag – zwischen Sonnenaufgang und Sonnenuntergang – darf man nichts essen und trinken. Nach dieser Zeit des Fastens gibt es zum Ende des Ramadan ein großes Fest: das Zuckerfest. Es heißt auch Fest des Fastenbrechens und dauert drei Tage. Nach dem ersten gemeinsamen Frühstück gehen alle in die Moschee. Es gibt Süßigkeiten und Geschenke.

Opferfest
Das Opferfest dauert vier Tage. Es erinnert an Abraham. Abraham sollte seinen Sohn opfern, doch im letzten Moment schritt Gott ein und Abraham opferte stattdessen ein Schaf. Der Höhepunkt des Opferfests ist ein Familienessen, für das häufig eine Ziege oder ein Schaf geschlachtet wird. Dabei teilt man das Essen mit den Armen.

1. ❖ Erkläre die einzelnen Jahresfeste jeweils mit einem Satz.

2. ❖ Von welchen Festen ist hier die Rede?
   a) Bei diesem Fest spielt auch das sagenhafte Reittier Burak eine Rolle.
   b) Es erinnert ein bisschen an unser Weihnachten. Es ist eines der wichtigsten Feste im Islam und dauert drei Tage.
   c) Es ist das Neujahrsfest.
   d) Man erinnert sich an die Erschaffung der Welt und an das Ende der Sintflut.
   e) Der Höhepunkt ist die Schlachtung eines Tieres.
   f) Es beendet die Fastenzeit.
   g) Man denkt an eine wichtige Reise des Propheten Mohammed.
   h) Es dauert vier Tage.
   i) Dieses Fest wird kurz nach Neujahr gefeiert.
   j) Bei diesem Fest bekommen auch die Armen etwas.
   k) Dieses Fest wird nicht von allen Muslimen gefeiert.
   l) Man erinnert sich an den Auszug von Mohammed von Mekka nach Medina.

3. ❖ Vergleiche die Jahresfeste im Islam mit denen des Christentums. Wo gibt es Ähnlichkeiten, wo Unterschiede?

Das Judentum

Nach dem Besuch in der Moschee spricht Herr Oster mit seiner Religionsklasse: „Eigentlich hätten wir uns vor dem Islam zunächst mit dem Judentum beschäftigen sollen. Weil unsere Religion, das Christentum, ja aus dem Judentum hervorgegangen ist, und das Judentum uns daher sehr viel näher steht. Aber während auf unserer Schule viele muslimische Kinder sind, gibt es leider bei uns heute kaum noch jüdische Schüler. Das war früher einmal ganz anders.
Auf jeden Fall habe ich nun auch einen Besuch in unserer Synagoge ausgemacht." Zur Vorbereitung sammeln die Schülerinnen und Schüler Fragen, die sie dabei stellen wollen.

- Was glauben Juden?
- Was ist der Davidstern?
- Was ist die Tora?
- Wie wird man Jude?
- Was bedeutet „koscher"?
- Wie sagen Juden zu Gott?
- Glauben Juden auch an Jesus?

1. ❖ Sammelt an der Tafel Fragen, die ihr zum Judentum habt.
2. ❖ Was wisst ihr darüber, warum es nur noch wenige Juden in Deutschland gibt?

In der Synagoge

„Schalom, ich bin David. Schalom ist unser Gruß und bedeutet ‚Friede sei mit euch!' Ich werde euch heute unsere **Synagoge** zeigen und euch auch etwas über das Judentum erzählen.
Am Eingang habt ihr vielleicht eine kleine Kapsel gesehen, die **Mesusa**. Die findet man auch an unseren Wohnungstüren. Da drin ist ein Zettel mit unserem wichtigsten Gebet, dem ‚**Höre, Israel**'.
Ich hab euch das Gebet mal in Deutsch aufgeschrieben und zwar so, wie man im Hebräischen schreibt, nämlich von rechts nach links. Könnt ihr es lesen?"

„Jungs, bedeckt euch bitte den Kopf mit einer **Kippa**. Das tun alle männlichen Besucher als Zeichen der Ehrfurcht vor Gott.
An den Fenstern seht ihr den **Davidstern**. Das ist das Zeichen des Judentums. Es erinnert an David, den großen König Israels. Ein Symbol des Judentums ist auch die **Menora**, der siebenarmige Leuchter.
Im Inneren einer Synagoge blickt man in Richtung Jerusalem. Dort steht auch der **Toraschrein**. Die **Tora** ist die heilige Schrift des Judentums. Sie wird als Schriftrolle in jeder Synagoge im Toraschrein aufbewahrt. Im Gottesdienst am Sabbat, also am Samstag, wird die Tora auf einen Tisch gelegt. Diesen Tisch nennt man **Bima**. Der **Rabbiner**, das ist der jüdische Geistliche, also so ähnlich wie ein Pfarrer, oder jemand aus der Gemeinde liest dann aus der Tora vor."

,ttoG resnu tsi egiwE reD !learsI eröH
,reniE tsi egiwE reD
,ttoG nenied, negiwE ned tsllos du dnU
eleeS reznag tim ,nezreH meznag tim nebeil
.tfarK neznag renied tim dnu

Kap. David, S. 130

Zum Glauben

„Jude ist man, wenn man eine jüdische Mutter hat.
Wir Juden glauben, dass es nur einen Gott gibt. Weil Gott uns als sein Volk ausgewählt und einen Bund mit uns geschlossen hat, erfüllen wir seine **Gebote**. Es gibt Gebote für alle Lebensbereiche. Wir müssen z.B. darauf achten, dass unser Essen ‚koscher', also ‚rein' ist. Unrein ist für uns Schweinefleisch. Man darf auch nichts aus Milch und Fleisch zusammen essen. Dafür gibt es sogar extra Teller."

„Gott hat einen Namen, aber wir sprechen ihn nicht aus. Wie die vier Buchstaben **JHWH** ausgesprochen werden, weiß keiner mehr. Meist sagt man zu Gott ‚Adonai', also ‚Herr', oder ‚Ha Schem', ‚der Name'. **Jesus** ist für uns ein jüdischer Mensch, ein Rabbi. Er ist nicht der Sohn Gottes und nicht der Messias."

1. ❖ Beschreibe und erkläre die Fotos auf der Doppelseite und erkläre die fett gedruckten Begriffe.
2. ❖ Lies dir die Erklärungen von David aufmerksam durch und beantworte danach die Fragen der Klasse.
3. ❖ Vergleiche die Meinungen der drei Religionen zu Jesus.

Jüdische Feiern und Feste

Wichtige Feste im Leben

Beschneidung und Fest der Namensgebung
Acht Tage nach der Geburt werden die Jungen beschnitten. Sie erhalten dabei ihren Namen. In der Bibel heißt es: Die Beschneidung ist ein Zeichen für den Bund Gottes mit dem Volk Israel. Daher muss jeder jüdische Mann beschnitten sein. Mädchen bekommen ihren Namen bei einem Namensfest.

Bar Mizwa und Bat Mizwa
Mit 13 Jahren wird ein jüdischer Junge zum „Bar Mizwa", das heißt „Sohn der Pflicht". Er hat nun Rechte und Pflichten in der jüdischen Gemeinde. Er darf in der Synagoge aus der Tora vorlesen, den Gebetsmantel und die Gebetsriemen tragen. Mädchen gelten mit 12 Jahren als erwachsen, als „Bat Mizwa", als Tochter der Pflicht. Sie dürfen im Haus die Sabbat-Lichter anzünden und das Sabbat-Gebet sprechen.

Hochzeit
Bei einer jüdischen Hochzeit spricht der Rabbi den Segen. Die Feier kann im Freien oder in der Synagoge stattfinden. Immer ist sie unter einem Baldachin, einer Art Stoffdach. Bei der Trauung unterschreibt man gemeinsam einen Ehevertrag. Zwei Zeugen müssen ihn auch unterschreiben. Ein Ring wird überreicht. Dann wird ein Glas zertreten. Am Ende rufen alle: „Masel tov". Das bedeutet: „Viel Glück!"

Beerdigung
Wenn ein Mensch gestorben ist, wird er auf einem Friedhof beerdigt. Dieser muss außerhalb eines Wohnorts liegen. Männer werden in ihrem Tallit, ihrem Gebetsmantel, beigesetzt. Verwandte und Freunde sprechen das Gebet „Höre, Israel". Wer ein jüdisches Grab besucht, legt keine Blumen, sondern Steine darauf.

1. ❖ Erkläre die einzelnen Feste mit eigenen Worten.

2. ❖ Welches Fest ist jeweils gemeint?

a) Mädchen gelten ab jetzt als erwachsen.
b) Verwandte und Freunde sprechen Gebete.
c) Es findet immer unter einem Baldachin statt.
d) Es findet 8 Tage nach der Geburt statt.
e) Man kann einen Stein mitbringen.
f) Man wünscht sich Masel tov.
g) Ein Zeichen für den Bund Gottes mit Israel.
h) Mädchen dürfen ab jetzt die Sabbat-Kerzen anzünden.
i) Mädchen bekommen ihren Namen.
j) Der Junge zählt ab jetzt zu den Erwachsenen in der Gemeinde.
k) Männer werden in ihren Gebetsmantel gehüllt.
l) Ein Glas wird zertreten.

3. ❖ Vergleiche die Lebensfeste im Judentum mit denen im Christentum. Wo gibt es Ähnlichkeiten, wo Unterschiede?

Feste im Jahr

Rosch Haschana
Das ist das jüdische Neujahrsfest. Es wird zum Herbstbeginn gefeiert und dauert zehn Tage. Jeden Morgen bläst jemand in der Synagoge das Schofar, ein Widderhorn, um die Menschen daran zu erinnern, was sie im letzten Jahr falsch gemacht haben. Zu Hause isst man Äpfel mit Honig, um sich ein süßes neues Jahr zu wünschen.

Jom Kippur
Mit Jom Kippur, dem Versöhnungstag, endet das jüdische Neujahrsfest. Jom Kippur ist für die Juden der heiligste Tag des Jahres. Die Erwachsenen essen und trinken nichts und bitten Gott um die Verzeihung ihrer Fehler.

Chanukka
Chanukka wird acht Tage lang gefeiert. Jeden Tag zündet man an einem achtarmigen Leuchter eine Kerze mehr an. Tatsächlich hat der Leuchter oft neun Arme. Das neunte Licht ist der „Diener". Nur an diesem dürfen die anderen angezündet werden. Das Fest erinnert an den Sieg über einen fremden König, der den Tempel in Jerusalem entweiht hatte. Als der Tempel wieder neu eingeweiht werden sollte, geschah ein Wunder. Obwohl nur Öl für einen Tag da war, brannte das Licht acht Tage lang.

Passafest
 Passafest und Sedarabend, S. 122f.

Am Passafest erinnern sich die Juden an die Befreiung aus der Sklaverei in Ägypten. Es wird ungefähr in der Zeit gefeiert, in der die Christen Ostern feiern. Das Passafest dauert acht Tage und beginnt am ersten Abend mit einem ganz besonderen Abendessen, dem Sedermahl.

Purim
Ester war vor langer Zeit eine jüdische Königin in Persien (Iran). Sie rettete ihr Volk vor einem bösen Mann namens Haman. An Purim verkleiden sich die Kinder und hören die Geschichte von Ester in der Synagoge. Immer wenn Hamans Name genannt wird, schimpfen sie und stampfen mit den Füßen auf.

Sukkot
Das ist das jüdische Erntefest. Es heißt auch „Laubhüttenfest" – zur Erinnerung an die Hütten der jüdischen Vorfahren auf ihrer Flucht durch die Wüste.

5. ❖ **Erstellt eine Tabelle zu den Jahresfesten im Judentum und ordnet die folgenden Begriffe zu:**

Ende des Neujahrsfestes / Erntefest / Schofar / Königin Ester / Lichterfest / Versöhnungstag / Erinnerung an die Befreiung aus Ägypten / Neujahrsfest / Kinder verkleiden sich / Laubhüttenfest / Äpfel mit Honig / heiligster Tag des Jahres / Haman / achtarmiger Leuchter / Sedermahl

Wissen und Können

Das weiß ich

▶ Das Judentum, das Christentum und der Islam verehren einen Gott. Die Juden nennen ihn Jahwe, im Islam heißt er Allah, bei den Christen Gott. Alle drei Religionen berufen sich auf einen gemeinsamen Urvater: Abraham. Die Geschichte Abrahams kann man in den heiligen Büchern aller drei Religionen nachlesen. Deshalb nennt man diese drei Religionen auch abrahamitische Religionen.

▶ Das Judentum ist vor ungefähr 4000 Jahren entstanden. Es war die erste Religion der Menschheit, deren Anhänger nur an einen einzigen Gott glaubten. Das Symbol des Judentums ist der Davidstern. Die Tora ist die heilige Schrift der Juden. Sie erzählt die Geschichte des Volkes Israel mit Gott und beinhaltet die Gebote und Weisungen Gottes für die richtige Lebensweise. Weltweit hat das Judentum ungefähr 15 Millionen Anhänger.

▶ Das Christentum hat seine Wurzeln im Judentum und ist ungefähr 2000 Jahre alt. Christen glauben an Gott, den Schöpfer der Welt, der sich in seinem Sohn Jesus Christus den Menschen offenbart hat. Durch seinen Tod am Kreuz und seine Auferstehung hat Jesus die Menschen von Sünde und Tod erlöst. Das Symbol des christlichen Glaubens ist das Kreuz. Das heilige Buch der Christen ist die Bibel. Weltweit gibt es ungefähr 2,3 Milliarden Christen.

▶ Der Islam wurde vor ungefähr 1400 Jahren von Mohammed gegründet. Die Anhänger des Islam bezeichnet man als Muslime. Symbole des Islam sind Halbmond und Stern. Allah ist der einzige Gott. Der Koran ist das heilige Buch des Islam. Für Muslime ist er die Verkündigung von Gottes Wort, so wie es dem Propheten Mohammed offenbart wurde. Auf der Welt gibt es ungefähr 1,6 Milliarden Muslime.

Das kann ich

A) Vergleich zwischen Judentum, Christentum und Islam

1. Übertrage die Tabelle in dein Heft und ergänze die richtigen Begriffe.

	Judentum	Christentum	Islam
Gottesname			
Name der Anhänger			
Heilige Schrift			
Symbol			
Gebetshaus			
Wöchentlicher Feiertag			

B) Welche Religionen sind gemeint?

a. Dies ist die älteste Religion.
b. Zählen sich zu den Nachfahren Ismaels
c. Es gibt nur einen Gott
d. Jesus ist Gottes Sohn
e. Feiern das Opferfest
f. Wurden von Gott als sein Volk ausgewählt
g. Mohammed ist Gottes Prophet
h. Zählen sich zu den Nachfahren Isaaks
i. Feiern Weihnachten
j. Man darf kein Schweinefleisch essen
k. Dies ist die Religion mit den meisten Anhängern
l. Man darf keinen Alkohol trinken
m. Die Jungen werden beschnitten
n. Feiern das Passafest
o. Berufen sich auf Abraham

1. Überprüfe die folgenden Aussagen und ordne sie den jeweiligen Religionen zu. Manche Antworten passen zu mehreren Religionen.

C) Feste und Feiern

1. Erkläre, was auf dem Foto zu sehen ist.
2. Nenne zum Christentum, zum Judentum und zum Islam jeweils ein Lebensfest und ein Jahresfest und erkläre sie.

D) Was passt zusammen?

1 Turm bei der Moschee	5 das wichtigste Fest im Christentum	9 Das wichtigste Gebet im Christentum	A Ostern	E Abraham	I Rabbiner
2 Das bedeutet der Name Christus	6 Was bedeutet Bar Mizwa?	10 Bedeutung des Wortes Islam	B Ramadan	F Minarett	J Sohn der Pflicht
3 Fastenmonat im Islam	7 Geistlicher im Judentum	11 Vorbeter in der Moschee	C Gebetsmantel und Gebetsschal	G Sich Gott hingeben	K Menora
4 Tragen fromme Juden beim Gebet	8 Stammvater aller drei Religionen	12 Siebenarmiger Leuchter	D Der Gesalbte	H Imam	L Vaterunser

Schluss-Check

Überlegt gemeinsam:
▶ *Das war (mir) wichtig in diesem Kapitel: …*
▶ *Das sollte man sich merken: …*
▶ *Gibt es etwas, das noch geklärt werden muss?*

SPEICHERN

Methoden-Kiste

Bei der Arbeit mit eurem Reli-Buch stoßt ihr immer wieder auf Methoden, die nicht näher erklärt werden. Diese Methoden-Kiste fasst die wichtigsten zusammen und erläutert sie genauer. So könnt ihr auch über die gegebenen Hinweise im Buch hinaus selbstständig immer wieder in die Methoden-Kiste greifen und auch andere Themen mit ihnen bearbeiten.

Die hier vorgestellten Methoden bilden nur eine Auswahl. Genial ist es, wenn ihr selbst immer wieder überlegt, wie ihr euch die Themen kreativ aneignen könnt, sodass es besser „hängen bleibt" und auch noch Spaß macht!

➡ ## ABC-Methode

Die ABC-Methode hilft dir, zu einem Thema viele Begriffe zu finden und das Thema so besser zu verstehen.

Schreibe alle Buchstaben des Alphabets untereinander. Versuche nun zu möglichst vielen Buchstaben einen passenden Begriff oder einen kleinen Satz zu finden, der zu dem vorgegebenen Thema passt.

Vergleicht anschließend eure Ergebnisse.

Beispiel: Thema Freundinnen und Freunde

A llerbeste Freundin	**K**
B loß kein Streit	Al **L** einsein ist nicht so schön
C lique	soll Gehei **M** nisse nicht weitererzählen
D	Inter **N** etfreunde
	O

➡ ## Ampelkarten

Alle legen sich eine grüne, rote und gelbe Ampelkarte in Postkartengröße zu.
Grün bedeutet Zustimmung,
Rot Ablehnung und **Gelb** halb und halb.

Dann werden vorher formulierte Meinungssätze aufgerufen, wie z.B. „Wer lügt, muss bestraft werden." Oder: „Es gibt Schutzengel."
Alle zücken ihre Ampelkarte.
Danach kommt es zu einem Gespräch über die Abstimmung und die Gründe dafür.

Akrostichon

Ein Akrostichon ist ein altes Schreibspiel. Die Buchstaben eines Wortes werden dazu untereinander geschrieben. Dieses Wort gibt das Thema vor. Die einzelnen Buchstaben sind die Anfangsbuchstaben für neue Wörter, die alle mit dem Thema zu tun haben müssen.

G ott
L iebt
A lle
U nd
B leibt
E wig.

L ieblingsverein HSV
U ngeduldig
K ann gut fußballspielen
A ngst vor Spinnen
S elten Langeweile

Bildbetrachtung

Wenn du Bilder, vor allem schöne Kunstbilder, besser verstehen willst, musst du sie genau betrachten und dich näher mit ihnen beschäftigen.
Folgende Schritte und Fragen können dir dabei helfen:

1. Schritt: Sieh dir das Bild in Ruhe an. Nimm dir Zeit dafür und rede nicht dabei.
2. Schritt: Beschreibe, was du auf dem Bild alles entdeckst. Formuliere für jede Entdeckung einen Satz: „Ich sehe ...".
3. Schritt: Untersuche das Bild nun genauer:
- Welche Personen siehst du?
- In welcher Beziehung stehen sie zueinander?
- Beschreibe Aussehen, Kleidung, Körpersprache, Gesichtsausdruck, Handlungen ...
- Welche Gegenstände sind auf dem Bild? Sind Tiere und Pflanzen zu finden?
- Was erscheint dir auf dem Bild komisch?

4. Schritt: Untersuche, wie das Bild gestaltet wurde.
- Mit welchen Mitteln hat der Künstler gearbeitet?
- Wie ist das Bild aufgebaut?
- Wo befindet sich das Zentrum?
- Was steht im Vordergrund, was im Hintergrund?
- Welche Farben werden vorwiegend verwendet? Woher kommt das Licht?

5. Schritt: Es geht nun um deine persönliche Meinung zu dem Bild.
- Wie wirkt das Bild auf dich?
- Was gefällt dir gut an dem Bild, was nicht so gut? Warum?
- Was würdest du gerne verändern?
- Suche einen Namen für das Bild.

➡ Collage

Eine Collage ist ein Klebebild, bei dem aus der Zusammenstellung vieler verschiedener kleiner Bilder ein neues, größeres Bild entsteht.

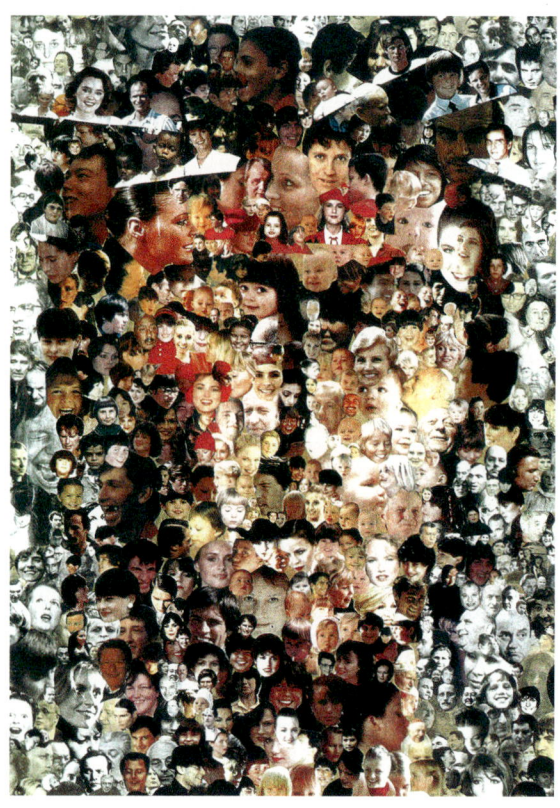

Für das Erstellen einer Collage benötigt ihr verschiedene Materialien: große, stabile Papierbögen, Schere, Klebstoff, Farbstifte, Eddings, Textmarker usw.

Sammelt zunächst zu einem bestimmten Thema oder einer bestimmten Fragestellung aus Zeitungen, Zeitschriften, Prospekten usw. möglichst viele verschiedene Fotos und Texte.

Den Papierbogen, auf den ihr alles klebt oder malt, könnt ihr zuerst in eine bestimmte Form schneiden, z.B. den Umriss eines Menschen, die Grundform einer Kirche usw.

Danach bearbeitet ihr euer Material. Ihr könnt es zerschneiden, neu zusammensetzen, teilweise übermalen und verändern oder auch übereinander kleben. Ihr könnt eure Collage auch noch mit Buntstiften weiterzeichnen. Wenn ihr alle Teile aufgeklebt hat, schreibt ihr den Titel darauf.

Schülerinnen und Schüler aus Frankreich haben aus ihren eigenen Fotos und Zeitschriftenbildern diese Jesus-Collage gestaltet.

➡ Diskussion

Wenn ihr strittige Fragen und Meinungen in einem Gespräch klären wollt, sollte jeder von euch folgende Regeln einhalten:

1. Höre deinen Mitschülern gut zu.

2. Falle ihnen nicht ins Wort. Lasse sie ausreden.

3. Gehe auf die Gedanken deiner Mitschülerinnen und Mitschüler ein.
Greife etwas auf, das sie gesagt haben.

4. Drücke dich selbst knapp und so klar wie möglich aus.

REGELN EINHALTEN!

Eigene Meinung bilden

Bevor du mit anderen über ein Thema sprichst, musst du dir überlegen, welche Meinung du zu einer bestimmten Frage hast. Oft hilft es, wenn du diese Meinung einmal in einem Satz aufschreibst, zum Beispiel: „Ich glaube, dass es Gott gibt." Danach solltest du dir eine Begründung für deine Meinung überlegen. „Ich glaube, dass es Gott gibt, weil er mir schon geholfen hat."
Ein Grund wird immer mit dem Wort „weil" an eine Meinung angehängt.

Elfchen

Ein Elfchen ist ein Gedicht, das sich aber nicht reimen muss.
Mit einem Elfchen kannst du dir zu einem vorgegebenen Thema Gedanken machen und mit nur wenigen Worten deine Ideen kreativ ausdrücken.
Ein Elfchen besteht aus elf Wörtern und fünf Zeilen.

1. **Zeile:** **Ein Wort** (Überschrift, Thema)
2. **Zeile:** **Zwei Wörter** (beziehen sich auf das Wort in Zeile 1, z.B. ein Gegenstand oder eine Person mit Artikel
3. **Zeile:** **Drei Wörter** (Wo, wie ist der Gegenstand, was tut die Person)
4. **Zeile:** **Vier Wörter** (etwas über sich selbst schreiben, Ich-Botschaft)
5. **Zeile:** **Ein Wort** (ein starkes Schlusswort für das Elfchen)

> Beten
> hilft das?
> Hört mich Gott?
> Ich probier es mal,
> Gott!

Gefühlsfarben

Beim Lesen oder Hören eines Textes kann man sehr unterschiedliche Gefühle haben.
Unterschiedliche Gefühle kann man mit verschiedenen Farben ausdrücken:

- **Schwarz** zeigt Trauer und negative, dunkle Gefühle an.
- **Gelb** zeigt Freude, Wärme, gute Gefühle an.
  Gelb kann auch für Gott stehen.
- **Rot** zeigt Liebe, Hass, Wut, Ärger, starke Gefühle an.
- **Grün** zeigt Wachstum, Veränderung, Gefühle der Hoffnung an.
- **Blau** zeigt Gefühle der Ehrlichkeit und des Vertrauens an.
  Mit blau kann man Ruhe, Überblick, Ausgleich und Vertrauen ausdrücken.
- **Weiß** ist die Farbe der Unschuld und steht häufig auch für Jesus.

Ihr könnt einen Text nun so farbig gestalten, dass entweder die Gefühle der beteiligten Personen zum Ausdruck kommen oder eure Gefühle dem Text gegenüber.

→ Heftführung

Dein Religionsheft ist ein wichtiges Lernmittel. In deinem Heft hältst du die wichtigsten Unterrichtsergebnisse fest, und du kannst dich mit Hilfe deiner Hefteinträge gut auf Lernkontrollen vorbereiten.
Bei der Heftführung kannst du deine gestalterischen Fähigkeiten zeigen.
Ein ordentliches Heft zu führen ist eigentlich ganz einfach, wenn du die folgenden Regeln berücksichtigst:

- Schreibe grundsätzlich immer mit einem Tintenfüller.

- I   Lass rechts und links einen Rand von 3 cm frei.   I

- Nimm dir für deine Einträge Zeit und achte auf eine *schöne* und *leserliche* Schrift.

- Vermeide Rechtschreibfehler.

- Große Überschriften unterstreichst du doppelt, kleine Überschriften und wichtige Begriffe einfach. Natürlich immer mit Lineal.

- Vor einem neuen Eintrag lässt du vier Zeilen frei, zwischen Überschrift und Text zwei Zeilen.

- Merksätze rahmst du am besten farbig ein. Dazu benutzt du das Lineal.

- Tabellen und Zeichnungen fertigst du mit einem *spitzen* Bleistift an.

- Bilder, Schaubilder, Grafiken und Diagramme malst du mit **Buntstiften** an.

- Klebe jedes Arbeitsblatt *sofort* in dein Heft. Manchmal musst du es vorher *zuschneiden*.

- Hast du eine Unterrichtsstunde versäumt, kümmerst du dich selbst darum, den versäumten Stoff ins Heft nachzutragen. Frage deinen Lehrer oder deine Lehrerin, ob es in der Stunde Arbeitsblätter usw. zu bearbeiten gab.

- Du kannst dein Heft auch mit **Zusatzmaterial** versehen. Zum Beispiel mit Bildern oder Zeitungstexten, die zu den jeweiligen Themen passen. Manchmal gibt es dafür dann eine Fleißnote.

Ja-Nein-Linie

Eine Ja-/Nein-Frage kann man nicht nur mit Worten beantworten. Man kann auch Stellung dazu beziehen, indem man sich im Raum aufstellt.

Zu Beginn wird festgelegt, zum Beispiel mit Klebeband oder Seil, welche Seite des Klassenzimmers „Ja", also Zustimmung bedeutet. Die gegenüberliegende Seite bedeutet „Nein" und damit Ablehnung. Die Mittellinie bedeutet Unentschieden oder Enthaltung. Je näher man sich dieser Linie stellt, desto schwächer ist das Ja oder das Nein.

Nun werden Fragen gestellt, die mit Ja oder Nein beantwortet werden können, zum Beispiel: Hat Jesus Wunder getan? Soll man seinen Sitznachbarn bei einer Klassenarbeit abschreiben lassen?

Bei jeder Frage verteilt ihr euch neu im Raum und nehmt euren „Standpunkt" ein. Wenn ihr zustimmt, platziert ihr euch auf der Ja-Seite. Die „Nein"-Sager sind entsprechend auf der gegenüberliegenden Seite, die „Unentschiedenen" in der Mitte. So wird das Meinungsbild in der Klasse schnell offensichtlich. Wer will, kann seine Position begründen.

Pantomime

Pantomime bedeutet etwas ohne Worte mimisch oder gestisch nachzuahmen. Es ist eine Ausdrucksform, bei der ihr nicht sprecht, sondern euch durch Bewegung des Körpers (Kopf, Hände usw.) verständlich macht.

Pozek-Schlüssel

Mit dem Pozek-Schlüssel kannst du einen Bibeltext besser verstehen. Folgende Fragen helfen dir dabei:

P erson: Wer handelt oder redet hier?
O rt: Wo geschieht das Ereignis?
Z eit: Wann geschieht es? (Tageszeit, Jahreszeit, an welchem Zeitpunkt im Leben der beteiligten Personen)
E reignis: Was geschieht hier eigentlich? Was spielt sich ab? Was ist das Besondere an diesem Ereignis?
K ern: Was sagt der Text mir persönlich? Welche Aussage, welche Botschaft ist mir besonders wichtig?

➡ Pro und Kontra

Phase 1: Sammeln von Pro- und Kontra-Argumenten

Es gibt viele Themen, zu denen es unterschiedliche Meinungen gibt.
Um möglichst viele verschiedene Argumente und Begründungen kennenzulernen, könnt ihr zunächst die Meinungen in zwei Gruppen unterteilen:
In die Pro-Gruppe, da sammelt ihr alles, was für eine Aussage spricht, und in die Kontra-Gruppe, da sammelt ihr alles was gegen eine Aussage spricht.

Phase 2: Diskussion

Jetzt bildet ihr in der Klasse zwei Gruppen: Eine Gruppe, die Pro-Gruppe, vertritt die Pro-Seite, d.h. sie spricht für die Sache oder das Thema. Die andere Gruppe vertritt die „Kontra-Seite", d.h. sie argumentiert dagegen.
Ein Moderator leitet das Gespräch.

➡ Rollenspiel

Mit einem Rollenspiel könnt ihr euch in die Rolle einer anderen Person hineinversetzen. Beim Spielen lernt ihr nachzuempfinden, wie sich diese Person fühlt. Außerdem könnt ihr im Spiel ein bestimmtes Verhalten ausprobieren, das euch in einem echten Konflikt helfen kann. Wenn ihr die Rollen wechselt, erlebt ihr die Situation vielleicht anders. Das bedeutet aber auch, dass im Rollenspiel nicht einfach etwas nachgespielt wird. Rollenspiele sind offen und verlangen eine *eigene kreative Gestaltung*. So kann man eine Geschichte oder Bibelstelle weiterspielen. Man kann auch Menschen, die aus verschiedenen Zeiten stammen, in einem Rollenspiel zusammentreffen lassen. Manchmal kann ein Kleidungsstück oder eine Verkleidung hilfreich sein.

Beispiele:
- Mose erzählt seiner Frau von seinem Erlebnis am Dornbusch und vom Auftrag Gottes ...
- Sofia ist von ihrer besten Freundin Amelie enttäuscht, weil diese ein Geheimnis weitererzählt hat. Sofia stellt Amelie zur Rede ...

Standbild

Ein Standbild ist eine mit Körpern von Personen gestaltete Darstellung. Beim Standbild geht es darum, sichtbar zu machen, was in Menschen vorgeht.

Variante 1
Das Standbild wird in Partner- oder Kleingruppenarbeit entwickelt. Ein „Bildhauer" modelliert zu einem Thema ein Bild. Sein „Werkstoff" sind Mitschüler, die er bittet, sich in einer bestimmten Art und Weise aufzustellen. So kann der Bildhauer die Mitschüler bestimmte Körperhaltungen einnehmen lassen. Er kann die einzelnen Personen zueinander gruppieren und damit ihre Beziehungen oder Einstellungen verdeutlichen. Die Mitschülerinnen und Mitschüler bleiben in der Körperhaltung, die ihnen der Baumeister gibt, „eingefroren" eine Minute stehen.

Variante 2
Die Schülerinnen und Schüler entscheiden selbst, jeder für sich, wie eine Person oder ein Sachverhalt dargestellt wird, und stellen sie mit ihrem eigenen Körper dar.

Bei beiden Varianten kommentieren die nichtbeteiligten Schülerinnen und Schüler anschließend das Standbild.

WWW.WWW

Diese Methode hilft dir, mit einfachen W-Fragen einen Text besser zu verstehen. Solche Fragen können zum Beispiel sein: **Wer? Was? Wann? Wo? Wie? Wozu?**

Reli-Lexikon

A Abendmahl
Als Jesus kurz vor seinem Tod zum letzten Mal mit seinen Jüngern das Passamahl aß, gab er dem Brot und dem Wein einen neuen Sinn: Immer wenn die Jünger davon essen und an Jesus denken, ist er selbst dabei anwesend. Deshalb feiern Christen bis heute regelmäßig das Abendmahl. Sie glauben, dass Jesus anwesend ist, wenn sie das Brot brechen und den Wein teilen, und bitten um die Vergebung der Sünden.

Abraham
Im Vertrauen auf Gott verließ Abraham mit seiner Familie seine Heimat. Unter der Führung Gottes siedelten sie sich im Land Kanaan an. Aus Abrahams Familie entstand das Volk Israel.
Abraham gilt für Juden, Christen und Muslime als Stammvater des Glaubens.

Advent
Das Wort Advent kommt aus dem Lateinischen und bedeutet „Ankunft".
Die Adventszeit ist die Zeit vor Weihnachten, wenn Christen auf die Ankunft von Jesus in der Welt warten. Die Adventszeit ist auch eine Zeit der Besinnung und inneren Vorbereitung. Mit dem ersten Advent beginnt das neue Kirchenjahr.

Altes Testament (abgekürzt AT)
Die Bücher des AT sind die heilige Schrift der Juden und bilden auch den größten Teil der christlichen Bibel. Im AT stehen die Geschichten von der Erschaffung der Welt und von den Erfahrungen, die das Volk Israel mit Gott gemacht hat.

Apostel
Ein Apostel ist jemand, der von Jesus direkt als „Gesandter" beauftragt worden ist.
In der Bibel steht, dass Jesus selbst zwölf Jünger erwählt hat und diese dann als Apostel einsetzte. Darüber hinaus werden noch weitere Apostel genannt.

B Bibel
Die Bibel ist das heilige Buch der Christen. Die Bibel besteht aus zwei großen Teilen, dem Alten Testament (AT) und dem Neuen Testament (NT). Das AT erzählt die Geschichten von Gott und dem Volk Israel. Im NT stehen die Geschichten von Jesus und den ersten christlichen Gemeinden.

Bund Gottes mit seinem Volk Israel
Gott schließt auf dem Berg Sinai einen Bund, d.h. einen Vertrag mit dem Volk Israel. Gott gibt dem Volk Israel die Zehn Gebote und verspricht: Ich will immer für euch da sein und ihr sollt mein Volk sein. Dafür sollt ihr meine Gebote einhalten.

C Christus
Das griechische Wort Christus und das hebräische Wort Messias bedeuten „der Gesalbte". Als Gesalbten bezeichnete man einen Retter, den Gott schickt, um die Welt zum Guten zu verändern und dem Volk Israel Frieden und Heil zu bringen. Die Menschen gaben Jesus die Beinamen Christus und Messias, um seine ganz besondere Nähe zu Gott auszudrücken.

D Doppelgebot der Liebe
Als Jesus gefragt wurde, was das wichtigste Gebot sei, antwortete er mit dem Doppelgebot der Liebe (Mt 22,37-39): 1. Man soll Gott über alles lieben. 2. Man soll seine Mitmenschen lieben wie sich selbst.

E

Engel
Das Wort „Engel" kommt aus dem Griechischen und bedeutet „Bote". Engel sind Boten Gottes und gehören zu Gottes Welt. Engel wirken in der Welt mit der Macht Gottes. Dabei können auch Menschen für andere zum Engel werden.

evangelisch
Evangelisch kommt von dem Wort Evangelium. Die evangelische Kirche heißt so, weil für sie das Evangelium, d.h. die frohe Botschaft, die Jesus verkündet hat, am wichtigsten ist.

Evangelium
Der Begriff Evangelium kommt aus dem Griechischen und bedeutet „frohe Botschaft". Damit ist die Botschaft von Jesus gemeint, dass Gott die Menschen liebt und ihnen ihre Fehler vergibt, wenn sie an ihn glauben.

In der Bibel gibt es vier Bücher, in denen die Geschichten von Jesus erzählt werden. Jedes dieser Bücher nennt man Evangelium. Die Schreiber dieser Evangelien nennt man Evangelisten. Die vier Evangelisten heißen: Matthäus, Markus, Lukas und Johannes.

G

Gebet
Im Gebet wenden sich Menschen an Gott. Sie bringen dabei ihren Dank, ihre Sorgen und ihre Bitten vor Gott.

Gleichnis
Jesus erzählt oft Gleichnisse. Gleichnisse sind kurze Vergleichserzählungen mit Situationen, die die Menschen damals gut kannten, z.B. Geschichten von Bauern, Hirten oder auch Königen. Jesus will mit seinen Gleichnissen zum Nachdenken, Umdenken und Handeln auffordern. Darum muss man bei einem Gleichnis immer genau überlegen, was Jesus eigentlich damit sagen will.

Goldene Regel
Die goldene Regel ist ein alter und weit verbreiteter Grundsatz. Jesus formulierte es so: Behandle andere Menschen so, wie du von ihnen behandelt werden willst (Matthäus 7,12).

Gottesdienst
Im Gottesdienst treffen sich Christen, um gemeinsam zu singen, zu beten und eine Predigt (Erklärung eines Bibeltextes) zu hören. Meist findet der Gottesdienst sonntags in der Kirche statt, aber er kann auch an anderen Tagen und an anderen Orten stattfinden.

H

Heiliger Geist
Der Heilige Geist ist nach christlichem Glauben die dritte Person der göttlichen Dreieinigkeit. Er verändert und tröstet Christen. Als Symbol dafür stehen die Taube und Flammen.

Hohepriester
Der Hohepriester war das Oberhaupt der Priester im Jerusalemer Tempel. Zur Zeit Jesu hieß der Hohepriester Kaiphas. Kaiphas war mitverantwortlich, dass Jesus zum Tode verurteilt wurde.

J

Jerusalem
Jerusalem ist für Juden, Christen und Muslime eine heilige Stadt. Für Juden ist die Klagemauer, der Überrest des Tempels, der wichtigste Ort ihres Glaubens. Christen denken an den Tod und die Auferstehung von Jesus. Für Muslime ist es der Ort, an dem Mohammed mit einer Leiter in den Himmel aufstieg.

Jünger
Die Anhänger von Jesus werden auch Jünger genannt. Das ist im Sinne von „Schüler" gemeint. Die Jünger haben viel von Jesus gelernt und standen ihm sehr nahe. Unter den Anhängern von Jesus waren auch viele Frauen.

201

K katholisch
Das Wort katholisch bedeutet ursprünglich „die ganze Erde umspannend". Als Bezeichnung für die Kirche sagt das Wort aus, dass die Botschaft der Kirche alle Menschen der Erde betrifft.

L Loben (Gott)
Als Gotteslob bezeichnet man, dass man sich an Gott freut und ihm im Gebet oder in Liedern sagt, was man an ihm und seiner Schöpfung gut findet.

Luther, Martin
Der Mönch Martin Luther war unzufrieden mit der Kirche. Seiner Meinung nach kümmerte sie sich zu sehr um Reichtum und Macht. Er forderte eine Reformation, d.h. eine Erneuerung der Kirche. Es gab heftige Auseinandersetzungen und Martin Luther wurde aus der Kirche ausgeschlossen. Seine Anhänger folgten Martin Luther und so entstand die evangelische Kirche.
Martin Luther hat die Bibel ins Deutsche übersetzt. Diese Übersetzung wird bis heute gelesen.

M Messias
→ Christus.

N Neues Testament
Das Neue Testament enthält die Schriften, die durch und nach Jesus entstanden sind. Dazu gehören die vier Evangelien und viele Briefe an die ersten christlichen Gemeinden. Gemeinsam mit dem Alten Testament bildet es die Bibel.

O Ökumene
Ökumene bedeutet die Einheit der Christen. Man benutzt diesen Begriff, um das Gemeinsame der verschiedenen christlichen Kirchen zu betonen.

Ostern
Ostern ist das Fest zur Erinnerung an die Auferstehung von Jesus von den Toten.

P Passionszeit
Die Passionszeit beginnt am Aschermittwoch und endet am Samstag vor Ostern. Passion heißt Leiden. Wir denken in dieser Zeit an das Leiden Jesu auf seinem Weg zum Kreuz, aber auch an das Leiden vieler Menschen in unserer Welt.

Pfingsten
An Pfingsten feiern Christen die Entsendung des Heiligen Geistes und den Geburtstag der Kirche.

Prophet
Ein Prophet ist jemand, der von Gott berufen ist und in Gottes Auftrag spricht und handelt.

Psalm
Psalmen sind Gebete oder Lieder, in denen Menschen ihre Erfahrungen, ihre Freude und ihren Dank, aber auch ihre Sorgen und ihre Verzweiflung gegenüber Gott zum Ausdruck bringen. Bis heute werden diese Psalmen von vielen Menschen gebetet. Auch Jesus betete mit den Worten von Psalmen.

R Rabbi
Rabbi ist ein hebräisches Wort und bedeutet Lehrer. Jesus wurde häufig mit Rabbi angeredet.

Reich Gottes
Jesus spricht immer wieder vom Reich Gottes. Er meint damit eine Welt, in der es so zugeht, wie Gott es will. Jesus selbst hat dieses Reich verkörpert.

Reformation
Reformation bedeutet Erneuerung. Damit meint man eine kirchliche Erneuerungsbewegung, die von Martin Luther angestoßen wurde und die schließlich zur Spaltung der christlichen Kirche in eine evangelische und eine katholische Kirche führte.

S Salbung
Bei einer Salbung wird ein Mensch mit Salböl eingerieben. In der Bibel werden Menschen so zum Propheten, zum Priester oder zum König gesalbt. Damit soll gezeigt werden, dass diese Menschen in einer ganz besonderen Beziehung zu Gott stehen.

Schöpfung
Wenn jemand von der Schöpfung spricht, will er damit sagen, dass die Welt nicht durch Zufall entstanden ist, sondern von Gott geschaffen wurde und wir ihm dafür danken können.

Schöpfungsauftrag
In der Bibel steht, dass Gott dem Menschen den Auftrag gegeben hat, die Schöpfung zu bebauen und zu bewahren. Er darf die Natur als seine Lebensgrundlage benutzten, sie aber nicht zerstören.

Segen
Durch einen Segen wird einem Menschen die Hilfe und der Schutz Gottes zugesprochen. Ein Segen kann durch Worte und Handlungen, wie z.B. Handauflegen, Ausbreiten der Hände, Kreuzzeichen oder eine Salbung erfolgen.

T Taufe
Durch die Taufe werden Menschen in die Kirche aufgenommen. Das Wasser bei der Taufe bedeutet, dass die Getauften von ihren Sünden reingewaschen sind und dass ihnen die Sünden vergeben sind.

Tempel in Jerusalem
Der Tempel in Jerusalem war das wichtigste Heiligtum der Juden. In ihm befand sich die Bundeslade mit den Steintafeln und den Zehn Geboten. Der Tempel galt auch als der Wohnort Gottes auf Erden. Nach seiner Zerstörung im Jahr 70 n. Chr. ist nur noch ein großer Mauerrest geblieben. An ihm beten und klagen die Juden bis heute. Dieser Mauerrest wird Klagemauer genannt.

V Vaterunser
Das Vaterunser ist das wichtigste Gebet des Christentums. Jesus selbst hat es seinen Jüngern gelehrt. Fast in allen Gottesdiensten wird es laut gebetet. Alle Christen auf der ganzen Welt beten es in allen Sprachen.

W Weihnachten
An Weihnachten feiern wir die Geburt von Jesus.

Z Zehn Gebote
Nachdem das Volk Israel aus der Gefangenschaft in Ägypten befreit worden ist, steigt Mose auf den Berg Sinai. Dort bekommt er von Gott auf zwei Steintafeln die Zehn Gebote. Die Zehn Gebote sind der wichtigste Teil des Bundes, den Gott mit dem Volk Israel schließt. Sie regeln das Leben mit Gott und das Leben der Menschen untereinander. Auch für Christen haben die Zehn Gebote Bedeutung.

Kompetenz-Check

1. Wer bin ich? – Jetzt komm ich!

Du kannst ...
- feststellen, dass du einzigartige Besonderheiten hast – und nicht nur eine einzige (S. 8/9)
- unterscheiden zwischen der Meinung, die man selbst von sich hat, und der Meinung, die andere von einem haben (S. 10/11)
- Beispiele dafür nennen, dass Gott dich einzigartig und wunderbar geschaffen hat und dich beschützt (S. 12/13)
- erklären, wer für Gott wichtig ist, und aufzeigen, woran man das sehen kann (S. 14/15)
- in verschiedenen Situationen unterschiedliche Gefühle bei dir wahrnehmen und benennen (S. 16/17).

2. Ich und die anderen – Zusammenleben ist (nicht) einfach

Du kannst ...
- ein Beziehungsdiagramm für dich erstellen und es mit verschiedenen Symbolen ausgestalten (S. 20/21)
- beschreiben, was dir bei einem guten Freund bzw. einer guten Freundin wichtig ist, und diese Eigenschaften begründen (S. 22/23)
- erklären, welche Vor- und Nachteile eine Freundesclique haben kann (S. 24/25)
- Möglichkeiten und Gefahren von Internet-Freundschaften an Beispielen erläutern (S. 26/27)
- dich mit Vorurteilen gegenüber Jungs und Mädchen auseinandersetzen und diese beurteilen (S. 28/29).

3. Regeln – Alles gut geregelt?

Du kannst ...
- Regeln aufstellen, mit denen man bestimmte Konflikte verhindern kann (S. 32/33)
- zeigen, wem Regel nützen, sowie mehrere sinnvolle Klassenregeln aufzählen (S. 34/35)
- die Zehn Gebote an aktuellen Beispielen erklären (S. 36/37)
- begründen, warum man nicht lügen soll, und Gründe nennen, warum Menschen manchmal trotzdem lügen (S. 38/39)
- die goldene Regel nennen und an einem Beispiel erklären (S. 40/41).

4. Streit – Streiten und sich versöhnen

Du kannst ...
- Streitsituationen erkennen und bewerten (S. 44/45)
- Situationen beschreiben, in denen es besser ist, „cool" zu reagieren (S. 46/47)
- zwischen Ich- und Du-Botschaften unterscheiden und die Vorteile von Ich-Botschaften in einer Streitsituation aufzeigen (S. 48/49)
- das Eisbergmodell an einem Beispiel erklären (S. 50/51)
- das schulische Streitschlichtermodell vorstellen und dessen Vor- und Nachteile gegenüberstellen (S. 52/53).

5. Gerecht – ungerecht – Das ist doch nicht gerecht!

Du kannst …
- ▶ zwischen gerechten und ungerechten Situationen unterscheiden (S. 56/57)
- ▶ am Beispiel des Gleichnisses von den Arbeitern im Weinberg zwei verschiedene Gerechtigkeitsgrundsätze nennen und erklären, welcher Gerechtigkeitsgrundsatz bei Jesus gilt (S. 58/59)
- ▶ die Unterschiede verschiedener Lebenssituationen auf der Welt mit konkreten Fallbeispielen belegen, sie vergleichen und bewerten (S. 60/61)
- ▶ erzählen, wie Jesus sich um die Kinder kümmert, und erklären, wie man im Sinne von Jesus mit Kindern umgehen soll (S. 62/63)
- ▶ verschiedene Kinderrechte nennen und anhand konkreter Beispiele erläutern (S. 64/65).

6. Die Bibel – Mehr als ein Buch?!

Du kannst …
- ▶ deine Kenntnisse zur Bibel mit Hilfe eines Bibel-Quizes unter Beweis stellen. (S. 68/69)
- ▶ erklären, warum man die Bibel auch eine Bibliothek nennen kann, zwischen Altem und Neuem Testament unterscheiden und einzelne Bücher aus beiden Testamenten nennen (S. 70/71)
- ▶ die verschiedenen Phasen bei der Entstehung des Alten und des Neuen Testaments vergleichen (S. 72-75)
- ▶ wichtige Stationen bei der Überlieferung der Bibel bis heute nennen und zeigen, dass du eine bestimmte Bibelstelle finden kannst (S. 76/77).

7. Gott – Mein Gott! – Wie siehst du denn aus?

Du kannst …
- ▶ mehrere Fragestellungen zum Thema Gott formulieren (S. 80/81)
- ▶ verschiedene Vorstellungen von Gott nennen und erklären (S. 82/83)
- ▶ darlegen, mit welchem Namen Gott sich den Menschen vorstellt und was dieser Name bedeutet (S. 84/85)
- ▶ die unterschiedlichen Erfahrungen, die der Prophet Jona mit Gott macht, beschreiben und vergleichen (S. 86/87)
- ▶ Situationen nennen, in dem man Spuren von Gott feststellen könnte (S. 88/89).

8. Beten – Mein Herz spricht mit Gott

Du kannst …
- ▶ deine Meinung zum Thema Beten erläutern und mit der von anderen vergleichen (S. 92/93)
- ▶ Gründe und Beispiele nennen, warum Beten gut tun kann (S. 94/95)
- ▶ das Thema „Gebetserhörung" differenziert darstellen (S. 96/97)
- ▶ verschiedene Gebetsarten unterscheiden und ausgewählte Gebete diesen Gebetsarten zuordnen (S. 98/99)
- ▶ erklären, warum das Vaterunser das wichtigste Gebet im Christentum ist (S. 100/101).

9. Schöpfung – Und alles war sehr gut

Du kannst …
- Beispiele für die Schönheit der Schöpfung nennen (S. 104/105)
- die Schöpfungsgeschichte nach 1. Mose 1 in eigenen Worten wiedergeben (S. 106/107)
- die Aussage von Psalm 104 mit Beispielen erklären sowie dich mit kritischen Argumenten der biblischen Schöpfungsgeschichte gegenüber auseinandersetzen (S. 108/109)
- Situationen beschreiben, in denen die Schöpfung bedroht ist (S. 110/111)
- mehrere Möglichkeiten für einen sorgsamen Umgang mit der Schöpfung nennen und diese begründen. (S. 112/113).

10. Mose – Gott führt sein Volk in die Freiheit

Du kannst …
- anhand verschiedener Symbole dein Vorwissen zu Mose wiedergeben (S. 116/117)
- die Situation der Unterdrückung nachempfinden und das Erlebnis Moses am brennenden Dornbusch beschreiben (S. 118/119)
- die Erzählung vom Auszug des Volkes Israel aus Ägypten in eigenen Worten zusammenfassen (S. 120/121)
- den Zusammenhang des Passafests mit der Mosegeschichte aufzeigen, den Ablauf eines Sederabends in Grundzügen beschreiben und die symbolische Bedeutung verschiedener Speisen erklären (S. 122/123)
- von der Rettung des Volkes Israel am Schilfmeer erzählen (S. 124/125)
- mehrere Beispiele nennen, wie Gott dem Volk Israel in der Wüste immer wieder geholfen hat, und die Geschichte in Beziehung zu heutigen Krisensituationen setzen (S. 126/127).

11. David – Vom kleinen Hirtenjungen zum größten König Israels

Du kannst …
- die Situation des Volkes Israel in Kanaan vor der Königszeit beschreiben (S. 130/131)
- Argumente für und gegen die Einführung des Königtums in Israel nennen und bewerten (S. 132/133)
- erzählen, wie David zum König gesalbt wurde (S. 134/135)
- den Psalm 23 in Grundzügen auslegen und in Beziehung zu aktuellen Situationen setzen (S. 136/137)
- wichtige Stationen auf dem Weg Davids zum Königsthron erläutern (S. 138/139)
- das Fehlverhalten Davids im Fall Batsebas darlegen und das Gleichnis Nathans deuten (S. 140/141)
- wiedergeben, was Salomo sich von Gott gewünscht hat, und an einem Beispiel erklären, warum Salomo als ein weiser König gilt (S. 142/143).

12. Jesus – Wer ist Jesus überhaupt?

Du kannst …
- wiedergeben, was du über Jesus weißt (S. 146/147)
- das Leben in einem Dorf in Israel zurzeit Jesu beschreiben (S. 148/149)
- an Beispielen belegen, dass Jesus im jüdischen Glauben erzogen wurde (S. 150/151)
- mehrere Stationen im Leben von Jesus nennen und beschreiben (S. 152/153)
- eine Wundergeschichte von Jesus erzählen und die Konsequenzen für den Betroffenen aufzeigen (S. 154/155)
- das Gleichnis vom barmherzigen Samariter in eigenen Worten wiedergeben und erklären, was Jesus damit sagen will (S. 156/157)
- Auskunft geben, an welche Ereignisse aus dem Leben Jesu wir uns am Palmsonntag, am Gründonnerstag, am Karfreitag und an Ostern erinnern, und zusammenfassen, was am Ostermorgen am Grab von Jesus passiert ist (S. 158/159).

13. Kirche – Kann auch Spaß machen!

Du kannst …
- Gegenstände nennen und Handlungen beschreiben, die zu einer Kirche gehören (S. 162/163)
- wiedergeben, was an Pfingsten passiert ist, und erklären, warum Pfingsten auch der Geburtstag der Kirche genannt wird (S. 164/165)
- wichtige Stationen bei der Entstehung der evangelischen Kirche nennen sowie Gemeinsamkeiten und Unterschiede zwischen der evangelischen und katholischen Kirche darstellen (S. 166/167)
- anhand zentraler Gesichtspunkte die evangelische und die katholische Kirche vergleichen (S. 168/169)
- an Beispielen aufzeigen, was in einer Kirchengemeinde alles passiert (S. 170/171)
- die Einrichtung eines evangelischen Kirchengebäudes im Unterschied zu einem katholischen beschreiben (172/173)
- verschiedene Zeiten im Kirchenjahr unterscheiden und die Bedeutung einzelner Festtage erklären (S. 174/175).

14. Weltreligionen – Christentum, Judentum, Islam

Du kannst …
- verschiedene Gegenstände den drei Religionen Christentum, Judentum und Islam zuordnen (S. 178/179)
- Auskunft über die wichtigsten Merkmale des christlichen Glaubens geben (S. 180/181)
- die Einrichtung einer Moschee sowie grundlegende Begriffe zum Islam erklären (S. 182/183)
- Lebensfeste und Jahresfeste im Islam unterscheiden sowie einzelne beschreiben (S. 184/185)
- typische Elemente einer Synagoge benennen und zentrale Fragen zum Judentum beantworten (S. 186/187)
- Lebensfeste und Jahresfeste im Judentum unterscheiden sowie einzelne beschreiben (S. 188/189).

Textnachweis

S. 33: Gesetzestexte aus: philo praktisch 1, C.C. Buchner Verlag, S. 91. – S. 46/47: Aus: STOPP – Kinder gehen gewaltfrei mit Konflikten um, Kirsten Hoffmann / Veronika von Lilienfeld-Toal / Kerstin Metz / Katja Kordelle-Elfner. © Persen Verlag, Hamburg – AP Lehrerfachverlage GmbH. – S. 50f.: Streit in der Familie, aus: Luise Hartmann: 30 Streitgeschichten, Verlag an der Ruhr, S. 92-94. – S. 53: Fünf Phasen der Streitschlichtung, aus: Konflikte selber lösen. Trainingshandbuch für Mediation in Schule und Jugendarbeit von Kurt Faller, Wilfried Kerntke und Maria Wackmann, © Verlag an der Ruhr 1996.

Bildnachweis

Umschlag: picture-alliance / Denkou images. Übrige: Shutterstock.com. – S. 8f.: Fotocollage unter Verwendung von Fotos von: vesna cvorovic / Shutterstock.com (3); Sanmongkhol / Shutterstock.com; sylv1rob1 / Shutterstock.com; atikinka / Shutterstock.com; Zurijeta / Schutterstock.com; Monkey business images / Shutterstock.com; joyb0218 / Shutterstock.com; wavebreakemedia / Shutterstock.com; Billion Fotos / Shutterstock.com; Dmitri Morgan / Shutterstock.com; karelnoppe / Shutterstock.com; Image Point FR / Shutterstock.com; islavicek / Shutterstock.com. – S. 10: Wolfgang Irg, Backnang. – S. 12 o.: vitstudio / Shutterstock.com; Mi.: Andriy Maygutyak / Shutterstock.com; li.: Gajus / Shutterstock.com; u. re.: Getty Images, München. – S. 13: Fotocomposing unter Verwendung eines Fotos von GSz / Shutterstock.com. Seite 16: Fotos: Wolfgang Irg, Backnang. – S. 18: Plastik von Dorothea Steigerwald: Bleib Sein Kind. © Joh. Brendow & Sohn Verlag GmbH, 47443 Moers. – S. 19: Zurijeta / Shutterstock.com. – S. 20: picture-alliance / Arco images. – S. 23: Erwin Wurm (geb. 1954): Outdoor Sculpture, 2002/2003, Fotografie, 188 x 127 cm. © VG Bild-Kunst, Bonn 2016. – S. 24: Filmszene aus „Die wilden Kerle". © SamFilm GmbH, Erika Hauri, DVD im Handel erhältlich. – S. 26f.: Wolfgang Irg, Backnang. – S. 28: Privat. – S. 33: aldorado / Shutterstock.com; thom bahr GRAFIK; THP Stock / Shutterstock.com; thom bahr GRAFIK; lantapix / Shutterstock.com. – S. 40: RTimages / Shutterstock.com. – S. 41: Monkey Business Images / Shutterstock.com; Arno Burki / © dpa-Report. picture-alliance / relaXimages; Potographee.eu / Shutterstock.com; Cristovao / Shutterstock.com. – S. 43: Zeichnung: thom bahr GRAFIK. – S. 44: Tracey Whiteside / Shutterstock.com. – S. 46/47: Zeichnungen aus: STOPP – Kinder gehen gewaltfrei mit Konflikten um, Kirsten Hoffmann / Veronika von Lilienfeld-Toal / Kerstin Metz / Katja Kordelle-Elfner. © Persen Verlag, Hamburg – AAP Lehrerfachverlage GmbH. – S. 51: Hintergrundfoto: Sergey Nivens / Shutterstock.com. – S. 53: Zeichnungen aus: Konflikte selber lösen. Trainingshandbuch für Mediation in Schule und Jugendarbeit von Kurt Faller, Wilfried Kerntke und Maria Wackmann, © Verlag an der Ruhr 1996. – S. 54: Detail aus Elo, s. S. 46f. – S. 58: Cartoon Hans Traxler. – S. 60f.: picture-alliance / dpa; picture-alliance / Mika Schmidt; picture-alliance / John Henry Claude Wilson / Robert; DeVisu / Shutterstock.com. – S. 62: Emil Nolde: „Christus und die Kinder", 1910, Öl auf Leinwand, 86,5 x 106,5 cm (Urban 350). © Nolde Stiftung Seebüll. – S. 64f.: picture-alliance / AP Photo; picture-alliance / Westend61; Alexander Raths / Shutterstock.com; Dennis Kuvaev / Shutterstock.com; Béatrice Gerhard; Jaren Jai Wicklund / Shutterstock.com. Alle Zeichnungen: Geza Kirks, Geza Illustraties, www.geza.nu. – S. 67: Christina Schröder / Südwind; antoniodiaz / Shutterstock. com. – S. 73: Rembrandt: Anbetung der Hirten (1664). – S. 76: Oben: Die Handschrift aus dem 13. Jh. zeigt den Evangelisten Johannes. Foto: picture-alliance / epd; Mitte: Lutherzimmer auf der Burg Wartburg. Foto: picture-alliance / Arco Images; unten: Foto © Michael Landgraf. – S. 80: Privat. – S. 82: A: Die heilige Dreifaltigkeit als Dreigesicht. Hinterglasbild (18. Jh.). Sammlung Rudolf Kriss, Museum Straubing; B: Michelangelo: Die Erschaffung Adams, 1512. Foto: Wikimedia; C: Emil Nolde: „Der große Gärtner" (1940), Öl auf Leinwand, 71 x 56,5 cm (Urban 1234). © Nolde Stiftung Seebüll; D: Lucas Cranach: Die Erschaffung der Welt, Illustration in der Lutherbibel 1534; E: Andreas Felger: Vater Unser I, Aquarell auf Papier, 74 x 74 cm, 2004. © Andreas Felger Kulturstiftung, 10117 Berlin, www.af-kulturstiftung.de. – S. 84: Marc Chagall: Moses und der brennende Dornbusch (1960-1966), Öl auf Leinwand, 195 cm x 312 cm. © VG Bild-Kunst, Bonn 2016. – S. 86f.: Zeichnungen: Ekki Stier. – S. 88f.: A: Maggy Meyer / Shutterstock.com; D: ThaiChesco / Shutterstock.com; E: Pressmaster / Shutterstock.com; G: trouvik / Shutterstock.com; I: photo.ua / Shutterstock.com; K: Marketa Mark / Shutterstock.com; M: martin bowra / Shutterstock.com; N: picture-alliance. – S. 90: Privat. – S. 91: Fotos: andreiuc88 / Shutterstock.com; KonstantinChristian / Shutterstock.com. – S. 92: epd-Bild / version / Herby Sachs. – S. 96: © Hüseyin Demir (HBV). – S. 99: Foto: Wolfgang Irg, Backnang. – S. 100: Sr. Caritas Bretz: Vater unser. Aus: Sr. Esther Kaufmann: Vater unser. © Religionspädagogische Arbeitshilfen GmbH, Landshut, www.rpa-verlag.de; Flaggen: 1, 7, 8, 14, 17, 18: fotolia.com; 2-6, 9-13, 15: Richard Laschon / Shutterstock.com; 16: wikimedia.commons. – S. 101: © Maya Huber, Darmstadt. – S. 103: picture-alliance / dpa. – S. 104: Fotocollage © Robert Silvers. – S. 105: Santia; Jomwaschara Komvorn; AndreAnita; optimarc; Peter Kotoff; iladm; Didecs; scubaluna; KobchaiMa; danielo; Andrzej Kubik / alle Shutterstock.com. – S. 106: aldorado; Olga Rosi; Elenamiv; Markus Gann; Irina Tischenko; Syda Productions; Grisha Bruev; Elena Schweitzer / alle Shutterstock.com. – S. 108: Rahmen: Angelica Guckes, Leinfelden. – S. 109: art_of_sun / Shutterstock.com. – S. 110: picture-alliance; Wikimedia / Chris Jordan. – S. 111: picture-alliance / Wolfram Steinberg; Muara Baru, Jakarta. Foto: picture-alliance / dpa; picture-alliance / Joe MacDonald / OKAPIA. – S. 112: picture-alliance / dpa; picture-alliance / blickwinkel / W.G. Allgöwer; connel / Shutterstock.com; foottoo / Shutterstock.com; picture-alliance / Jens Kalaene. – S. 114: baitong333 / Shutterstock.com. – S. 116: Foto: Charlton Heston in „Die Zehn Gebote", 1956, Foto © ddp images. – S. 117: Karte: Ekki Stier. – S. 118: alle Zeichnungen: Angelica Guckes, Leinfelden. – S. 119: Wikimedia; picture-alliance / AP Photo; picture-alliance / dpa; picture-alliance / dpa. – S. 120f.: Esben Hanefelt Kristensen. © Dänische Bibelgesellschaft. – S. 122: Noam Armonn / Shutterstock.com; unten: Hentrich & Hentrich Verlag, Berlin. – S. 123: © mauritius images / Tetra Images. – S. 124: Annegert Fuchshuber, aus: Werner Laubi / Annegert Fuchshuber: Kinderbibel, © Verlag Ernst Kaufmann GmbH, Lahr. – S. 127: Salvador Dalí: Soledad (Einsamkeit), 1931. © Salvador Dalí, Fundació Gala-Salvador Dalí / VG Bild-Kunst, Bonn 2016. Foto: akg-images / Erich Lessing, Berlin. – S. 129: picture-alliance / ZB. – S. 130: Foto: Wikimedia. – S. 131 Karte: Ekki Stier. – S. 134-143: Esben Hanefelt Kristensen. © Dänische Bibelgesellschaft. – S. 145: Zeichnung: Ekki Stier. – S. 146: Wolfgang Irg, Backnang. – S. 147: Zeichnungen: Ekki Stier. – S. 148: Zeichnung: Claudia Held-Bez, aus: Michael Landgraf / Stefan Meißner / Paul Metzger: Jesus Christus. Einführung – Materialien – Kreativideen, Calwer Verlag Stuttgart in Zusammenarbeit mit rpe und dem Verlagshaus Speyer, Stuttgart / Speyer 2012, S. 40. – S. 150: Vorlage: Universität Mainz, Biblische Archäologie. – S. 152: Karte: Ekki Stier. – S. 153: Fotos: Prof. Dr. Wolfgang Zwickel, Mainz. – S. 154: Foto: akg-images, Berlin. – S. 155: epd-bild / Norbert Neetz. – S. 156: Foto: akg-images, Berlin. – S. 158: „Abendmahl" nach Leonardo da Vinci. Foto: AKG-images, Berlin. – S. 159: Wikimedia. – S. 161: Vincent van Gogh: Der barmherzige Samariter, 1890. © VG Bild-Kunst, Bonn 2015. – S. 162: © Evangelische Kirchengemeinde Liebenschied. – S. 164: Esben Hanefelt Kristensen. © Dänische Bibelgesellschaft. – S. 165: links: picture-alliance; rechts: Wikimedia. – S. 166: Inge Müller-Hagendorn. – S. 167: Ökumene-Symbol © Ökumenischer Rat der Kirchen, Genf. – S. 171: A: picture-alliance / Westend61; B: Wolfgang Irg, Backnang; C: Wolfgang Irg, Backnang; D: epd-bild / Joker; Petra Steue; E: epd-Bild; F: epd-bild; G: Werner Kuhnle; H: epd-bild; I: epd-bild; K: epd-bild; L Wolfgang Irg, Backnang. – S. 172: Wolfgang Irg, Backnang; Hans-Jörg Gabler. – S. 173: ChiccoDodiFC; Magdalena Kucova; Marco Mega; Zvonimir Atletic / alle Shutterstock.com. – S. 174f.: Zeichnungen: Ekki Stier. – S. 176: El Greco: Ausgießung des heiligen Geistes (1604-1614), Ausschnitt. – S. 178: Wolfgang Irg, Backnang. – S. 180: Wolfgang Irg, Backnang; Wikimedia; Deutsche Bibelgesellschaft, Stuttgart; fotorawin / Shutterstock.com. – S. 181: privat. – S. 182: picture-alliance / dpa; Robert Hoetink / Shutterstock.com; picture-alliance / Artcolor; picture-alliance / dpa. – S. 183: beide picture-alliance / dpa. – S. 184f.: picture-alliance / Godong; laif (2); picture-alliance / dpa. – S. 186: © Mesusa: Hans-Georg Vorndran / SchalomNet; unten: Production Perig / Shutterstock.com; übrige picture-alliance / dpa. – S. 187: Howard Sandler / Shutterstock.com. – S. 188f.: picture-alliance / Godong. GWImages / Shutterstock.com. Ekaterina Lin / Shutterstock.com. – S. 191: ChameleonsEye / Shutterstock.com. S. 194: Schweizer Verlag für Kirchliche Kunst, CH-Belp.